LATIN

5e

ÉDITION 2003
PROGRAMME 1997

Sous la direction de Jacques Gaillard
Université de Strasbourg

Annie Collognat
Agrégée de Lettres classiques

Jacques Gaillard
Agrégé de Lettres classiques

Sylvie Perceau
Agrégée de Lettres classiques

Michèle Vaillant
Agrégée de Grammaire

NATHAN

Avant-propos

Nous sommes en cours de latin. Qu'est-ce que cela veut dire ?

Nous allons étudier une langue qui est, à la fois, bien loin et bien proche de la nôtre.

Bien loin dans le temps : elle nous permet un voyage dans le passé, elle nous dépayse, elle nous aide à comprendre comment, voilà vingt siècles, vivaient des femmes et des hommes qui ont jeté les bases de notre façon de voir le monde, les rapports humains, les arts.

Bien proche, pourtant : le latin est la mère de ces « langues romanes » auxquelles appartiennent le français et plusieurs langues d'Europe. Et ces Romains de l'Antiquité nous restent familiers parce que nous avons largement hérité, même dans notre vie quotidienne, de leur culture.

Ils nous ont laissé des œuvres qui sont le plus vivant témoignage de leur savoir, de leurs sentiments, de leur culture. Ils les ont, bien sûr, écrites en latin, et personne ne peut dire qu'il les lit vraiment sans avoir fait l'effort d'apprendre cette langue.

Étudier le latin, c'est donc non seulement apprendre une langue, mais aussi acquérir une méthode et découvrir une culture.

C'est la raison pour laquelle ce manuel consacre autant de pages à la civilisation qu'à la langue. Vous travaillerez non seulement sur des textes authentiques mais aussi sur de beaux documents iconographiques qui illustrent la vie quotidienne des Romains : mosaïques, fresques et sculptures.

L'apprentissage de la langue latine se trouvera ainsi constamment accompagné de la découverte de cette civilisation dont nous sommes héritiers.

Les auteurs

ISBN 2-09-171213-2

SOMMAIRE

INTRODUCTION

À la découverte du latin

Vase et colombes. Mosaïque du IIe siècle après J.-C., Rome, musée du Capitole.

*Lingua Latina**

La langue latine, que vous allez étudier, est un des ancêtres du français. Mais elle avait, elle aussi, un ancêtre, commun à la plupart des langues primitives de l'Europe…

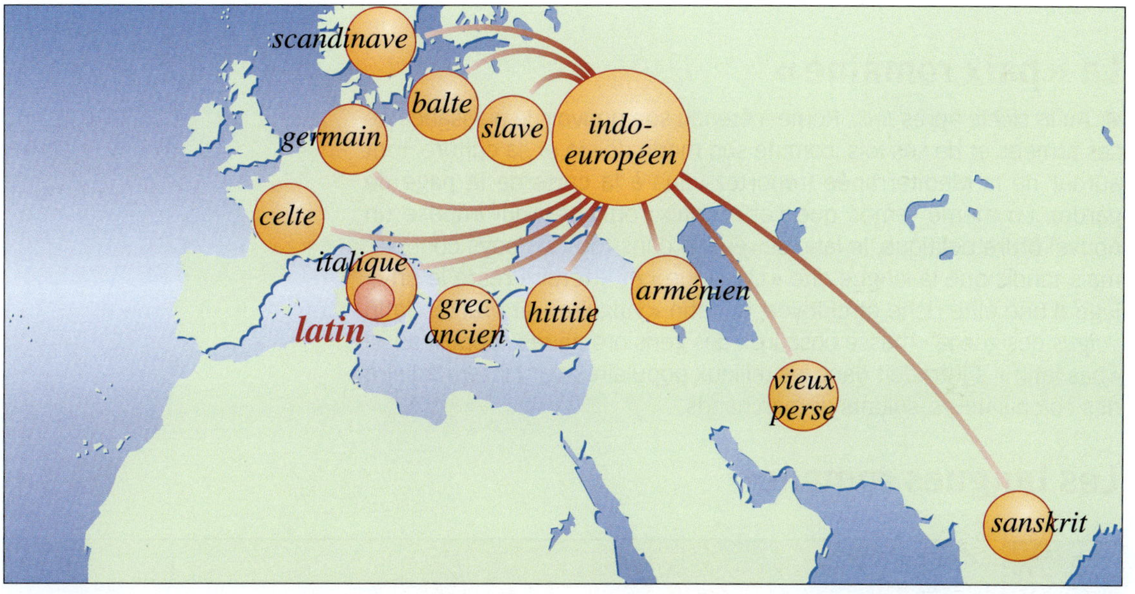

Un ancêtre virtuel

● Un grand nombre de mots appartenant à des langues apparemment très différentes désignent des choses identiques à partir d'une **racine commune**.
Ainsi, le mot latin *mater* est apparenté à l'allemand *mutter*, à l'anglais *mother*, au grec *mêter* ou au sanskrit (langue de l'Inde) *matar*.

● Tout cela ne peut se comprendre que si l'on suppose, pour toutes ces langues, un ancêtre commun : l'**indo-européen**, « langue mère » qui doit être située avant 200 av. J.-C.
L'indo-européen n'a jamais été une « langue parlée » véritable : c'est une langue « virtuelle » reconstruite par les savants au XIXe siècle, pour expliquer la parenté des langues de cette région de la planète. En fait, c'est un **inventaire des racines** (on appelle « racine » l'élément de base, le « socle » sur lequel se construit un mot, et qui détermine son sens) qui se retrouvent dans ces langues, après des modifications variables selon chacune d'entre elles.

● Par exemple la racine *reg-/rag-*, « diriger, gouverner », se retrouve aussi bien dans la langue indienne (en hindoustani, *rajah*) que dans le latin (*rex, regis*), mots qui signifient « roi » (= celui qui dirige). Et un maharajah indien est un « grand roi » (en latin : *magnus rex*).

● C'est vers 900 avant J.-C. qu'un groupe d'Indo-Européens se fixa dans le Latium, en Italie. Leur langue, influencée par celle des Étrusques qui vivaient au nord du Tibre et par celles de divers peuples installés au sud de la péninsule, constitua le latin qui se répandit en Italie puis, au fil des conquêtes romaines, dans tout l'Empire romain où il s'imposa comme langue officielle.

Naissance du latin

● C'est en 200 avant J.-C. que commence à se développer, dans la partie centrale de l'Italie, un dialecte indo-européen qui, au fil des siècles, va devenir la langue latine. Influencé et enrichi par les langues voisines, notamment celle des Étrusques, le latin se répand, avec le développement de la puissance romaine, d'abord en Italie puis dans tout l'Empire.

* « La langue latine ». Vous l'aviez deviné !

L'Europe latine

Dans son plus grand développement, l'Empire romain allait de l'Angleterre à la mer Noire, et du Maghreb aux confins du Danemark… C'est la raison pour laquelle la culture latine a rayonné sur tout l'espace européen, en laissant, en héritage, des langues dérivées du latin.

La « paix romaine »

● Au IIe siècle après J.-C., Rome a étendu son pouvoir, la puissance de ses armées et de ses lois, comme son mode de vie et sa culture, tout autour de la Méditerranée (reportez-vous à la carte de la page de garde). En même temps que cette « paix romaine » qui impose un nouvel ordre politique, le latin se répand dans tous les pays conquis ; mais tandis que la langue dite « classique » et littéraire reste le privilège d'une élite riche et cultivée, un latin « vulgaire » et oral (en latin *vulgus* désigne la « masse obscure » des gens ordinaires), appelé aussi « bas latin », s'introduit dans les milieux populaires par l'intermédiaire des colonisateurs, soldats et marchands.

Les langues romanes

● On qualifie de « **roman** » (de l'adjectif *romanus*, romain) l'ensemble des langues nationales (portugais, espagnol, français, italien, roumain) et régionales (galicien et catalan en Espagne, occitan en France, romanche en Suisse, sarde en Italie) **issues du latin**.

Exercice

Voici le nom de certaines grandes villes d'Europe actuelle.
a. Paris – **b.** Lyon – **c.** Bordeaux – **d.** Cordoue – **e.** Arles – **f.** Mayence – **g.** Milan – **h.** Londres.

1. Situez-les sur la carte ci-dessus.

2. Rendez à chacune son nom latin.
1. Lugdunum – **2.** Londinium – **3.** Corduba – **4.** Burdigala – **5.** Lutetia – **6.** Arelate – **7.** Mediolanum – **8.** Mongotiacum.

Du latin au français

50 av. J.-C. : toute la Gaule est occupée par les Romains... et même les plus irréductibles des Gaulois commencent à parler latin, comme on le fait depuis longtemps déjà dans le Sud-Est (Provence et Languedoc actuels), occupé depuis le siècle précédent.

Le latin en Gaule

● La Gaule (qui s'étend jusqu'à l'estuaire du Rhin, aux Pays-Bas actuels) n'avait pas d'unité : elle était morcelée en un **grand nombre de tribus**, parlant des **dialectes** très différents.

● Les Gaulois utilisaient très peu l'écriture, leur **culture** était essentiellement **orale**. En facilitant les échanges et le commerce dans un espace unifié, le pouvoir romain faisait du **latin** non seulement la « **langue officielle** », mais encore un puissant instrument de communication. Voilà pourquoi le gaulois, langue d'origine celtique et uniquement orale, disparaît au profit de ce « bas latin » importé par les légions romaines. Déformé par ses nouveaux utilisateurs, il va donner naissance à toute une série de **dialectes dits « gallo-romains »**.

Une langue « morte » ?

● En fonction des particularités régionales, les **dialectes gallo-romains** issus du latin se différencient en deux groupes principaux désignés par leur façon de dire « oui » : **langues d'oïl** au nord de la Loire, **langues d'oc** au sud.

● Au Ve siècle, des peuplades germaniques envahissent le nord de la Gaule : parmi ces « barbares », les **Francs**, installés dans le Bassin parisien. D'abord limité à l'île de France, leur royaume finit par s'imposer à tout un territoire qui s'appellera la France. Leur dialecte, le **francien**, deviendra le **français** (XIIe siècle). C'est seulement au XVIe siècle que François Ier abolit l'usage du latin, resté en vigueur dans les tribunaux, au profit du français. C'est l'ordonnance de Villers-Cotterêts.

● Pendant encore bien des siècles, le latin jouera le rôle de « langue internationale », surtout dans le domaine de la communication des savoirs. À l'école et dans les collèges français, l'enseignement se fait en latin jusqu'à la fin du XVIIIe siècle : les élèves ont à composer des poèmes ou des rédactions en latin ! Savants et philosophes, jusqu'au milieu du XIXe siècle., écrivent tout ou partie de leur œuvre en latin. De nos jours encore, dans bien des disciplines, des noms latins sont en usage.

Vous trouverez, à la page des exercices de chaque leçon, une rubrique « **Du Latin au Français** » qui vous permettra d'étudier la « descendance » en français de quelques mots latins appris.
Trois doubles pages (pp. 58-59, pp. 116-117, pp. 152-153), intitulées « **Le Latin et nous** », vous feront découvrir les rapports entre le latin et les langues modernes.

Question

Dans d'autres régions du monde, la « langue des colonisateurs » s'est durablement imposée. Où parle-t-on espagnol et portugais en dehors de l'Espagne et du Portugal ? Pourquoi ?

Astérix en latin :
***Falx aurea* © Goscinny/Uderzo.**

Traduction :
– Silence, nain gaulois !
– Ne dépasse pas la mesure
sinon je vais rompre votre paix !

Question

Cherchez l'origine :
– du mot *alias* (utilisé en informatique) ;
– du signe @ ;
– des noms : *infarctus, tibia, quota, campus, opium, lavabo, uranium, médias.*

Le b.a.-ba du latin

Si nous connaissons les langues de l'Antiquité, c'est parce que les anciens peuples qui les parlaient ont eu la bonne idée de les écrire. Il fallait pour cela disposer d'un alphabet : les anciens Latins ont adapté celui du grec, qui dérive vraisemblablement des signes que les Phéniciens mirent au point pour écrire leur langue.

Leçon d'écriture

- L'alphabet latin comporte 23 signes, sans accent noté (à la différence du français) :

5 voyelles

a e i o u

A E I O V

18 consonnes

b c d f g h k l m n p q r s t v x z

B C D F G H K L M N P Q R S T V X Z

- L'alphabet latin ne distingue pas graphiquement **i** et **u** (voyelles) de **j** et **v** (semi-consonnes) notés dans les deux cas **j** et **v**. Pour faciliter la lecture, on utilise néanmoins les signes **i/j** et **u/v** depuis le XVIe siècle.

- À l'époque des Romains, tous les textes (inscriptions ou manuscrits) sont écrits en « majuscules ». Les lettres que nous appelons « minuscules » furent introduites bien plus tard, par les copistes (à partir du IXe siècle après J.-C.).

- Et d'où viennent, alors, notre **Y** et notre **W** ? L'**Y**, comme son nom l'indique, fut utilisé à date tardive par les copistes Romains pour transcrire le « **u** » (prononcé « **i** » comme dans *iode*) dans les mots grecs.
De même, le **W** ne sert en français que pour transcrire des mots empruntés à l'anglais, à l'allemand ou aux langues slaves.

Doc. 1 Mosaïque de sol, musée archéologique de Timgad.

« Lave (les) bien ! », dit cette mosaïque, placée à l'entrée d'une villa romaine, en parlant des pieds du visiteur invité à quitter ses sandales…

Faites-vous archéologues !

- Une des tâches des archéologues, quand ils découvrent une inscription, est de la déchiffrer : ensuite, son étude s'appelle l'épigraphie.

Doc. 2 Stèle en l'honneur de M. Furius Camillus, à l'époque de Tibère.

Exercice

1. Lisez et recopiez, d'abord en majuscules, puis en minuscules, le texte de ces inscriptions (doc. 1 et doc. 2).
2. Est-ce que les mots vous semblent séparés ? Si oui, comment est marquée la séparation ?

… Comme ça se prononce !

En latin, chaque lettre (voyelle ou consonne) se prononce distinctement, même en finale, et toujours de la même façon. Si la plupart des lettres se prononcent comme leurs analogues françaises, il existe des différences qu'il faut retenir.

1. Voyelles et diphtongues

Lettre	Exemple	Prononcer comme	Lettres	Exemple	Prononcer comme
			→ ae	laetus	aéroport
e [e] →	erodere	étiré			
			→ oe	moenia	Chloé
			→ au	aurum	miaou
u [u] →	mus	mousse			
			→ eu	europa	Séoul

2. Consonnes

Lettre	Exemple	Prononcer comme
c, ch [k]	Cicero, chorus	caqueter, chorale *(toujours dur)*
g [g]	gens, lego	guêpe, logo *(toujours dur)*
j [j]	major	mayonnaise
ll [ll]	ancilla	villa *(on entend les 2 l)*
m [m]	damno, imperator	amnistie, imminent
n [n]	non, annus	nonne, Anne
qu [kw]	aqua	aquatique
s [s]	angustus	déguster, autobus
t [t]	natio, est	étioler, Ouest
v [w]	navis	sandwich
x [ks]	exitus	Félix

● Les mots latins se prononçaient avec un **accent dit tonique** correspondant à une montée de la voix (un ton) sur la syllabe concernée. Le latin différencie des **voyelles longues** (notées dans certains cas par le signe –) et des **voyelles brèves** (notées par le signe ˘) : cette différence équivaut un peu à celle des blanches et des noires en musique.

Exercice

Que peut-on déduire des indices suivants ?

– Le grammairien Festus écrit que seuls les gens de la campagne les moins instruits prononcent le mot ***aurum*** comme *orum*.

– La lettre latine **u** est transcrite en grec par la diphtongue **ou**.

– Dans le mot ***cicirrus***, qui désigne le coq, on reconnaît le cri de cet animal.

– Sur certains documents qui nous sont parvenus, des fautes d'orthographe sont révélatrices : par exemple, *ucsor* pour *uxor* (l'épouse).

Comment ça marche

Par rapport au français, la spécificité du latin est d'être une langue dont les noms, les adjectifs, et les pronoms-adjectifs « se déclinent ». Il vous faudra vous familiariser avec ce système particulier, dans lequel la ***terminaison*** *d'un mot indique sa* ***fonction*** *dans la phrase.*

Le système des cas

● En français, les différentes fonctions d'un nom dans une phrase sont indiquées par :
– sa **place** dans l'ordre des mots :

La mère (S) regarde l'enfant (COD). ≠ L'enfant (S) regarde la mère (COD).

– les **prépositions** :

à sa mère **de** son père **à** haute voix

● En revanche, la différence entre le **singulier** et le **pluriel**, pour un nom, est marquée par une forme différente :
– par l'ajout d'une terminaison : un **-s** en général (un livre, des livres), mais parfois un **-x** (*un chou, des choux*) ;
– pour la plupart des mots en **-al** et **-ail**, par des formes différentes : *un bocal/des bocaux, un travail/des travaux*.
Si bien que, même sans article, on peut savoir si le nom est au singulier ou au pluriel !

● En latin, ces **fonctions** sont indiquées par différentes **formes** que prend le nom. Chaque forme présente une **terminaison** caractéristique, qui vient s'ajouter au radical du nom (partie qui ne change pas).

● On appelle **cas** les formes différentes que prend le nom dans la phrase latine, selon sa **fonction** (sujet, COD, COI, COS, complément circonstanciel, du nom, etc.).
Le mot cas vient du nom latin *casus*, la « chute » d'un mot, c'est-à-dire la manière dont il se termine. L'ensemble des cas d'un nom (ou d'un pronom, d'un adjectif) s'appelle sa **déclinaison**.

● Il y a **six cas en latin**. On les classe traditionnellement dans cet ordre :

N	Nominatif	cas du sujet et de l'attribut du sujet
V	Vocatif	
Acc.	Accusatif	cas du COD
G	Génitif	cas du complément du nom
D	Datif	cas du COI et du COS
Abl.	Ablatif	cas du complément circonstanciel

● Le deuxième cas, nommé **vocatif** (placé après le nominatif, parce que le plus souvent il présente la même forme), s'emploie rarement. Il sert à désigner la personne que l'on interpelle ou que l'on invoque.

Retenez les abréviations des noms des cas (colonne de gauche : N, V, Acc.,…). Elles seront souvent utilisées dans ce manuel, notamment dans les tableaux récapitulant les déclinaisons. De même, voici quelques abréviations utilisées dans ce manuel :
m. = masculin
f. = féminin
n. = neutre
sg. = singulier
pl. = pluriel
pers. = personne (des verbes)
adv. = adverbe
invar. = invariable

Repérez les cas

Puer patris epistulam clara voce matri legit.

● Nous avons associé aux noms et groupes nominaux de cette phrases les couleurs attribuées, dans le tableau de la page 12, aux différents cas latins. Donnez, pour chaque élément ainsi distingué, le nom du cas latin. Pourquoi le mot *legit* est-il coloré en une couleur qui ne figure pas dans le tableau des cas ?

● Nous allons maintenant, en formulant une série de phrases, mettre particulièrement en évidence la fonction à laquelle correspond chaque cas :

1. Puer epistulam spectat. Mater puerum spectat.
   L'enfant regarde la lettre. La mère regarde l'enfant.

En latin, le nom qui signifie « enfant » prend deux formes différentes selon qu'il est sujet (celui qui regarde) ou COD (celui qu'on regarde). En quoi les formes *puer* et *puerum* se ressemblent-elles ? En quoi les formes *puerum* et *epistulam* se ressemblent-elles ?

2. Puer matri epistulam legit.
   L'enfant lit une lettre à sa mère.

Quelle est la fonction de « à sa mère » dans cette phrase ? Qu'est-ce qui vous permet, en français, de reconnaître ce complément ? Que se passe-t-il en latin ?

3. Puer patris epistulam legit.
   L'enfant lit une lettre de son père..

Quelle est la fonction du groupe « de son père » ? Qu'est-ce qui vous l'indique en français ? Que peut-on dire de la terminaison **-is** dans *patris* ?

4. Puer epistulam clara voce legit.
   L'enfant lit la lettre à haute voix.

Quels mots latins sont traduits par « à haute voix » ? Quelle est la fonction du groupe nominal *clara voce* ?

Fresque de la villa des Mystères à Pompéi.
IIe-Ier siècles avant J.-C.

Ce document pourrait être décrit par la phrase latine que voici :
Puer patris epistulam clara voce matri legit.

Retenez aussi
Dans chacune des leçons de ce manuel, les phrases numérotées (sous la rubrique « Étude ») servent à mettre en évidence les notions et les formes qui sont étudiées dans cette leçon.

1

À la maison

Fresque de la villa des Mystères à Pompéi.

CHAPITRE

1

Être romain

La famille Fuficia. Stèle funéraire, Ier siècle après J.-C.
Rome, musée de la Civilisation romaine.

Lecture

REPÈRES

hospes, hospitis: hôte
optimus, a: excellent
lex, legis: loi
poena, ae: châtiment
neglegit: il néglige
servat: il respecte
uxor, oris: épouse
desidero: j'ai besoin, je suis privé de
sed: mais
quid?...: que?...
fiet: il, elle deviendra
aget: il, elle fera
possum: je peux
plura: plus de choses
impedit: (il, elle) empêche
maeror, oris: chagrin

Vous me manquez tant…

Marcus Tullius Cicéron (106-43 av. J.-C.), célèbre orateur et écrivain, après avoir été consul, a été condamné à l'exil et chassé de Rome. Bravant la loi, un ami lui offre l'hospitalité. Cicéron souffre d'être séparé des siens et leur écrit des lettres désespérées.

Marci Laenii Flacci hospes sum. Laenius, optimus vir, legis poenam neglegit et amicitiae legem servat.
Terentiam, uxorem meam, desidero; sed quid Tulliola mea fiet? filius meus quid aget?
Non possum plura scribere: impedit maeror.

D'après Cicéron, *Lettres à ses proches*, XIV, 4.

TRADUCTION

Je suis l'hôte de Marcus Laenius Flaccus. Laenius, cet excellent homme, ne tient pas compte de la sanction de la loi et il respecte la loi de l'amitié.

J'ai besoin de Térentia, ma chère épouse; mais que deviendra ma chère Tulliola? Mon cher fils, que fera-t-il?

Je ne peux écrire davantage: le chagrin m'en empêche.

Observation

1 Retrouvez dans le texte latin les mots signifiant: *je suis; (il) ne tient pas compte de; la loi; ma chère.*
Y a-t-il des mots du texte latin qui correspondent aux articles en français? aux pronoms personnels *je, il*?

2 Relevez dans le texte des mots qui changent de forme d'une phrase à l'autre. Quelle est leur fonction dans chaque cas?

3 **vir** veut dire «homme» en latin: citez des mots français dérivés de ce mot.

Étude

1. Cicero uxorem habet. Terentia Ciceronis uxor est.
Cicéron a une épouse. Térentia est l'épouse de Cicéron.

2. Cicero filiam habet. Tulliola Ciceronis et Terentiae filia est.
Cicéron a une fille. Tulliola est la fille de Cicéron et de Térentia.

3. Tulliola fratrem habet. Ciceronis filius Tulliolae frater est.
Tulliola a un frère. Le fils de Cicéron est le frère de Tulliola.

4. Cicero uxorem, filiam filiumque diligit.
Cicéron aime son épouse, sa fille et son fils.

5. Marcus Laenius Flaccus Marci Tullii Ciceronis uxorisque amicus est.
Marcus Laenius Flaccus est l'ami de Marcus Tullius Cicéron et de son épouse.

6. Cicero amici hospes est. Laenius amicitiae legem servat et hospitem adjuvat.
Cicéron est l'hôte de son ami. Laenius respecte la loi de l'amitié et aide son hôte.

7. Cicero apud Laenium est et epistulam ad Terentiam uxorem scribit.
Cicéron est chez Laenius et il écrit une lettre à (destination de) sa femme Térentia.

Questions

1 Relevez les différentes formes que présentent les noms propres dans les phrases 1 à 6. Classez-les selon la fonction du nom dans la phrase : sujet ou attribut (nominatif), complément d'objet (accusatif), complément de nom (génitif).

2 Recopiez et complétez le tableau ci-dessous.

Nominatif (N)	Accusatif (Acc.)	Génitif (G)
Terentia		
		Tulliolae
	filiam	
Laenius		
		Marci
	filium	

Qu'est-ce qui change d'un cas à l'autre ?
Qu'est-ce qui ne change pas ?

3 Les noms **Cicero, frater, uxor, hospes** appartiennent à un troisième type de déclinaison, différent des deux précédents. Classez leurs formes selon le modèle donné par le tableau ci-contre.
Y a-t-il une terminaison caractéristique du nominatif ? Trouvez, dans le texte de lecture, un autre nom appartenant à ce type.

4 Dans la phrase 7, **ad** et **apud** (mots invariables) sont des prépositions (comme en français : *dans, vers, avec*…). À quel cas est le nom qui suit ces prépositions ?

Vocabulaire à retenir

Noms

amicitia, ae, *f.* : amitié
amicus, i, *m.* : ami
epistula, ae, *f.* : lettre
filia, ae, *f.* : fille
filius, ii, *m.* : fils
frater, tris, *m.* : frère
hospes, pitis, *m.* : hôte
lex, legis, *f.* : loi
uxor, oris, *f.* : épouse

Verbes

adjuvat : (il, elle) aide
diligit : (il, elle) aime
est : (il, elle) est
habet : (il, elle) a
scribit : (il, elle) écrit
servat : (il, elle) observe, respecte

Mots invariables

et : et
-que (*ajouté à la fin du mot*) : et
ad (+ *Acc.*) : vers, à, à destination de, près de
apud (+ *Acc.*) : chez

Grammaire

1 Cas et déclinaison

- En latin, un nom se compose du **radical** (partie qui ne change pas) et d'une **terminaison** qui indique son **cas**, et donc sa **fonction** dans la phrase (voir p. 12).
Pour mettre en évidence le radical d'un nom, il suffit de prendre sa forme au **génitif singulier** et de retirer la terminaison.

  epistul- / ae
  radical terminaison (cas = génitif)

- Le **nominatif** (N) est le cas du **sujet** ou de l'**attribut du sujet**.

- L'**accusatif** (Acc.) est le cas du **complément d'objet direct**. C'est aussi le cas du nom qui suit certaines prépositions (***ad, apud***...).

- Le **génitif** (G) est le cas du nom complément de nom.

  Cicero habet filiam.
  Cicero est sujet du verbe : **nominatif**.
  filiam est COD : **accusatif**.

  Tullia Ciceronis filia est.
  Ciceronis est complément du nom : **génitif**.
  filia est attribut du sujet : **nominatif**.

- Un nom ou un GN **en apposition** est au cas du nom auquel il est apposé.

2 Les trois premières déclinaisons : nominatif, accusatif, génitif

- La terminaison du **génitif singulier** permet de **reconnaître le type de déclinaison** auquel **appartient un nom** :

Génitif	Types	Nominatif
1re déclinaison : **-ae**	**rosa, ae,** *f.* : la rose	nominatif en **-a**
2e déclinaison : **-i**	**dominus, i,** *m.* : le maître	nominatif en **-us**
3e déclinaison : **-is**	**consul, ulis,** *m.* : le consul **civis, is,** *m.* : le citoyen	nominatif de forme variable : – type **consul**, G. (consul)-**is** (nominatif différent du génitif) – type **civis**, G. (civ)-**is** (nominatif semblable au génitif)

- **Dans le lexique**, on donne le nom au nominatif, sa terminaison au génitif, son genre (*m., f.*) et enfin sa traduction :

  filia, ae, *f.* : la fille
  consul, ulis, *m.* : le consul
  dominus, i, *m.* : le maître
  civis, is, *m.* : le citoyen

- **Pour la 3e déclinaison**, on indique souvent les dernières lettres du radical :

  uxor, oris, *f.* : épouse (radical : **uxor-**)
  hospes, itis, *m.* : hôte (radical : **hospit-**)

Cas	1re déclinaison	2e déclinaison	3e déclinaison	
NOMINATIF	ros-a	domin-us	consul	civ-is
VOCATIF	ros-a	domin-e	consul	civ-is
ACCUSATIF	ros-am	domin-um	consul-em	civ-em
GÉNITIF	ros-ae	domin-i	consul-is	civ-is
DATIF	ros-ae	domin-o	consul-i	civ-i
ABLATIF	ros-a	domin-o	consul-e	civ-e

Retenez aussi

À la **3e personne du singulier**, les verbes se terminent en **-t** :
est : (il, elle) est
adjuvat : (il, elle) aide

Exercices

1 **À quel cas (nominatif, accusatif ou génitif) mettriez-vous les noms ou groupes nominaux en gras ?**

1. **Toute rose** a des épines. – 2. **Certains écrivains** ont **un secrétaire**. – 3. Tu apprends **le latin**. – 4. Le commandant est **le seul maître** à bord. – 5. Les enfants **d'un esclave** sont aussi des esclaves. – 6. Un citoyen romain a généralement **un prénom, un nom de famille** et **un surnom**. – 7. Cicéron est **un citoyen romain**. – 8. Tu négliges **ton épouse, cette femme admirable**. – 9. Laenius, **l'ami** de Cicéron, envoie une lettre au **Sénat**. – 10. Chez **les Romains**, les lois de **l'amitié** sont sacrées.

2 **Mettez les noms suivants au génitif, puis à l'accusatif.**

lex – epistula – frater – amicitia – hospes – uxor.

3 **Traduisez en latin les mots français entre parenthèses.**

Exemple :

Marcus habet (*une fille*). ➜ Marcus habet filiam.

1. Laenius adjuvat (*Cicéron*). – 2. Tulliola habet (*un frère*). – 3. Terentia est (*l'épouse de Marcus*). – 4. (*L'ami de Cicéron*) habet filium. – 5. (*Le frère de Tulliola*) epistulam scribit.

4 **Recopiez et complétez en mettant la bonne terminaison.**

1. Laenius amic… adjuvat. – 2. Cicero uxor… diligit. – 3. Cicero epistul… ad amic… scribit. – 4. Tulliol… apud hospitem est. – 5. Terenti… filia fratrem habet. – 6. Cicero Laeni… amicus est.

5 **Sur les modèles donnés, traduisez les phrases françaises en latin.**

Modèle A : **Laenius amicum adjuvat.**

1. Térentia aide Cicéron. – 2. Cicéron aide (sa) fille. – 3. Cicéron écrit une lettre. – 4. Térentia aime (son) fils et (sa) fille. – 5. Tulliola aime (son) frère.

Modèle B : **Laenius amicitiae legem servat.**

1. Laenius aide l'épouse de Cicéron. – 2. Tulliola lit (= *legit*) une lettre de (son) frère. – 3. Marcus Tullius Cicéron lit une lettre de Marcus Laenius Flaccus. – 4. Cicéron accueille (= *recipit*) l'hôte de Laenius. – 5. Il néglige (= *neglegit*) l'amitié du consul.

STOCK DE MOTS

La famille de Cicéron

Voici une liste de mots appartenant au vocabulaire des liens familiaux. Retenez les plus courants (**en bleu**).

pater, tris, *m.* : père
mater, tris, *f.* : mère
soror, oris, *f.* : sœur
avus, i, *m.* : grand-père
avia, ae, *f.* : grand-mère
nepos, otis, *m.* : petit-fils, neveu

EXERCICE

Cicéron a un frère, prénommé Quintus ; sa mère s'appelait Helvia ; le fils de Cicéron s'appelle Marcus, comme son père et son grand père.

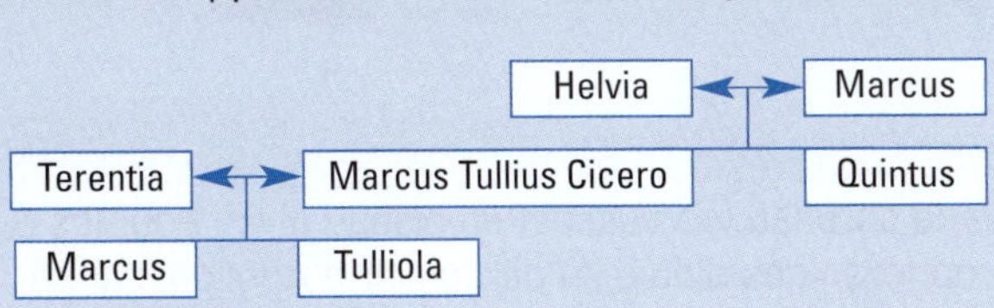

Dans les phrases suivantes, remplacez les noms propres en gras par le terme de parenté approprié (attention au cas !).

1. Marcus, Tulliolae frater, **Helviam** diligit. – 2. Cicero, Helviae filius, **Terentiae** epistulam legit. – 3. Quintus Marcum, **Ciceronis** et Terentiae filium, diligit. – 4. Marcus Cicero, Marci et Terentiae filius, **Tulliolam** diligit. – 5. Tulliola apud **Helviam** est. – 6. Marcus, Tulliolae avus, **Helviam** diligit.

DU LATIN AU FRANÇAIS

Retrouvez des mots latins qui vous aideront à définir avec précision le sens des mots français en gras.

- Trois skieurs ont fini à **l'hôpital**.
- Merci pour votre **hospitalité fraternelle**.
- La vie commence à la **maternité**.
- Les députés **légifèrent** pendant toute une **législature** : ce sont des **législateurs**.
- Voter est un devoir **civique**.
- Payer ses impôts est une obligation **légale**.
- Assez de guerres **civiles fratricides** !
- Il a hérité d'un **patrimoine** confortable.

CIVILISATION

Doc. 1 Un surnom pittoresque

Voici comment, lors d'une attaque des Gaulois contre Rome, un valeureux Romain gagna un étrange surnom (cognomen)*.*

Un chef des Gaulois, qui se distinguait par sa taille gigantesque et l'or étincelant de ses armes, s'avance à grands pas en brandissant un javelot (...) et provoque en combat singulier celui des Romains qui, dans toute l'armée, aurait l'audace de se mesurer avec lui. Valerius voit tous ses compagnons hésiter : il demande au consul la permission de combattre ce Gaulois et marche à sa rencontre avec calme et simplicité. Déjà ils sont aux prises quand un prodige quasi divin se produit : subitement un corbeau (*corvus*) survient, se pose sur le casque de Valerius, puis attaque son adversaire au visage, aux yeux (...). De temps à autre, après des assauts si sauvages, il retournait se poser sur le casque de Valerius. C'est ainsi que Valerius put vaincre et tuer le redoutable chef ennemi. De là lui vint le surnom de Corvinus. Cela se passait quatre-cent-cinq ans après la fondation de Rome. L'empereur Auguste fit dresser à ce *Corvinus* une statue sur la tête de laquelle l'artiste a sculpté un corbeau en souvenir du combat.

Aulu-Gelle, *Les Nuits attiques* IX. 11

Doc. 2 Épitaphe d'un percepteur de l'empereur. Rome, Palazzo Massimo alle Colonne.

Transcription : L CALPVRNIO DAPHNO / ARGENTARIO /MACELLI MAGNI / TI(BERIVS) CLAVDIVS AVG(VSTI) L(IBERTVS) / APELLES ET / ASCONIA QVARTA / PROPINQVO CARISSIMO / FECERVNT

Traduction : À L. Calpurnius Daphnus, percepteur des taxes du grand marché. T. Claudius Apelles, affranchi d'Auguste, et Asconia Quarta ont fait élever ce monument pour leur proche parent qui leur était si cher.

Doc. 3

Découverte

Doc. 1 **1.** Dans certaines légendes celtes et gauloises, le corbeau (*corvus*) est un oiseau divin. Pour les Grecs et les Romains, cet oiseau est souvent un « prophète » des dieux, en particulier d'Apollon. Par ses cris ou son vol, il fait savoir que les dieux sont favorables.
Pourquoi Valerius a-t-il été surnommé *Corvinus* ?

Doc. 2 **2.** Que représente le bas-relief ?
3. Repérez les prénoms en abrégé. Quel est le prénom du défunt ? celui du donataire ?

Doc. 3 **4.** Sur la frise chronologique ci-dessus sont marquées les dates de la fondation de Rome et le début du règne de l'empereur Auguste.
Placez sur ce même axe l'épisode du combat de Corvinus.

Romanus sum

L'identité d'un citoyen romain est exprimée par une triple appellation : un nom précédé d'un prénom et complété par un surnom comme, par exemple, Marcus Tullius Cicero.

Le nom (*nomen*)

- Un Romain, c'est d'abord un descendant d'une « lignée » de citoyens (***gens, gentis***, *f.*), qui portent tous le même nom, appelé le gentilice (***gentilicium***).
- Ce gentilice, qui correspond à notre nom « de famille », se termine en ***-ius*** et signifie « qui appartient à la ***gens*** x ou y » : le gentilice de Cicéron, **Tull-*ius***, signifie « de la famille des Tullii ».

Le prénom (*praenomen*)

- On donne souvent aux garçons le **prénom des ancêtres** (*Marcus* est le prénom de Cicéron et aussi celui de son fils).
- Il n'y a que treize prénoms usuels pour les garçons. Ces prénoms, qui appartiennent à la deuxième déclinaison, sont souvent abrégés dans les textes.

Les prénoms de garçons usuels

- Aulus (A.)
- Caius / Gaius (C.)
- Cnaeus / Gnaeus (Cn.)
- Lucius (L.)
- Manius (M'.)
- Marcus (M.)
- Numerius (N.)
- Publius (P.)
- Quintus (Q.)
- Servius (Ser.)
- Sextus (Sex.)
- Tiberius (Ti.)
- Titus (T.)

Le surnom (*cognomen*)

- Il évoque parfois **une particularité physique ou morale** remarquée chez un ancêtre. Cicéron doit son surnom à un ancêtre qui aurait eu une verrue en forme de pois chiche (***cicer***) sur le front. Marcus Junius Brutus, un des assassins de Jules César, a hérité du surnom (***Brutus***, l'idiot) de son ancêtre, le premier consul de Rome, Lucius Junius Brutus. Celui-ci avait feint l'idiotie pour tromper ses ennemis.
- **Réaliser un exploit** peut être aussi l'occasion de recevoir un surnom qui se transmettra de génération en génération. Ainsi, **P. Cornelius Scipio Africanus** doit son surnom d'« Africain » à la victoire qu'il remporta en Afrique (actuelle Tunisie) sur Hannibal. Souvent, les personnages célèbres sont désignés par leur seul surnom, comme **Cicéron** ou **César**.
- L'**esclave** porte le nom que son maître lui a choisi, souvent le nom de son peuple d'origine : **Geta** (né chez les Gètes, qui habitaient les rives du Danube).

Doc. 4 Un père et sa fille. Stèle funéraire, art gallo-romain. Metz, musée d'Art et d'Histoire.

Et pour les filles ?

- Les filles portent le nom de la *gens* (en ***-ia***, 1re déclinaison) : *Tullia* = la fille de *Tullius*. Des diminutifs affectueux sont utilisés, quand l'enfant est jeune : ils sont en ***-la*** pour les filles et en ***-lus*** pour les garçons. *Tulliola* est le diminutif de *Tullia*.

À VOUS DE JOUER !

1. Comment s'appelait la fille de Caius Julius Caesar (Jules César) ?
2. Voici des noms de femmes romaines. Quel est le gentilice de leur père ?
Aemilia, Antonia, Claudia, Cornelia, Fabia, Flavia, Hortensia, Julia, Livia, Lucretia, Pompeia, Sulpicia, Terentia, Valeria.
3. Connaissez-vous des prénoms français, de garçon ou de fille, dont l'ancêtre est latin ?

CIVILISATION

Doc. 1 Attentat à l'élégance

L'avocat Hortensius, rival de Cicéron, était célèbre pour son élégance.

Il soignait son habillement jusqu'à l'excès : afin que sa toge tombât bien, il se regardait dans un miroir pour disposer les plis non pas au hasard, mais artistiquement retenus par un nœud ; le *sinus*[1] tombait de manière calculée pour mouler le côté. Un jour qu'il avançait ainsi drapé avec recherche, un de ses collègues le croisa dans un passage étroit, le heurta par mégarde et détruisit le bel arrangement de sa toge. Hortensius lui intenta aussitôt un procès pour dommages, jugeant qu'il méritait la peine de mort pour avoir dérangé un pli sur son épaule.

Macrobe, *Saturnales*, livre III, chap. XIII, 4 et 5.

1. *Sinus* : large pli de la toge.

Doc. 2 Forme et dimensions de la toge romaine

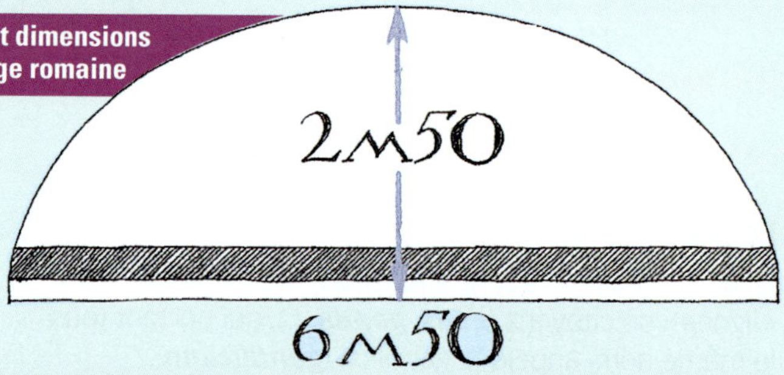

Doc. 3 Femme versant du parfum dans un flacon. Fresque, Ier siècle après J.-C. Rome, musée des Thermes.

Découverte

Doc. 1

1. Comment s'appelle le vêtement que porte Hortensius ?
2. Relevez les mots qui expliquent comment un Romain arrange ce vêtement autour de son corps.
3. Hortensius est-il un exemple à imiter ? Quels défauts révèle l'anecdote racontée ?

Doc. 3

4. En quoi ce document illustre-t-il le goût des femmes romaines pour la toilette ?
5. Décrivez l'habillement de cette Romaine.

Un peuple en toge

Les Romains se désignent eux-mêmes comme « le peuple des gens en toge », gens togata. Interdite aux étrangers et aux esclaves, la toge est le signe distinctif du citoyen romain. C'est un vêtement d'apparat que l'on ne porte qu'à l'extérieur de chez soi ou pour recevoir « officiellement » des visiteurs.

En privé, la *tunica*

● Le citoyen romain se lève avec le soleil ; souvent, il a gardé sa *tunica* pour dormir. La *tunica* est une sorte de chemise, généralement à manches courtes, qui descend jusqu'aux genoux. Formée de deux pièces d'étoffe de laine cousues, elle est au besoin resserrée par une **ceinture** (***cingulum***).

● La *tunica* est le vêtement que le Romain porte chez lui. Elle constitue toute l**a garde-robe des hommes les plus modestes** (paysans, artisans, esclaves) : porter la toge signifie qu'on occupe un certain rang social.

Doc 4 *Toga.*

Pour sortir, la *toga*

● La *toga* se porte par-dessus la tunique : c'est un grand pan d'étoffe de laine écrue taillé en forme semi-circulaire, sans couture ni agrafe, qui tombe jusqu'aux pieds. Il faut l'aide d'un esclave pour l'enrouler sur l'épaule et le bras gauche, tout en laissant libre le côté droit.

● La toge possède sur le devant un **large pli** (***sinus***) qui sert de poche. Avant de sortir, le Romain quitte ses sandales d'intérieur (***soleae***) pour chausser des bottines en cuir souple (***calcei***). L'hiver, ou par mauvais temps, il passe, par-dessus la toge, un bon manteau de laine épaisse, avec ou sans capuchon.

Doc 5 *Solea.*

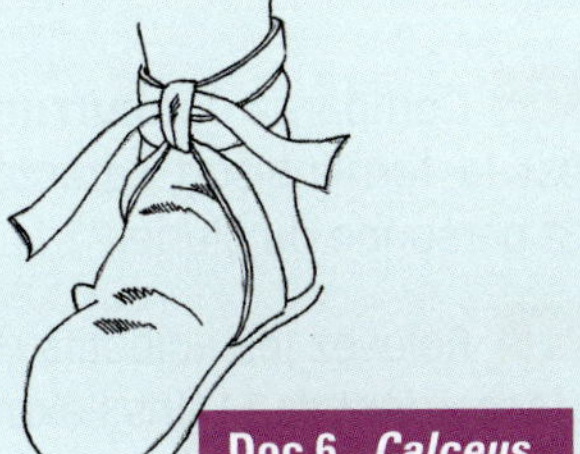

Doc 6 *Calceus.*

À chacun sa toge

● Le port de la toge est une des plus anciennes traditions de Rome, et ses **ornements** comme sa **couleur** sont très codifiés. Ordinairement, elle est unie, de couleur « blanc cassé ».

● Les jeunes garçons et les hauts responsables politiques (sénateurs) portent la ***toga praetexta*** (bordée d'une bande de couleur pourpre). Les candidats aux élections portent la ***toga candida*** (blanchie à la craie). Les citoyens en deuil ou en procès portent une toge volontairement salie ou brune (***sordida*** ou ***pulla***).

Et pour Madame ?

● Les femmes portent une *tunica* plus ornée que celle des hommes, grâce à des broderies ; par-dessus, elles enfilent une ample robe (***stola***) serrée à la taille et tombant jusqu'aux pieds ; pour sortir, elles s'enveloppent d'un manteau (***pallium***) dont le drapé permet de couvrir la tête.

● Les grandes dames romaines (*matronae*) doivent, en principe, montrer une pudique simplicité dans leur tenue ; mais bijoux précieux, parfums variés, fards et perruques furent vite à la mode, ainsi que les tissus fins et soyeux, teints en couleurs délicates.

À VOUS DE JOUER !

1. Comment le personnage représenté fait-il tenir son vêtement ?
2. La toge est-elle un vêtement pratique ?
3. Pourquoi peut-on dire que la toge est un vêtement qui convient bien à un homme en train de faire des discours publics ?
4. La plupart des statues romaines représentent des Romains en toge. Pourquoi ?
5. D'où vient le mot français *candidat* ?

CHAPITRE

2

Maîtres et esclaves

Prisonniers de guerre emmenés en esclavage.
Sarcophage romain. *Rome, musée de la Civilisation.*

Lecture

REPÈRES

repente : soudain
dominus, i : maître
superbus, a : tyrannique
saevus, a : cruel
servus, i : esclave
circumsistunt : (ils) entourent, encerclent
contundunt : (ils) frappent
sive..., sive... : soit que..., soit que...
quia : parce que
sentit : (il) est conscient
sentire : être conscient
simulat : (il) feint
extentus, a : allongé
jacet : (il) gît à terre
ancilla, ae : servante
concurrunt : (ils) accourent
conclamant : ils crient

Des esclaves agressent leur mauvais maître

Pline le Jeune (61-113 après J.-C.), ainsi nommé pour le distinguer de son oncle, Pline l'Ancien, nous raconte un « fait divers » où l'on voit quelle violence pouvaient susciter les rapports entre un maître et ses esclaves. Larcius Macedo se comportait en maître tyrannique. Si bien qu'un jour, alors qu'il prenait son bain...

Repente superbum et saevum dominum servi circumsistunt et contundunt. Larcius, sive quia non sentit, sive quia non sentire simulat, immobilis et extentus jacet.
Fideles servi et ancillae ad dominum concurrunt et conclamant. Diffugiunt mali servi.

D'après Pline le Jeune, *Lettres*, III, 14.

TRADUCTION

Soudain, les esclaves entourent leur maître tyrannique et cruel et le rouent de coups. Larcius, soit qu'il ait perdu conscience, soit qu'il fasse semblant d'avoir perdu conscience, gît immobile et allongé de tout son long.

Esclaves et servantes restés fidèles accourent auprès de leur maître et poussent des cris. Les mauvais esclaves s'enfuient.

Observation

1 Quels mots latins sont traduits par : *immobiles ; restés fidèles ; mauvais ; s'enfuient* ?

2 En vous aidant de la traduction, repérez dans le texte les noms au nominatif pluriel, à l'accusatif pluriel, au génitif pluriel.

3 Comparez **concurrunt** et **conclamant** : quelle est la terminaison caractéristique des verbes à la 3e personne du pluriel ?

4 Relevez les adjectifs du texte : avec quels noms s'accordent-ils ? Dans l'expression : **immobilis jacet**, quelle est la fonction de l'adjectif **immobilis** ?

Étude

1. Larcii uxor decem ancillas habet. Ancillae dominam adjuvant.
L'épouse de Larcius a dix servantes. Les servantes aident leur maîtresse.

2. Dominus multos servos habet. Multi servi apud Larcium laborant.
Le maître a beaucoup d'esclaves. Beaucoup d'esclaves travaillent chez Larcius.

3. Servorum ancillarumque vita molesta est, quia Larcius superbus est.
La vie des esclaves et des servantes est pénible, parce que Larcius est tyrannique.

4. Omnes servi homines sunt : dominorum omnes injurias diu non tolerant.
Tous les esclaves sont des hommes : ils ne supportent pas longtemps toutes les injustices de leurs maîtres.

5. Dux malos milites punit ; mali domini omnes servos puniunt.
Le général punit les mauvais soldats ; les mauvais maîtres punissent tous leurs esclaves.

6. Periti duces militum iram non suscitant.
Des généraux compétents ne suscitent pas la colère de leurs soldats.

Questions

1 Dans les phrases 1 à 3, analysez la fonction des noms **ancilla** et **domina** ; **servus** et **dominus**. À quel cas sont-ils ? À quel type de déclinaison appartiennent-ils ?

2 Qu'indique, dans le vocabulaire, la présentation **superbus, a,** « tyrannique » ?

3 Supposons que Larcius n'ait qu'un seul esclave, et sa femme une seule servante : transformez les trois premières phrases en tenant compte de cette modification (**unus, una** : un seul, une seule).

4 **Multi servi** peut se traduire par « beaucoup d'esclaves », ou « des esclaves nombreux ». Laquelle de ces traductions signale que **multi** est un adjectif ?

5 Trouvez d'autres adjectifs dans ces phrases. À quel cas sont-ils ? À quels noms se rapportent-ils (comme épithètes ou comme attributs) ?

6 À quel cas sont, dans les phrases 4 à 6, **homines, milites, militum** ? Donnez le cas, le genre, le nombre de tous les autres noms de ces phrases.

Vocabulaire à retenir

Noms
- **ancilla, ae,** *f.* : servante
- **domina, ae,** *f.* : maîtresse
- **dux, ducis,** *m.* : général, chef
- **homo, minis,** *m.* : homme
- **injuria, ae,** *f.* : injustice
- **ira, ae,** *f.* : colère
- **miles, itis,** *m.* : soldat
- **servus, i,** *m.* : esclave
- **vita, ae,** *f.* : vie

Adjectifs
- **fidelis, is** : fidèle
- **omnis, is** : tout, toute
- **malus, a** : mauvais
- **molestus, a** : pénible
- **multi, multae** : nombreux, beaucoup de…
- **peritus, a** : compétent
- **superbus, a** : tyrannique

Verbes
- **adjuvant** : (ils) aident
- **diligunt** : (ils) aiment
- **habent** : (ils) ont
- **laborant** : (ils) travaillent
- **punit, puniunt** : (il) punit, (ils) punissent
- **suscitat, suscitant** : (il) suscite, (ils) suscitent
- **servant** : (ils) respectent
- **tolerant** : (ils) supportent

Mots invariables
- **decem** : dix
- **diu** : longtemps
- **non** : ne… pas
- **quia** : parce que

Grammaire

1 La déclinaison des noms : nominatif, accusatif, génitif pluriels

Cas	1re déclinaison	2e déclinaison	3e déclinaison	
NOMINATIF	ros-ae	domin-i	consul-es	civ-es
VOCATIF	ros-ae	domin-i	consul-es	civ-es
ACCUSATIF	ros-as	domin-os	consul-es	civ-es
GÉNITIF	ros-arum	domin-orum	consul-um	civ-ium
DATIF	ros-is	domin-is	consul-ibus	civ-ibus
ABLATIF	ros-is	domin-is	consul-ibus	civ-ibus

2 Les adjectifs

- L'adjectif **s'accorde** en **genre** (masculin ou féminin), en **nombre** (singulier ou pluriel) et en **cas** (il se met au même cas) avec le nom dont il est épithète ou attribut.

- Les adjectifs du type ***bonus, a*** (bon) se déclinent :
– au masculin, comme ***dominus, i*** ;
– au féminin, comme ***rosa, ae***.

- Les adjectifs du type ***omnis*** (tout, toute) se déclinent au masculin et au féminin comme ***civis, is***.

Retenez aussi

À la 3e personne du pluriel, la terminaison des verbes est **-nt** :
es-t : (il, elle) est.
su-nt : (ils, elles) sont.
labora-t :
(il, elle) travaille.
labora-nt :
(ils, elles) travaillent.

Cas	Type *bonus*				Type *omnis*	
	Singulier		Pluriel		Singulier	Pluriel
	M	F	M	F	M / F	M / F
NOMINATIF	bonus	bona	boni	bonae	omnis	omnes
VOCATIF	bone	bona	boni	bonae	omnis	omnes
ACCUSATIF	bonum	bonam	bonos	bonas	omnem	omnes
GÉNITIF	boni	bonae	bonorum	bonarum	omnis	omnium
DATIF	bono	bonae	bonis	bonis	omni	omnibus
ABLATIF	bono	bona	bonis	bonis	omni	omnibus

« Multi servi laborant. »
Mosaïque, IIIe siècle après J.-C.
Tunis, musée du Bardo.

Exercices

1 **Tous les noms ou groupes nominaux en gras sont au singulier; mettez-les au pluriel, puis traduisez.**

1. Cicero filiae **amicum** non diligit. – **2.** Fidelis amicus **hospitem** adjuvat. – **3.** Miles **superbum ducem** non tolerat. – **4.** Larcius **servi** iram suscitat. – **5. Hominis** vita non semper (= *toujours*) molesta est. – **6.** Marcus ad Terentiam **epistulam** scribit. – **7.** Bonus consul **legem** servat. – **8. Domini injuriam** servi tolerant. – **9.** Frater **sororem** diligit. – **10.** Domina **fidelem ancillam** habet.

2 **Transformez les phrases sur les modèles a et b.**

Modèle A: **Ancilla dominam adjuvat. ➜ Multae ancillae dominam adjuvant.**

1. Servus dominum adjuvat. – **2.** Miles injurias tolerat. – **3.** Dux omnes milites punit. – **4.** Dominus servorum iram suscitat. – **5.** Amicus amicitiae leges servat.

Modèle B: **Dominus superbus est. ➜ Multi domini superbi sunt.**

1. Domina superba est. – **2.** Ancilla fidelis est. – **3.** Homo saevus est. – **4.** Dux peritus est. – **5.** Consul peritus est.

3 **Traduisez.**

1. Superbi domini bonos servos puniunt. – **2.** Superborum dominorum injurias servi non tolerant. – **3.** Boni duces fideles milites habent. – **4.** Milites molestam vitam non habent, quia dux peritus est. – **5.** Multae dominae ancillas puniunt. – **6.** Omnes ancillae dominam adjuvant. – **7.** Omnium servorum vita molesta est. – **8.** Consul omnes leges servat. – **9.** Ad omnes amicos epistulas scribit – **10.** Omnes cives consulem diligunt.

4 **Formulez la réponse à la question: *Cur*... ? (pourquoi... ?) selon l'exemple. Les éléments de la réponse sont indiqués en français.**

Exemple: **Cur servorum vita molesta est ? ➜ Servorum vita molesta est quia dominus superbus est.**

1. Cur injurias servi non tolerant ? (*Ils sont des hommes.*) – **2.** Cur civium iram consul suscitat ? (*Il ne respecte pas la loi.*) – **3.** Cur Larcius superbus est ? (*Il a beaucoup d'esclaves.*) – **4.** Cur servorum vita molesta est ? (*Ils travaillent chez Larcius.*) – **5.** Cur vitam molestam milites habent ? (*Le général n'est pas compétent.*)

STOCK DE MOTS

Tout bon, ou tout mauvais ?

malus, a: mauvais, est le contraire de **bonus, a**: bon.
Voici d'autres «couples» d'adjectifs de sens contraires:

multi, ae: nombreux, beaucoup de ≠ **pauci, ae**: peu nombreux, peu de
molestus, a: pénible ≠ **jucundus, a**: agréable
peritus, a: compétent, expérimenté ≠ **imperitus, a**: incompétent, inexpérimenté
magnus, a: grand, gros ≠ **parvus, a**: petit
laetus, a: joyeux ≠ **maestus, a**: triste.

EXERCICE
Dans les phrases suivantes, remplacez les adjectifs par leur contraire.

1. Larcius multos servos habet. – **2.** Parvam rosam carpit (*cueille*) ancilla. – **3.** Peritus dux bonos milites habet. – **4.** Servi maesti sunt, quia vita molesta est. – **5.** Multi servi maesti sunt.

DU LATIN AU FRANÇAIS

De quels mots latins rapprochez-vous les mots en gras ? Précisez leur sens.

- La **domination** de l'équipe de France fut évidente.
- Vive le repos **dominical** ! (*Dominus* s'emploie pour dire «monsieur» ou «seigneur».)
- Quel regard **dominateur** !
- Le travail est parfois une **servitude**. Mais on peut accepter des tâches **ancillaires** sans avoir l'âme **servile**.
- Ce tremblement de terre de grande **magnitude** a fait une **multitude** de victimes.
- Il ne manque ni de **superbe** ni de **malice**. Mais il est **irascible**.

CIVILISATION

Doc. 1 Éloge dit de « Turia »

Dans une longue inscription funéraire, un époux ne ménage pas l'expression de sa reconnaissance à son épouse disparue.

Faut-il que je rappelle tes qualités domestiques de pudeur, d'obéissance, de douceur, ton affabilité, ton assiduité pour les travaux de laine, ta piété sans superstition, la sobriété de tes parures, la simplicité de tes tenues ? Faut-il que je dise ta tendresse pour les tiens, ton dévouement à ta famille ? Tu as honoré également ma mère et tes parents, tu as eu soin de lui procurer la même vie tranquille qu'aux tiens, tu as pratiqué d'innombrables autres vertus, comme toutes les matrones[1] qui tiennent à leur bonne réputation. Ce que je veux évoquer, ce sont tes qualités vraiment personnelles ; peu d'hommes en ont trouvé de semblables chez leur épouse.

Éloge d'une matrone romaine.

1. Matrone : on appelle ainsi (*matrona, ae*) une femme de la haute société romaine.

Doc. 2 Stèle funéraire, Ier siècle avant J.-C. Musée du Vatican.

Découverte

Doc. 1

1. Qui s'exprime dans ce texte ?
2. Quelles sont les qualités de Turia ?
3. À qui ont profité les qualités de Turia ?

Doc. 2

4. Quels sentiments le sculpteur a-t-il cherché à exprimer ?
5. Quel vêtement porte l'époux ?
6. Quels gestes, quelles attitudes symbolisent les relations de ce couple ?

Dominus et domina

*L'autorité d'un citoyen s'exerce d'abord sur la maison (*domus*) dont il est le maître (*dominus*). Cette* domus *abrite une famille dont l'organisation a de quoi étonner !*

Le maître de maison (*dominus*)

- Sous un même toit peuvent vivre trois générations de citoyens. Le chef de famille (***paterfamilias***) exerce sa puissance paternelle (*patria potestas*) sur ses enfants – ses garçons, même mariés et pères de famille, et ses filles jusqu'à leur mariage –, sur ses petits-enfants, sur son épouse, la ***domina***, mais aussi sur l'ensemble du personnel qui vit sous son toit.
- Tout ce monde constitue la ***familia***, qui n'est pas la cellule familiale que nous connaissons, mais un groupe élargi, une **maisonnée**.

La maîtresse de maison (*domina*)

- La maîtresse de maison (***materfamilias***) a droit au respect du *dominus*, mais par respet des convenances, celui-ci évite de lui montrer de l'affection publiquement. La *domina* règne sur la maison. Elle est d'abord une mère de famille (***matrona***), qui s'occupe de ses enfants, file la laine, dirige son entretien, surveille l'activité des esclaves, en particulier les servantes, mais n'a pas d'activités manuelles dégradantes…
- Son époux attend d'elle qu'elle ait de la retenue (*pudor, pudicitia*). Les excès ne lui sont pas permis, ainsi, par exemple, la consommation du vin lui est-elle interdite. Mais, dès le Ier siècle avant J.-C., les dames de la haute société s'émancipent, à la grande fureur des « conservateurs » !

Un juge sévère

- Tous les membres de la *familia* doivent au maître de maison respect et loyauté (***pietas, fides***). En cas de manquement grave à la morale familiale, le maître peut exercer une **justice rigoureuse** qui peut aller jusqu'à l'exécution d'un fils ou d'une épouse. En théorie du moins : le divorce permet de régler la plupart des conflits et la loi interdit de vendre « plus de trois fois » son fils comme esclave !
- Cette justice, qui s'applique avec sévérité aux esclaves de la *familia*, s'adoucira au fil des siècles.

Un bon gestionnaire

- Le maître reçoit régulièrement son **intendant** venu de la campagne pour le tenir au courant de la gestion de ses domaines agricoles. Un bon maître de maison doit tout vérifier, tout régenter et être informé de tout, mais il est bien aidé par ses **régisseurs**, ses **comptables** et ses **secrétaires** (affranchis ou esclaves).
- Il est nécessaire de s'assurer des revenus agricoles importants pour faire partie des classes supérieures de la population, celles qui votent et accèdent aux **responsabilités politiques**. Le premier jour du mois, le maître vérifie aussi que l'argent qu'il a prêté ou les loyers dus sont rentrés. Son homme de confiance, souvent un ancien esclave, est chargé du recouvrement de ces fonds. Une fois réglées ses affaires privées, le maître peut se consacrer à la vie publique.

Doc. 3 ***Les licteurs rapportent à Brutus les corps de ses fils.***
Tableau de Jacques-Louis David, 1789, Paris, musée du Louvre.

À VOUS DE JOUER !

1. Quelles personnes composent la *familia* ?
2. La composition d'une famille romaine ressemble-t-elle à celle d'une famille contemporaine ?
3. Quelles valeurs morales régissent les rapports au sein de la maisonnée ?
4. Le tableau de David (doc 3) illustre un récit de l'historien Tite-Live : le consul Brutus (à gauche) a fait exécuter ses fils, coupables de haute trahison. Son épouse et ses filles (à droite) se lamentent. Quelle image du *paterfamilias* et de la matrone le peintre a-t-il voulu exprimer ?

Doc. 1 **Esclave châtié. Statuette en bronze. Paris, Bibliothèque nationale.**

Doc. 2 Un bon esclave

Dans les comédies romaines, les esclaves se font volontiers les complices de leur jeune maître lorsque celui-ci tombe amoureux.

L'esclave qui veut que le maître soit content de son service doit d'abord penser à son maître, et ne songer à soi qu'après. S'il a sommeil, il ne lui faut pas, en dormant, oublier qu'il est esclave. Quand on est au service d'un maître amoureux, comme c'est mon cas, si on le voit dominé par la passion, le devoir d'un bon esclave, à mon avis, c'est de le retenir pour essayer de le sauver, et non pas de le pousser sur la pente où son penchant l'entraîne. Voyez les enfants qui apprennent à nager, on leur donne à tenir un radeau d'osier pour qu'ils se fatiguent moins, et pour qu'ils nagent et fassent les mouvements des bras avec plus de facilité : eh bien, je pense que l'esclave doit jouer le même rôle vis-à-vis de son maître quand il est amoureux. Il faut qu'il lui serve de radeau, qu'il le soutienne, et l'empêche de couler comme un chien de plomb. Il faut qu'il apprenne à connaître les ordres de son maître ; que ses yeux sachent lire sur son visage ce qu'il veut, qu'il se hâte d'exécuter ses ordres, plus vite qu'un quadrige au galop. Quiconque prendra ce soin n'aura pas à subir la sanction des nerfs de bœuf.

Plaute, *Aulularia*, IV, 1, 3 (v.587-602)

Découverte

Doc. 1

1. Comment l'artiste a-t-il exprimé dans cette statuette la douleur de l'esclave châtié ?

Doc. 2

2. Quelles sont les qualités d'un bon esclave d'après cet extrait de la comédie de Plaute ?
3. Quel est le châtiment encouru par un esclave qui n'est pas capable de prévoir les désirs de son maître ?
4. Cet « esclave de comédie » vous paraît-il exprimer les sentiments d'un esclave ordinaire envers son maître ?

Servi et ancillae

Dans l'Antiquité, les esclaves sont, à l'origine, des prisonniers de guerre. La majorité des citoyens romains exercent un métier (artisan, commerçant, agriculteur…) et les esclaves sont leurs « ouvriers ».

Doc. 3 Affranchissement d'un esclave : à genoux, il est esclave ; debout, il est affranchi. Rome, musée de le Civilisation romaine.

Travaux d'esclave

● Les esclaves d'un même maître appartiennent à la ***familia***. Certains vivent dans l'entourage du maître : servantes (***ancillae***), nourrices (***nutrices***), valets (***ministri***), domestiques (cuisiniers, jardiniers, concierges).

● D'autres, reconnus pour leurs compétences professionnelles, occupent les fonctions de secrétaire (***scriba***), médecin particulier (***medicus***), précepteur (***paedagogus*** ou ***praeceptor***). Souvent traités comme des membres de la famille, ils ont une vie comparable aux domestiques de jadis et sont souvent affranchis.

Surveiller et punir

● À la campagne, le travail est généralement plus pénible : les esclaves « ouvriers agricoles » doivent travailler dur, sous les ordres d'un intendant lui-même esclave (***vilicus***). Il se révoltent parfois, surtout au moment des moissons.

● Gare au voleur ! il sera marqué d'un F au fer rouge sur le front (F. pour *fur-is* : voleur). Gare aux rebelles ! Ils seront mis aux fers ou vendus aux exploitants des mines et carrières, où le travail est particulièrement pénible. Gare à l'assassin ! tous les esclaves de la *familia* seront torturés et éventuellement mis à mort à cause de lui.

Récompenser

● L'esclave est un bien dont le maître dispose à son gré. Un **mauvais traitement** pourrait déprécier sa valeur lors d'une transaction future. Aussi un « bon esclave » peut-il espérer obtenir des **gratifications** (*peculium*, le pécule) qui lui permettent parfois de racheter lui-même sa liberté.

● Tout esclave peut en effet être rendu à la liberté avec l'accord de son maître grâce à une formalité administrative qui fait de lui un **affranchi** (***libertus***). À partir de son **affranchissement**, l'esclave libéré porte le prénom et le nom de famille de son ancien maître, son ancien nom d'esclave devient son surnom. C'est le cas de l'auteur de comédies, Térence : *Publius Terentius Afer* (l'Africain).

Familles d'esclaves

● Victime de la guerre ou de la piraterie, l'esclave est arraché à sa famille, à son peuple d'origine. Chez son maître, il a la possibilité de vivre en concubinage.

● Ses enfants sont eux-mêmes esclaves (***vernae***) et appartiennent au maître. Ils restent esclaves si leur père ou leur mère obtiennent leur affranchissement. Mais les enfants d'un affranchi (***libertus***) sont libres eux aussi.

À VOUS DE JOUER !

1. Tous les esclaves exercent-ils des métiers manuels ?
2 Comment s'appelle l'acte de libération d'un esclave ?
3. Voici le nom d'un affranchi : *Publius Lucretius Gallus*. Qui était son maître ? Quel était son nom d'esclave ? Devinez son peuple d'origine.

CHAPITRE

3

Lire et écrire à Rome

Adolescent lisant un *volumen*. Peinture provenant d'Herculanum. *Naples, musée archéologique national.*

Lecture

REPÈRES

genus, eris, *n.* : genre
volumen, inis, *n.* : volume, livre
aliquid : quelque chose
vagus, a, um : vagabond
certus, a, um : sûr, déterminé, choisi
ingenium, ii, *n.* : talent
legere : lire
oportet : il faut
nam : en effet, car
qui : celui qui…
iter, itineris, *n.* : route
iter facit : il fait route
idem : la même chose
accidit : (il) arrive
cum : quand
liber, ri, *m.* : livre
legis : tu lis

Conseils de lecture

*Sénèque (*Seneca, ae*), philosophe du Ier siècle après J.-C., adresse à son ami Lucilius une volumineuse correspondance pour lui enseigner la sagesse. Lucilius lit beaucoup, mais un peu n'importe quoi, et sans réfléchir. Il est comme un voyageur qui ne prend pas le temps de s'arrêter aux bonnes adresses…*

Tua lectio auctorum multorum et omnis generis voluminum habet aliquid vagum. Certa ingenia legere oportet.
Nam nusquam est, qui ubique est. Qui semper iter facit, multos hospites habet, sed paucos amicos. Idem accidit cum libros cursim legis.

D'après Sénèque, *Lettres à Lucilius*, 2.

TRADUCTION

Ta lecture d'un grand nombre d'auteurs et de volumes de toute espèce a quelque chose (de) vagabond. Il faut lire des talents (bien) choisis.

Car il n'est nulle part, celui qui est partout à la fois. Celui qui voyage toujours a beaucoup d'hôtes, mais peu d'amis. La même chose arrive quand tu lis des livres en courant (de l'un à l'autre).

Observation

1 Quels mots latins sont traduits par : *lecture ; auteur ; toute (espèce) ; nulle part ; partout ; toujours ; en courant* ?

2 Quelle est la fonction du groupe nominal *certa ingenia* ? Un nom peut-il, dans cette fonction, avoir cette forme s'il se décline comme *rosa, ae* ?

3 Dans le lexique des « Repères », classez les noms latins suivis de la lettre *n.* (= neutre) : d'après leur génitif, à quelle déclinaison les rattachez-vous ?

4 D'après son génitif, à quelle déclinaison rattachez-vous le nom signifiant « livre » ?

Étude

1. Seneca praeclarum ingenium habet ; Senecae ingenium praeclarum est.
Sénèque a un talent remarquable ; le talent de Sénèque est remarquable.

2. Sunt multa ingeniorum genera.
Il y a beaucoup de genres de talents.

3. Jam Lucilius omnia auctorum genera legit.
Lucilius lit déjà tous les genres d'auteurs.

4. Et animum et corpus exercere oportet.
Il faut exercer et son corps et son esprit.

5. Nam viri et mulieres, cum libros legunt, non corpora, sed animos exercent.
En effet les hommes et les femmes, quand ils lisent des livres, exercent non leurs corps, mais leurs esprits.

6. Multi libri puerorum animos exercent.
Beaucoup de livres exercent les esprits des enfants.

7. Templum pulchrum est ; Seneca pulchros libros scribit.
Le temple est beau ; Sénèque écrit de beaux livres.

8. Senecae libros legere utile et jucundum est.
Lire les livres de Sénèque est utile et agréable.

Questions

1 Dans la traduction de la phrase 1, vous rencontrez deux fois le mot *talent* : à quelles fonctions ? En latin, à quels cas trouvez-vous **ingenium** ? Quelle particularité de la déclinaison de ces mots (neutres) pouvez-vous en déduire ?

2 Phrases 2 et 3 : repérez les noms neutres au nominatif et à l'accusatif pluriel. Quelle est la terminaison caractéristique de ces deux cas ? Vérifiez dans le vocabulaire, d'après la terminaison du génitif, à quelle déclinaison appartiennent **ingenium** et **genus**.

3 Comparez **corpus** (phrase 4) et son génitif **corporis**. Quel est le radical de ce nom ? (Vous obtiendrez ce radical en enlevant la désinence du génitif.) Dans **corpora** (phrase 5), quel est le radical et quelle est la terminaison ?

4 Dans les phrases 5 à 8, relevez les différentes formes des noms qui signifient « homme », « livre » et « enfant ». À quelle déclinaison ces noms appartiennent-ils ? Quel est leur radical ? Même question pour l'adjectif qui signifie « beau ».

Vocabulaire à retenir

Noms

animus, i, *m.* : esprit
auctor, oris, *m.* : auteur
corpus, oris, *n.* : corps
genus, eris, *n.* : genre, espèce
ingenium, ii, *n.* : intelligence, talent
liber, bri, *m.* : livre
mulier, eris, *f.* : femme
puer, eri, *m.* : enfant, garçon
templum, i, *n.* : temple
vir, i, *m.* : homme

Verbes

exercet, exercent < exercere : exercer
habet < habere : avoir
legit, legunt < legere : lire
oportet (*suivi de l'infinitif*) : il faut
scribit < scribere : écrire
sunt : (ils, elles) sont

Adjectifs

jucundus, a, um : agréable
praeclarus, a, um : remarquable
pulcher, chra, chrum : beau
utilis, e : utile

Mots invariables

cum : quand, lorsque
jam : déjà
nam : en effet, car
sed : mais

Grammaire

1 Les noms en *-er* de la 2e déclinaison

● Les noms du type ***puer, pueri,*** *m.* : l'enfant (radical **puer-**) et du type ***ager, agri,*** *m.* : le champ (radical **agr-**) appartiennent à la 2e déclinaison, comme l'indique leur génitif en **-i**. Seule la forme du nominatif singulier (en **-er**) les distingue du type ***domin-us*** ; aux autres cas, la terminaison s'ajoute au radical.

● Sauf au nominatif, le nom ***vir, i,*** *m.* (homme) se décline comme ***puer***.

	Singulier	Pluriel	Singulier	Pluriel	Singulier	Pluriel
NOMINATIF	puer	puer-i	ager	agr-i	vir	vir-i
VOCATIF	puer	puer-i	ager	agr-i	vir	vir-i
ACCUSATIF	puer-um	puer-os	agr-um	agr-os	vir-um	vir-os
GÉNITIF	puer-i	puer-orum	agr-i	agr-orum	vir-i	vir-orum
DATIF	puer-o	puer-is	agr-o	agr-is	vir-o	vir-is
ABLATIF	puer-o	puer-is	agr-o	agr-is	vir-o	vir-is

● L'adjectif ***pulcher, pulchra, pulchrum*** (beau) se décline au masculin comme ***ager***.

2 Le neutre

● Le français connaît deux **genres**. Le latin en connaît **trois** : le **masculin**, le **féminin** et le **neutre** (*neutre* signifie « qui n'est ni masculin ni féminin »).

● La 2e et la 3e déclinaison comportent des noms neutres. Ils se caractérisent par une **forme identique** au **nominatif** et à l'**accusatif**.

● Pour la **2e déclinaison**, la terminaison du nominatif et de l'accusatif singulier des noms neutres est **-um**.

● Pour les noms neutres de la 3e déclinaison, les formes du nominatif sont diverses ; il faut reconnaître le radical du nom à partir du génitif singulier (en enlevant la terminaison **-is**) :

corpus, oris, *n.* : le corps (rad. : **corp-**) **iter, itineris,** *n.* : la route (rad. : **itiner-**)
mare, is, *n.* : la mer (rad. : **mar-**)

● Au pluriel, la terminaison du nominatif et de l'accusatif neutres est **-a** (**-ia** pour les noms de la **3e déclinaison** du type **mare, is** et les adjectifs du type **omnis, e**).

Cas	2e déclinaison		3e déclinaison			
	Singulier	Pluriel	Singulier	Pluriel	Singulier	Pluriel
NOMINATIF	templ-um	templ-a	corpus	corpor-a	mar-e	mar-ia
VOCATIF	templ-um	templ-a	corpus	corpor-a	mar-e	mar-ia
ACCUSATIF	templ-um	templ-a	corpus	corpor-a	mar-e	mar-ia
GÉNITIF	templ-i	templ-orum	corpor-is	corpor-um	mar-is	mar-ium
DATIF	templ-o	templ-is	corpor-i	corpor-ibus	mar-i	mar-ibus
ABLATIF	templ-o	templ-is	corpor-e	corpor-ibus	mar-i	mar-ibus

● Les adjectifs du type ***bonus*** ont leur neutre en **-um** comme ***templum, i***.

● Les adjectifs du type ***omnis*** ont leur neutre en **-e**, comme ***mare, is***.

● Dans le lexique, on indique en abrégé le nominatif des trois genres pour ***bonus, a, um*** ; et le masculin/féminin puis le neutre pour ***omnis, e***.

Retenez aussi

L'adjectif attribut de l'infinitif s'accorde au neutre (un infinitif n'est ni masculin ni féminin) :
Legere **jucundum** est. Lire est agréable. / Il est agréable de lire.

Exercices

1 **Déclinez, au singulier et au pluriel, à tous les cas que vous connaissez, les groupes suivants.**

1. Une épouse agréable – **2.** Un talent remarquable – **3.** Un bon fils – **4.** Un beau corps – **5.** Un grand champ – **6.** Une belle servante – **7.** Un homme (vir) compétent – **8.** Un livre utile – **9.** Un mauvais maître – **10.** Un petit temple.

2 **Traduisez en latin, en utilisant *oportet* + infinitif (il faut).**

1. Il faut voir (*videre*) : **a.** de beaux temples – **b.** beaucoup de genres de temples – **c.** les statues (*statua, ae,* f.) des temples.
2. Il faut lire : **a.** les livres des enfants – **b.** beaucoup de livres – **c.** de grands talents.
3. Il faut avoir : **a.** beaucoup d'amis – **b.** une vie agréable – **c.** peu d'esclaves.

3 **Traduisez.**

1. Pueri animos exercent cum Senecae libros legunt. – **2.** Multos libros legere oportet, quia ingeniorum genera multa sunt. – **3.** Servus dominum adjuvat cum epistulam scribit. – **4.** Praeclarorum virorum libri utiles sunt. – **5.** Multi servi praeclara ingenia habent. – **6.** Multae mulieres praeclaros libros scribunt.

4 **Sur le modèle *jucundum est legere* : « il est agréable de lire », dites en latin :**

1. a. Il est beau d'exercer [son] esprit et [son] corps. – **b.** Il est agréable d'avoir beaucoup de livres. – **c.** Il est pénible d'écrire un livre.
2. Il est utile : **a.** de lire les livres de Cicéron – **b.** la vie des hommes remarquables – **c.** les lettres de Sénèque.

Encriers et stylets.
Aquiléia (Italie), musée archéologique.

STOCK DE MOTS

Tout pour lire et écrire

bibliotheca, ae, *f.* : bibliothèque
cera, ae, *f.* : tablette de cire
sententia, ae, *f.* : phrase
scribit, scribunt, scribere : il écrit, ils écrivent, écrire
stilus, i, *m.* : poinçon, stylet (pour écrire)
liber, bri, *m.* : livre
volumen, inis, *n.* : rouleau, volume
pagina, ae, *f.* : page.

EXERCICE
Traduisez les phrases suivantes.

1. Puer **ceras** habet. – **2.** Cum **sententias** scribit, Seneca stilos habet. – **3.** Senecae **sententiae praeclarae** sunt. – **4.** Cicero bibliothecae **volumina** legit. – **5.** Boni pueri **multos libros** legunt. – **6.** Volumina **paginas** non habent.

Vous pouvez maintenant remplacer les mots en gras par d'autres noms de la liste de vocabulaire, sauf pour une phrase, qui n'aurait plus de sens : laquelle ?

DU LATIN AU FRANÇAIS

Quels mots latins retrouvez-vous dans les mots en gras ?

- Les châtiments **corporels** étaient infligés aux enfants et aux esclaves.
- Une **corporation** regroupe des personnes exerçant la même profession.
- Il faut **incorporer** de l'eau au ciment et au sable pour obtenir du mortier.
- À la crèche, les enfants sont surveillés par une **puéricultrice**.
- Ces jeux ne sont plus de notre âge, nous les trouvons bien **puérils**.
- Le rugby est un jeu **viril**.
- En cas d'affluence sur l'autoroute, prenez l'**itinéraire** bis.

Trouvez le plus grand nombre possible de mots français dérivés des mots latins *ingenium-i* et *ager, agri*.

CIVILISATION

Doc. 1 Ce qu'on peut faire avec des noix.

Avec une simple noix, quelques copains et un peu d'imagination, on peut bien s'amuser…

L'enfant aligne des noix qu'il fait tenir debout, et doit, d'un coup précis, les fendre toutes, ou bien, il les pose sur le côté, et les vise en poussant une autre noix d'une chiquenaude ; ce jeu se joue avec quatre noix, pas plus, une étant posée sur les trois autres.
Un autre enfant laisse rouler, sur une planche en pente, une noix, en espérant qu'elle viendra heurter l'une ou l'autre de celles qu'il a, en grand nombre, disposées au pied de la planche.
Il y a aussi celui qui doit dire si le nombre des noix (qu'on tient cachées) est pair ou impair : si l'enfant qui fait le devin a dit juste, il rafle la mise. […] Souvent, aussi, on place à bonne distance un vase creux, et il faut y faire tomber une noix lancée d'une main légère.

Ovide, *Nux*, v. 74 sq.

Doc. 2 Jeux d'enfants, IIe siècle après J.-C. Rome, musée de la civilisation romaine.

Découverte

Doc. 1

1. Expliquez les différents jeux décrits par ce texte.

Doc. 2

2. Quelle variante d'un des jeux décrits dans le texte retrouvez-vous sur ce bas-relief ?
3. Quel détail vous permet de le reconnaître ?
4. Qu'est-ce qui a remplacé les noix dans les jeux d'enfants d'aujourd'hui ?

Ludere

Noix, osselets, dés... les petits Romains avaient des jeux beaucoup moins compliqués que les nôtres, mais s'amusaient tout autant.

Jeux et jouets

● Le premier jouet du bébé est un **hochet**: il se présente le plus souvent sous la forme d'une boule creuse en terre cuite contenant des billes d'argile ou des cailloux. Certains hochets, plus luxueux, représentent des animaux, en particulier des oiseaux.

Doc. 3 Hochet en terre cuite, IIe siècle. Musée de l'Arles antique.

● Les jouets sont offerts pour les **anniversaires** ou à l'occasion de certaines **fêtes**. Ils ont en particulier pour fonction de préparer les enfants aux activités de l'âge adulte.

● C'est ainsi que les petites filles jouent avec des **poupées** (***pupulla, ae***) en chiffon, en bois, en terre cuite ou en ivoire, dont les membres peuvent être articulés.

Les jeux des enfants

● Comme autres jouets, les enfants se voient offrir une **toupie** (***turbo***), un yoyo ou un **cerceau** (***orbis***). Entre eux, ils jouent à la balle, à la corde, à la balançoire, à la marelle, à colin-maillard, aux dés, aux osselets. Les petits garçons inventent de nombreux jeux avec des **noix** (***nuces***).

● On joue **à pair et à impair** (***par impar***) de la façon suivante: l'un des joueurs tient dans la main des cailloux ou des noix et un camarade doit deviner s'il sont en nombre pair ou impair.

Comme les grands!

● Dans leurs jeux, les enfants jouent à imiter les adultes: ils jouent «aux soldats», aux «magistrats», aux «gladiateurs», et même au «jeu du roi»: le vainqueur d'un jeu d'habileté devient «roi» et il a le droit de donner des ordres à tout le monde; pendant le jeu les enfants chantent: ***Rex erit qui recte faciet, qui non faciet non erit***. (Celui qui fera bien sera le roi; celui qui ne fera pas bien ne le sera pas); le perdant s'appelle le «galeux».

● Mais les jeux de l'enfance n'ont qu'un temps. À la veille de leurs noces, les jeunes filles vouent leurs poupées à la déesse Vénus.

Les compagnons de jeux

● Les **animaux** sont des compagnons de jeux très appréciés: l'enfant joue avec des **oiseaux** qu'il fait manger dans sa main; parfois il attelle un animal paisible (un chien, un mouton, une chèvre) à un petit chariot sur lequel il s'installe.

● C'est en tout cas ce que nous montrent des fresques et des bas-reliefs antiques. Il semble toutefois que ce sont plutôt des «jeux de riches»! À défaut d'animal vivant, on offre des petites **statuettes en poterie** qui ont la forme de singes, de coqs, pigeons, lions, canards, etc.

Doc. 4 Dés à jouer en os. Musée d'Ostie.

À VOUS DE JOUER!

1. Le jour où le jeune Romain était reconnu comme un adulte (vers 15 ans), on disait qu'il était temps pour lui de «laisser là les noix» (*nuces relinquere*). Pourquoi?

2. Que signifie l'expression célèbre: «***alea jacta est***»?

CIVILISATION

Doc. 1 Matériel pour écrire

Doc. 2 N'oublie pas tes tablettes !

Voici comment l'écrivain Pline le Jeune raconte à son ami l'historien Tacite une partie de chasse à laquelle il a participé :

Cher Tacite,

(…) J'étais assis près des filets, j'avais à portée… un épieu et une lance ? Non, mais un stylet (*stilus*) et de petites tablettes (*pugillares*) ; je méditais et je prenais des notes, en me disant que je reviendrais peut-être les mains vides, mais sûrement les tablettes pleines. (…) Aussi quand tu chasseras, emporte panier garni et gourde, mais n'oublie pas des petites tablettes. Tu te rendras compte que Minerve ne se promène pas moins que Diane dans les montagnes. Adieu (*Vale*).

Pline

Pline le Jeune, *Lettres*, I, 6.

Doc 3. La mode des bibliothèques

Sénèque critique la mode de collectionner des livres, mode répandue chez certains de ses contemporains.

À quoi bon ces livres et ces bibliothèques innombrables ? Pour la plupart des gens qui n'ont pas même la culture littéraire d'un enfant, les livres ne sont pas des instruments de culture mais des ornements pour leur salle à manger. (…) Comment être indulgent pour un homme qui accumule les étagères en ivoire ou en bois de thuya, qui recherche des collections complètes d'auteurs inconnus ou démodés… et qui bâille au milieu de ces milliers de livres qui lui plaisent surtout par les tranches de leurs étuis et leurs titres ? (…)
Car aujourd'hui, à côté des salles de bains et des thermes, une bibliothèque rutilante est devenue l'ornement indispensable d'une maison digne de ce nom. (…) Mais ces œuvres des génies les plus sublimes, regroupées sous les portraits de leurs auteurs, on ne les collectionne que pour en faire étalage et pour en décorer les murs.

Sénèque, *La Tranquillité de l'âme*, IX, 4-7.

Découverte

Doc. 1

1. Quel objet représenté dans le document 1 se retrouve sur le document 4 (p. 39) ? À votre avis, à quoi peut-il servir ?

Doc. 2

2. En vous documentant sur les attributions des déesses Diane et Minerve, vous expliquerez les allusions de Pline dans la dernière phrase de sa lettre.

3. Que pensez-vous de ce portrait d'un intellectuel à la chasse ?

Doc. 3

4. Quels travers Sénèque dénonce-t-il chez ses contemporains qui ont cette conception de la bibliothèque idéale ?

5. Que représentent les livres pour certains de ses contemporains ?

6. Quels mots décrivent les livres ? Lequel ne serait pas employé aujourd'hui ?

Legere, scribere

C'est à l'âge de sept ans que les enfants romains apprennent à lire et à écrire, lorsqu'ils commencent à fréquenter un maître d'école, le **ludi magister** *(le petit enfant est auparavant élevé dans le cadre de la* **familia** *par sa mère ou sa nourrice).*

Écrire

Les **outils** varient en fonction du support choisi, « papier » ou tablette.

● Pour écrire sur le parchemin ou le papyrus, on utilise un roseau (***calamus***) ou une plume d'oiseau taillée que l'on trempe dans de l'encre (***atramentum***) fabriquée à base de suie et de gomme. Les Romains connaissent même l'**encre « sympathique »** : ils utilisent du lait frais que l'on peut ensuite révéler en saupoudrant la page de charbon broyé. L'encre est stockée dans un encrier (***atramentarium***).

● Pour l'écriture courante – devoirs des écoliers, lettres à envoyer, notes que l'on veut consigner, comme Pline (doc 2 p. 38) –, on utilise des **tablettes de bois recouvertes de cire** molle, les ***pugillares*** ou ***cerae***. On grave les lettres avec un stylet (***stilus, i,*** m.) en corne ou en métal, dont une des extrémités est pointue pour tracer les signes, et l'autre plate pour effacer en repoussant la cire : ainsi, effacer se dit en latin ***vertere stilum***, « retourner son stylet ».

Doc. 4 Les époux Proculus. Fresque de Pompéi, Ier siècle après J.-C. Naples, musée archéologique national.

Lire

Il existe dans l'Antiquité **deux types de livres** :

● Le livre de papyrus appelé ***volumen*** (« volume, rouleau ») était généralement composé de vingt feuillets de papyrus, écrits sur une seule face et collés les uns aux autres sur le côté droit, bord à bord ; ces feuillets étaient ensuite **enroulés** autour d'une baguette (d'où le nom *volumen* < *volvere* : (en) rouler), en commençant par les derniers feuillets écrits. Pour lire, on déroulait de la main gauche le *volumen* que l'on tenait dans la main droite. Ces *volumina*, très fragiles, étaient rangés dans des **coffrets cylindriques** (les ***capsae***) sur lesquels on fixait une étiquette qui en indiquait le contenu.

● Le **parchemin** a été utilisé plus tardivement (Ier siècle après J.-C.). C'est un support beaucoup **plus solide** fait de peau de chèvre ou de veau étirée et traitée selon une technique inventée à Pergame (Asie mineure). On peut écrire recto verso et même gratter un premier texte pour réutiliser la page. À partir du IIIe siècle se généralise l'usage du ***codex***, formé de feuilles de parchemin cousues en **cahier**. Ce *codex*, qui a l'allure de nos livres actuels, remplace alors le *volumen*. Mais ces produits restent chers et fragiles.

Ranger

● La mode des **bibliothèques** particulières se répand surtout à l'époque impériale : les *volumina* sont rangés horizontalement, le titre (*titulus*) bien en évidence, sur des rayonnages souvent faits en bois précieux, comme le thuya, importé d'Afrique. Des portraits d'écrivains décorent la bibliothèque qui occupe toute une pièce dans les belles villas des Romains lettrés.

À VOUS DE JOUER !

1. Identifiez les objets que tiennent dans leurs mains les époux Proculus.
2. Pourquoi, à votre avis, ce couple de Romains se fait-il représenter avec ces objets à la main ?
3. Comment fabrique-t-on le papyrus ? De quel pays est-il originaire ?
4. Cherchez jusqu'à quelle époque a été utilisé le parchemin et quand se généralise l'usage du papier.

CHAPITRE

4

Au fil de la vie

Portrait de jeune fille.
Art copte du Fayoum,
IIe siècle après J.-C.
Berlin, musée national.

Lecture

REPÈRES

dat : (il, elle) donne
festivus, a, um : gai
nondum : ne... pas encore
quatuordecim : quatorze
implevit : (il, elle) a empli
illi : à elle
matrona, ae, *f.* : mère de famille
prudentia, ae, *f.* : sagesse
puella, ae, *f.* : jeune fille
suavitas, atis, *f.* : douceur
praeceptum, i, *n.* : ordre
paret : (il, elle) obéit
egregius, a, um : distingué
juvenis, is, *m.* : jeune homme
electus, a, um : choisi, fixé
nuptiae, arum, *f. pl.* : noces
dies, diei, *m./f.* : jour
vocatus, a, um : invité
sumus : nous sommes

Jeune fille à marier

Pline le Jeune, dans une lettre adressée à son ami Efulanus, fait le portrait d'une jeune fille, Minicia, fille de C. Minicius Fundanus. Hélas, elle est gravement malade...

C. Plinius Efulano salutem dat.
Fundano, amico nostro, filia est festiva et amabilis. Nondum annos quatuordecim implevit Minicia ; jam illi matronae prudentia est, et tamen puellae suavitas.
Medicorum praeceptis accurate paret. Egregio juveni jam destinata est, jam electus nuptiarum dies, jam vocati sumus.

D'après Pline le Jeune, *Lettres*, V, 16.

TRADUCTION

Mon cher Efulanus,
Fundanus, notre cher ami, a une fille charmante et aimable. Minicia n'a pas encore quatorze ans ; elle a déjà la sagesse d'une mère de famille, et pourtant le charme d'une jeune fille.
Elle obéit scrupuleusement aux prescriptions de ses médecins. Elle est déjà fiancée à un brillant jeune homme, le jour des noces est déjà fixé, (et) nous sommes déjà invités.

Pline

Observation

1 Quels mots latins sont traduits par : *aimable ; ans ; déjà ; pourtant ; scrupuleusement ; (ses) médecins ; fiancée* ?

2 **Plinius Efulano salutem dat** signifie littéralement : « Pline donne son salut à Efulanus ». Quelle est la fonction du groupe « à Efulanus » ? Pourquoi cet en-tête de lettre est-il traduit par : « Mon cher Efulanus » ? Comment sont traduits les mots **C. Plinius** ?

3 Comparez : « Ce vélo est à Jacques » et « Jacques a un vélo ». Donnez, en utilisant le verbe **habet** = *(il) a*, l'équivalent de : **Fundano est filia**.

4 Quelle est, en français, la fonction du complément : « (Elle obéit) aux prescriptions » ?

Étude

1. Fundanus filiam habet; Fundano est filia; Minicia Fundani filia est.
Fundanus a une fille; Minicia est la fille de Fundanus.

2. Fundanus aquae poculum puellae dat. Minicia patri gratias agit.
Fundanus donne un verre d'eau à la jeune fille. Minicia remercie son père.

3. Miles duci paret. Servus domino paret. Ancilla dominae paret.
Le soldat obéit au chef. L'esclave obéit au maître. La servante obéit à la maîtresse.

4. Servi dominis parent. Milites ducibus parent.
Les esclaves obéissent aux maîtres. Les soldats obéissent aux chefs.

5. « Cur maestus es ? – Maestus sum, quia Minicia aegra est. »
« Pourquoi es-tu triste ? – Je suis triste parce que Minicia est malade. »

6. Minicia matrem patremque interrogat : « Cur maesti estis ? »
Minicia demande à son père et à sa mère : « Pourquoi êtes-vous tristes ? »

7. Fundanus filiae respondet : « Maesti sumus, quia aegra es ! »
Fundanus répond à sa fille : « Nous sommes tristes parce que tu es malade ! »

Questions

1 Phrase 1 : quelles sont les deux propositions latines qui sont traduites par la phrase française « Fundanus a une fille » ? Analysez les cas que vous connaissez dans ces deux propositions.
Fundano est à un nouveau cas : le datif. Donnez deux traductions possibles de : « Le médecin a un fils. ».

2 Phrase 2 : relevez les noms ou groupes nominaux en fonction de sujet et de COD. L'expression **gratias agit** peut se traduire littéralement : « il, elle exprime ses remerciements ». Quelle est la fonction de **puellae**, de **patri** ? Ces mots sont au datif : indiquez la terminaison du datif singulier aux trois déclinaisons que vous connaissez.

3 Dans les phrases 3 et 4, à quel cas sont les noms **duci, domino, dominae** ? Quelle est leur fonction ? Identifiez les formes **dominis, ducibus**. On dit que le verbe **paret** « se construit avec le datif » : qu'est-ce que cela veut dire ?

4 Phrases 5 à 7 : reconstituez la conjugaison du verbe *être*, sans oublier les troisièmes personnes du singulier et du pluriel, que vous connaissez déjà.

Vocabulaire à retenir

Noms

aqua, ae, *f.* : eau
gratia, ae, *f.* : grâce, remerciement
gratias agit (+ *D*) : (il, elle) exprime ses remerciements, remercie
mater, tris, *f.* : mère
medicus, i, *m.* : médecin
pater, tris, *m.* : père
poculum, i, *n.* : coupe, verre
puella, ae, *f.* : jeune fille
remedium, ii, *n.* : remède

Verbes

dat : (il, elle) donne
interrogat : (il, elle) interroge
paret : (il, elle) obéit
respondet : (il, elle) répond
sum, es, esse : être

Adjectifs

aeger, gra, grum : malade
maestus, a, um : triste

Mot invariable

cur… ? : pourquoi… ?

Grammaire

1 Le datif

Le datif exprime :

- le complément d'objet second (COS) :

  Medicus **puellae** remedium praescribit Le médecin prescrit un remède **à la jeune fille**.

- le complément désignant le destinataire (= *à qui, pour qui, en faveur de qui*…) :

  Servus **domino** respondet. L'esclave répond **au maître**.

  Ancilla **dominae** laborat. La servante travaille **pour la maîtresse**.

- le complément d'objet de certains verbes. En francais, ce complément peut se traduire par un complément d'objet indirect (COI) :

  Aegra puella **medicis** paret. La jeune fille malade obéit **aux médecins**.

Cas	1re déclinaison		2e déclinaison			
	Sing.	Pl.	Sing.	Pl.	Sing.	Pl.
N	ros-a	ros-ae	domin-us	domin-i	templ-um	templ-a
V	ros-a	ros-ae	domin-e	domin-i	templ-um	templ-a
Acc.	ros-am	ros-as	domin-um	domin-os	templ-um	templ-a
G	ros-ae	ros-arum	domin-i	domin-orum	templ-i	templ-orum
D	ros-ae	ros-is	domin-o	domin-is	templ-o	templ-is
Abl.	ros-a	ros-is	domin-o	domin-is	templ-o	templ-is

Cas	3e déclinaison							
	Sing.	Pl.	Sing.	Pl.	Sing.	Pl.	Sing.	Pl.
N	consul	consul-es	corpus	corpor-a	civ-is	civ-es	mar-e	mar-ia
V	consul	consul-es	corpus	corpor-a	civ-is	civ-es	mar-e	mar-ia
Acc.	consul-em	consul-es	corpus	corpor-a	civ-em	civ-es	mar-e	mar-ia
G	consul-is	consul-um	corpor-is	corpor-um	civ-is	civ-ium	mar-is	mar-ium
D	consul-i	consul-ibus	corpor-i	corpor-ibus	civ-i	civ-ibus	mar-i	mar-ibus
Abl.	consul-e	consul-ibus	corpor-e	corpor-ibus	civ-e	civ-ibus	mar-i	mar-ibus

2 La conjugaison de *sum* (je suis) au présent de l'indicatif

Présent	
sum	je suis
es	tu es
est	il, elle est
sumus	nous sommes
estis	vous êtes
sunt	ils, elles sont

- La tournure ***sum, es, esse*** + datif exprime la possession ; on la traduit souvent en utilisant le verbe *avoir* :

  Consuli sunt multi amici. **Le consul a** beaucoup d'amis.

Exercices

1 À quel cas mettriez-vous chacun des groupes soulignés ?

1. Cette maison est à notre ami Fundanus. – **2.** Nous obéissons à nos parents. – **3.** Il a envoyé ses vœux à ma sœur. – **4.** Le père de Minicia est très inquiet. – **5.** C'est pour toi que tu travailles, non pour les professeurs ! – **6.** Les remèdes des médecins ne sont pas toujours agréables : c'est ce que dit Minicia à Fundanus, son père.

2 Mettez au datif singulier et pluriel les noms et groupes nominaux suivants.

ingenium – filius – peritus medicus – praeclarus dux – aegrum corpus – omnis vir – pulchra statua – soror – utile praeceptum.

3 Traduisez les phrases d'abord en utilisant *habet* ou *habent*, puis la tournure *est* ou *sunt* + datif.

Exemple :

Fundanus a une fille. ➜ Fundanus filiam habet. Fundano filia est.

1. Le consul a un esclave fidèle. – **2.** Sénèque a un grand talent. – **3.** Le médecin a des remèdes. – **4.** Minicia a un bon médecin. – **5.** La mère de Minicia a beaucoup de servantes. – **6.** Les esclaves ont une vie pénible.

4 Enrichissez les phrases suivantes en y ajoutant un nom ou un groupe nominal complément au datif (singulier ou pluriel), puis traduisez.

Exemple :

Medicus remedia dat. ➜ Medicus (aegrae) puellae remedia dat.

1. Fundanus respondet. – **2.** Minicia gratias agit. – **3.** Puer paret. – **4.** Ancilla aquae poculum dat. – **5.** Plinius salutem dat. – **6.** Servus librum legit.

5 Traduisez.

1. Cicero hospiti gratias agit. – **2.** Domino multi servi et multae ancillae parent. – **3.** Puella matri pulchras rosas dat. – **4.** Boni milites imperito duci non parent. – **5.** Miniciae medicus multa remedia aegrae puellae dat. – **6.** Servus Lucilio, Senecae amico, poculum dat. – **7.** Cur maesti estis ? – Maesti sumus quia amicus aeger est. – **8.** Miles duci respondet : « Imperitus es ! » – **9.** Cum aegra est, Minicia matri remedia dat. – **10.** Omnibus hominibus libri utiles sunt.

STOCK DE MOTS

Quelques composés de *sum*

Beaucoup de verbes français sont composés à l'aide d'un préfixe, par exemple : *poser ➜ pro/poser, pré/poser, ap/poser/, super/poser, op/poser, dé/poser…*
En latin, il en est de même : les préverbes sont souvent des prépositions (*ad, in…* ou d'autres, que vous apprendrez bientôt).

Voici des verbes composés de **sum** :
adsum : je suis auprès de, j'assiste
desum : je manque (à)
obsum : je suis un obstacle à, je nuis
praesum : je suis à la tête de
supersum : je suis en plus, en trop, je reste, je survis.

Tous ces verbes se conjuguent comme **sum**, et peuvent avoir un complément au datif (ils « se construisent avec le datif »).

EXERCICE

Complétez les phrases avec le verbe qui vous paraît convenir.

1. Post tantam pugnam (*après une telle bataille*), pauci milites … – **2.** Leges civium libertati (libertas, atis : *la liberté*) non … – **3.** Dux omnibus militibus … – **4.** Medicis bona remedia non … – **5.** Cum aeger est, Ciceroni amici … ; nam multos amicos habet. – **6.** Bono hospiti amici non… .

DU LATIN AU FRANÇAIS

En retrouvant les mots latins dont ils dérivent, précisez le sens des mots en gras.

- Dans mon **aquarium**, j'ai mis des plantes **aquatiques**.
- Il faut se méfier de l'**aquaplaning**.
- Une menthe à l'eau est une solution **aqueuse**.
- La situation est grave, mais pas **irrémédiable**.
- Je me soigne avec des herbes **médicinales**.
- Nous vous rendons **grâce**.
- Je vous sais **gré** de votre aide.

CIVILISATION

Doc. 1 Les étapes de la vie

Femme : *mulier, eris*

- ***infans*** (« qui ne parle pas ») : enfant (jusqu'à 7 ans)
- ***puella, ae,*** la petite fille, la jeune fille non mariée
- ***virgo, inis,*** la jeune femme non mariée
- ***uxor, oris,*** la femme mariée
- ***matrona, ae,*** la mère de famille
- ***anus, us,*** la vieille femme

Homme : *vir, viri*

- ***infans*** (« qui ne parle pas ») : enfant (jusqu'à 7 ans)
- ***puer, i,*** le garçon (de 7 à 17 ans)
- ***adulescens, entis,*** le jeune homme (de 17 à 30 ans)
- ***juvenis, is,*** l'homme dans la force de l'âge (de 30 à 46 ans)
- ***senior, oris,*** l'homme mûr (de 46 à 60 ans)
- ***senex, nis,*** le vieillard (à partir de 60 ans)

Doc. 2 L'enfant dit « à la bulle ». Ier siècle après J.-C. Paris, musée du Louvre.

Doc. 3 Un gendre idéal

Pline le Jeune présente un prétendant aux parents d'une jeune fille.

Cher Junius Mauricus,

Tu me demandes de chercher un mari pour ta nièce, ce qui aurait sans doute pris du temps si je n'avais sous la main, comme prévu pour l'occasion, Minicius Acilianus.

Il est né à Brixia, dans notre chère Italie. Son père, Minicius Macrinus, appartient à l'ordre équestre. Son aïeule maternelle, Serrana Procula, est un modèle de dignité. Lui-même est très énergique et actif tout en étant très modeste. Il a passé par la questure, le tribunat, la préture[1] d'une façon très honorable. Il a aussi un beau visage, au teint coloré ; tout son corps a de la beauté naturelle et une majesté digne d'un sénateur.

Je ne sais si je dois ajouter que son père a une fortune considérable. En effet, quand je songe à vous pour qui je cherche ce parti, je pense qu'il ne faut pas parler de fortune ; mais lorsque je regarde les mœurs de notre État, et même les lois de notre cité qui veulent que l'on évalue en priorité la fortune des gens, je me dis qu'il ne faut pas non plus négliger ce point.

Pline

Pline le Jeune, *Lettres*, I, 14 (extraits).

1. Ce sont les trois premières étapes du *cursus honorum*, c'est-à-dire « l'échelle des honneurs » dans la carrière politique d'un jeune homme de bonne famille.

Découverte

Doc. 2

1. Décrivez l'objet que cet enfant porte autour du cou.

2. Dans quelle attitude est représenté ce jeune garçon ? Quel vêtement porte-t-il ?

Doc. 3

3. Quelles sont les qualités qui font du jeune Minucius Acilianus un « beau parti » ?

4. L'« ordre équestre » est à Rome la classe sociale des grands bourgeois, disposant d'une solide fortune. Que pensez-vous de la façon dont Pline aborde ces « questions d'argent » ?

5. Que nous apprend ce texte sur les mariages dans la haute société romaine ?

Les âges de la vie

Le mariage et la maternité pour les filles, leur vie de citoyen pour les garçons, telles sont les grandes étapes de l'existence à Rome.

Lorsque l'enfant paraît...

● À sa naissance, on pose l'enfant sur le sol : si son père (***paterfamilias***) le prend dans ses bras et le soulève, il le reconnaît ; sinon, il peut l'abandonner en le déposant dans la rue (*expositio*) pour qu'il soit éventuellement recueilli ; ou bien, si c'est un garçon, le confier en adoption à des parents ou des amis sans enfants.

● Le huitième jour de la vie pour les filles, le neuvième pour les garçons, l'enfant est religieusement purifié : c'est le *dies lustricus*. Le garçon reçoit une amulette protectrice, la ***bulla***, qu'il portera désormais à son cou.

À chaque âge ses devoirs...

● Le jour de ses 17 ans, un fils d'homme libre dépose sa *bulla* : il devient ***adulescens*** (= « qui est en train de grandir »), c'est désormais un citoyen soumis aux obligations militaires. Jusqu'à l'âge de 45 ans, il peut être appelé à servir dans l'armée, et reste mobilisable dans les troupes de réserve jusqu'à 60 ans.

● **Les filles sont fiancées très tôt** (à 7 ou 8 ans, comme la fille de Cicéron), et peuvent être mariées dès l'âge de 12 ans. Elles passent alors de la tutelle de leur père à celle d'un mari généralement bien plus âgé : même s'ils en ont le droit dès 14 ans, les hommes se marient assez tard (vers 30 ou 35 ans). Devenue ***uxor*** puis, dès qu'elle a des enfants, ***matrona***, la femme a la charge de la maison – mais peut gérer ses biens, qu'elle conserve en cas de divorce.

Marions-nous !

● Dans les classes aisées, **tous les mariages sont conclus par les parents** : un contrat signé devant témoins précise la dot de la mariée, qui, souvent, a été longuement négociée !

● À l'époque républicaine, il existe trois façons de célébrer un mariage :
– la ***confarreatio*** (pratique la plus ancienne) : les époux partagent un gâteau (*farreus* : en farine de blé) en présence d'un prêtre ;
– la ***coemptio*** : les époux échangent une pièce de monnaie en simulant un achat (*emptio*) ;
– l'***usus*** (= usage, habitude) : les concubins qui habitent ensemble depuis un an sont considérés comme légalement mariés. Cette formule simple est généralement celle des gens de basse condition.

Doc. 4 Cérémonie nuptiale. Autel votif, IIIe siècle après J.-C. Rome, musée des Thermes.

Jour de noces

● Habillée depuis la veille d'une tunique blanche, six hautes tresses cachées par un voile safran, la promise s'avance vers son promis. Ils joignent leurs deux mains droites. Des sacrifices et des libations sont offerts aux divinités protectrices du mariage.

● Le soir, après un dîner solennel, l'épouse est menée en cortège à la maison de son époux. On crie et on chante pour chasser les maléfices. On fait passer le seuil à l'épousée en la soulevant. Son mari l'accueille en lui offrant le feu et l'eau. Elle répond : « ***Ubi tu Gaius, ibi ego Gaia*** » (Où tu seras Gaius, là je serai Gaia.). Puis elle fait des offrandes aux divinités de la maison qui la reçoit.

À VOUS DE JOUER !

1. Le latin connaît deux verbes signifiant « se marier », l'un *nubere* (se couvrir d'un voile), l'autre *uxorem ducere* (conduire son épouse). Chacun fait allusion à un participant de la cérémonie de mariage. Précisez, pour chaque verbe, le participant qu'il désigne.
2. Expliquez la signification symbolique de la *confarreatio* et de la *coemptio*.
3. Quels usages des antiques cérémonies de mariage avons-nous conservés ?

CIVILISATION

Doc. 1 Mosaïque des mois. IIIe siècle après J.-C. Musée de Sousse.

Découverte

Doc. 1

1. Cette mosaïque, trouvée en Tunisie actuelle dans les vestiges d'une grande ferme romaine, continue l'antique tradition latine de faire commencer l'année quand reprend le travail des champs. Les noms des mois sont inscrits sous des formes variables : vous devez néanmoins pouvoir reconnaître les différents mois de l'année.

2. Quelle activité est représentée en illustration du mois de septembre ?

3. Quelle déesse est représentée au quatrième cadre de la deuxième ligne ?

Le temps qui passe

Dans la Rome antique, le calendrier est compliqué, et l'heure approximative : le rythme des saisons, les activités publiques, la hauteur du soleil scandent la fuite du temps.

Doc. 2 Cadran solaire portatif. IIe siècle après J.-C. Musée d'Ostie.

Mesurer le temps

- Chaque **journée romaine** (***dies***) se divise, du lever au coucher du soleil, en douze heures (*horae*). Mais comme la durée du jour varie selon les saisons, l'« heure d'hiver » dure moins longtemps que l'« heure d'été » ! Seul repère fixe : la sixième heure se termine à midi, quand le soleil est au zénith. Les **cadrans solaires** les plus précis proposent donc différentes graduations selon les mois. L'autre instrument de mesure est l'horloge à eau, ou **clepsydre**, inventée elle aussi par les Grecs : une quantité d'eau variable se vide en un temps donné d'un récipient à un autre, indiquant la durée pour laquelle l'appareil a été réglé.
- La **nuit**, elle, est divisée en quatre « veilles » (*vigiliae*) plus longues en hiver qu'en été (voir doc 3) : elles correspondent au tour de garde des soldats.

Un calendrier peu fiable !

- Le plus ancien calendrier des Romains comptait **dix mois**, de mars à décembre, correspondant à la succession des **activités agricoles**. Le roi légendaire Numa passe pour l'avoir amélioré, au VIIe s. avant J.-C., en créant une année de 355 jours.
- Tous les deux ans, les pontifes, prêtres de l'Etat, devaient rajouter un « mois intercalaire » de vingt jours pour rattraper le retard pris sur l'année solaire – et ils oubliaient parfois…

De réforme en réforme

- **En 153 avant J.-C.**, le début de l'année fut fixé au **1er janvier**, date d'entrée en charge des magistrats. Puis **Jules César** remit de l'ordre dans le calendrier : à force d'oublier les mois de « rattrapage », on moissonnait en novembre !
- Conseillé par des astronomes grecs et égyptiens, il divisa « scientifiquement » l'année en 12 mois de 30 ou 31 jours, sauf février dont les 28 jours permettaient de « faire le compte ». L'année solaire durant exactement 365 jours un quart, on dut rajouter un jour tous les quatre ans… comme aujourd'hui !

Mois après mois…

- Dans chaque mois, **trois dates fixes** permettent de situer les jours : le premier jour du mois (***Kalendae***, les **Calendes**), le jour du « grand marché » (***Nonae***, les **Nones**) qui tombe le 7 en mars, mai, juillet, octobre (le 5 les autres mois), et les **Ides** (***Idus***), huit jours après les Nones. Pour dater un jour dans le mois, on dit combien de jours le séparent des prochaines Calendes, Nones ou Ides. Par exemple, le 3 octobre est « cinq jours avant les Nones d'octobre », le 31 mars est « la veille des Calendes d'avril »…
- **Sous l'Empire**, ce système compliqué laissa progressivement la place à la **semaine de sept jours**, invention des astrologues d'Orient, qui donnèrent à chaque jour le nom d'une planète.

Doc. 3 Heure d'hiver et heure d'été.

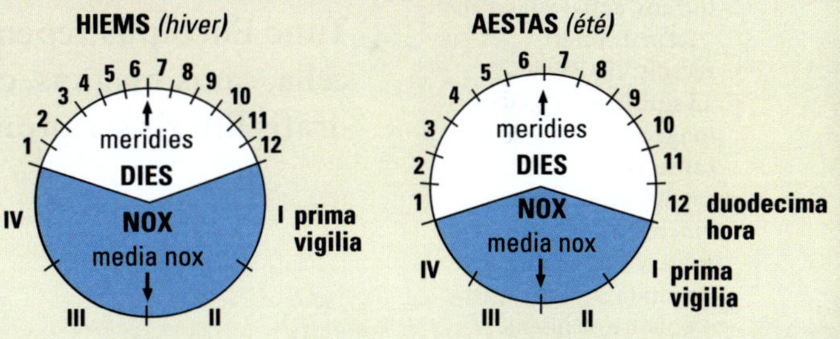

À VOUS DE JOUER !

1. Datez votre jour d'anniversaire « à la mode romaine ».
2. En février, le jour ajouté tous les quatre ans était le sixième (*sextilis*) avant les Calendes de mars, qui est répété deux fois (*bis*). Quelle trace en est restée en français ?
3. Pourquoi appelons-nous « octobre » le dixième de nos mois (*octo* = huit) ?
4. À l'aide d'un dictionnaire, donnez l'étymologie des noms des jours de notre semaine.

CHAPITRE

5

L'hospitalité romaine

« CAVE CANEM ! » Mosaïque d'entrée d'une maison de Pompéi.
Naples, musée archéologique national.

Lecture

REPÈRES
in (+ *Abl.*) : dans, sur
limen, inis, *n.* : seuil
stat : (il) est debout, se tient
ostiarius, ii, *m.* : portier
super (+ *Acc.*) : au-dessus de
cavea, ae, *f.* : cage
intrans, antis : qui est en train d'entrer
recedit : (il) recule
ad sinistram : à gauche
longe ab (+ *Abl.*) : loin de
canis, is, *m.* : chien
catena, ae, *f.* : chaîne
vinctus, a, um : attaché
murus, i, *m.* : mur, paroi
quadrata, ae, littera, ae, *f.* : lettre majuscule
scriptus, a, um : écrit
cave ! : prends garde !

Une maison accueillante !

Encolpe, le héros du roman de Pétrone, le Satiricon *(milieu du Ier siècle après J.-C.), est invité avec ses amis à dîner chez le riche affranchi Trimalcion. Distrait par la luxueuse entrée de la maison, il s'offre une belle frayeur… à cause d'un chien bien inoffensif !*

In limine stat ostiarius. Super limen, in aurea cavea, pica intrantes salutat. Tunc Encolpus repente recedit : nam ad sinistram, non longe ab ostiarii cella, canis magnus, catena vinctus, in muro pictus est. Super canem quadratis litteris scriptum est :

« CAVE CANEM ! »

D'après Pétrone, *Satiricon*, XXVIII.

TRADUCTION

Sur le seuil se tient un portier. Au-dessus du seuil, dans une cage dorée, une pie dit bonjour aux gens qui entrent. Alors, soudain, Encolpe recule : en effet, à gauche, non loin de la loge du portier, un gros chien attaché par une chaîne est peint sur le mur. Au-dessus du chien, en lettres majuscules, est écrit : « Attention au chien ! »

Observation

1 Quels mots latins sont traduits par : *dorée ; pie ; alors ; soudain ; loge ; peint* ?

2 Dans le vocabulaire, « **in** (+ *Abl.*) : dans, sur » indique que la préposition **in** signifie « dans, sur », lorsqu'elle est suivie d'un nom au cas nommé « ablatif ». À partir de cet indice, repérez dans le texte les formes d'ablatif singulier.

3 Pour la première déclinaison (type **rosa, ae**) quelle est la terminaison de l'ablatif ? Le mot **catena** est-il au nominatif ou à l'ablatif ? Quelle est sa fonction dans le groupe **catena vinctus** ?

4 Le groupe **quadratis litteris** est à l'ablatif pluriel. Quelle est sa fonction ?

Étude

1. Cum multis hospitibus dominus in triclinio cenat.
Le maître dîne avec de nombreux hôtes dans la salle à manger.

2. Encolpus cum amico venit et in limine canem videt.
Encolpe vient avec un ami et sur le seuil il voit un chien.

3. Sine causa fugit : canis enim in muro pictus est.
Il s'enfuit sans raison : en effet, le chien est peint sur le mur.

4. Ancillae januam pulchris rosis ornant.
Les servantes décorent la porte avec de belles roses.

5. Ostiarius hospites magna diligentia spectat.
Le portier observe les hôtes avec un grand soin.

6. Encolpum nomine salutat.
Il salue Encolpe par son nom.

7. « Ave, Encolpe ! », inquit ostiarius. « Ave, ostiari ! », respondet Encolpus.
« Bonjour, Encolpe ! », dit le portier. « Bonjour, portier ! », répond Encolpe.

Questions

1 Les noms et groupes nominaux qui suivent les propositions **cum, in, sine** sont à l'ablatif. Classez les formes d'ablatif contenues dans les phrases 1 à 3, selon le type de déclinaison et le nombre. Avec quelles formes, selon les types de déclinaison, peut-on confondre l'ablatif ?

2 Quelle est la fonction des noms et groupes nominaux à l'ablatif dans les phrases 4 à 6 ? Quelle est la différence entre la tournure **cum** + ablatif et le complément à l'ablatif sans préposition, qui peut, lui aussi, se traduire par « avec… » ?

3 Lorsqu'on salue ou qu'on interpelle quelqu'un, on emploie en latin le vocatif. La forme de ce cas ne diffère de celle du nominatif qu'à la 2e déclinaison, type **dominus**, au singulier (désinence : **-e**). D'après la phrase 7, mettez au vocatif : **Marcus** – **Julius** – **filius** – **bonus dominus**. Pour quels noms le vocatif est-il en **-i** ?

Vocabulaire à retenir

Noms

canis, is, *m.* : chien
causa, ae, *f.* : cause, raison
diligentia, ae, *f.* : soin, attention
janua, ae, *f.* : porte
limen, liminis, *n.* : seuil
murus, i, *m.* : mur
nomen, inis, *n.* : nom
ostiarius, ii, *m.* : portier
triclinium, ii, *n.* : salle à manger

Verbes

cenat : (il, elle) dîne
fugit : (il, elle) fuit
inquit : dit-il, dit-elle
ornat : (il, elle) orne
respondet : (il) répond
salutat : (il, elle) salue
spectat : (il, elle) regarde, observe
venit : (il, elle) vient
videt (< videre) : (il, elle) voit

Adjectif

pictus, a, um : peint

Mots invariables

ave ! : bonjour ! salut !
cum (+ *Abl.*) : avec
enim : en effet (*après un mot*)
in (+ *Abl.*) : dans, sur
sine (+ *Abl.*) : sans

Grammaire

1 L'ablatif

- L'**ablatif** est le cas du nom ou du groupe nominal en fonction de **complément circonstanciel**. En particulier, c'est le cas :

– du complément circonstanciel de manière :

Servus domini hospites **magna diligentia** salutat.
L'esclave salue les hôtes de son maître **avec une grande attention**.

– du complément circonstanciel de moyen :

Encolpus hospitem **nomine** salutat.
Encolpe salue son hôte **par** (= en se servant de) **son nom**.

- L'ablatif est aussi le cas du nom ou du groupe nominal qui suit certaines **prépositions** :

Dominus **cum amicis** cenat in triclinio.
Le maître dîne **avec des amis** dans sa salle à manger.

Retenez aussi

Attention ! Les adjectifs du type **omnis, e** ont l'ablatif singulier, pour les trois genres, en **-i** :
cum fideli amico : avec un ami fidèle
in omni templo : dans tout temple

2 Le vocatif

- Le vocatif s'emploie lorsqu'on invoque, salue, ou interpelle quelqu'un :

Ave, **domina** ! Ave, **domine** !
Salut, **maîtresse** ! Salut, **maître** !

3 Les trois premières déclinaisons

Vous connaissez désormais les formes des six cas au singulier et au pluriel. Ces tableaux doivent être parfaitement connus !

Singulier									
Cas	1re déclinaison	2e déclinaison				3e déclinaison			
N	ros-a	domin-us	templ-um	puer	ager	consul	corpus	civ-is	mar-e
V	ros-a	domin-e	templ-um	puer	ager	consul	corpus	civ-is	mar-e
Acc.	ros-am	domin-um	templ-um	puer-um	agr-um	consul-em	corpus	civ-em	mar-e
G	ros-am	domin-i	templ-i	puer-i	agr-i	consul-is	corpor-is	civ-is	mar-is
D	ros-ae	domin-o	templ-o	puer-o	agr-o	consul-i	corpor-i	civ-i	mar-i
Abl.	ros-a	domin-o	templ-o	puer-o	agr-o	consul-e	corpor-e	civ-e	mar-i

Pluriel									
Cas	1re déclinaison	2e déclinaison				3e déclinaison			
N	ros-ae	domin-i	templ-a	puer-i	agr-i	consul-es	corpor-a	civ-es	mar-ia
V	ros-ae	domin-i	templ-a	puer-i	agr-i	consul-es	corpor-a	civ-es	mar-ia
Acc.	ros-as	domin-os	templ-a	puer-os	agr-os	consul-es	corpor-a	civ-es	mar-ia
G	ros-arum	domin-orum	templ-orum	puer-orum	agr-orum	consul-um	corpor-um	civ-ium	mar-ium
D	ros-is	domin-is	templ-is	puer-is	agr-is	consul-ibus	corpor-ibus	civ-ibus	mar-ibus
Abl.	ros-is	domin-is	templ-is	puer-is	agr-is	consul-ibus	corpor-ibus	civ-ibus	mar-ibus

Exercices

1 **Ne confondez pas les différents compléments circonstanciels introduits en français par la préposition *avec*. Analysez les groupes en caractères gras.**

1. Le portier salue les arrivants **avec déférence**. – **2.** C'est toujours **avec plaisir** que nous retrouvons nos amis. – **3.** Encolpe est revenu de sa frayeur **avec beaucoup de peine**. – **4.** Je me promène **avec mon chien**. – **5.** On apprend beaucoup **avec des livres**. – **6.** Il est souvent agréable de manger **avec les doigts**. – **7.** Notre hôte est venu **avec son fils et sa fille**.

2 **À quel cas sont les noms suivants ? Attention : certaines formes sont communes à plusieurs cas ; indiquez toutes les possibilités.**

servos – cani – amicitiam – hospitibus – aquae – templo – duci – consules – matrem – patrum – puellis – domino – servum – genere – corpora – injuriam – hominibus – ingeniis – puerorum – gratia – ingenia – uxores – filiis – causa – hospitem – multitudine – libris – generi – fratrum – puellas – agri.

3 **Renversez les phrases ci-dessous comme dans l'exemple.**

<u>Exemple</u> : **Encolpus cum amico venit. ➔ Amicus cum Encolpo venit.**

1. Encolpus cum fideli servo venit. – **2.** Puer cum puella venit. – **3.** Ancillae cum domina veniunt. – **4.** Domini cum fidelibus servis cenant. – **5.** Mater et filii cum patre veniunt. – **6.** Dux cum militibus fugit. – **7.** Cicero cum paucis hospitibus in triclinio cenat. – **8.** Seneca cum Lucilio amico venit

4 **Relevez dans les phrases suivantes les noms et groupes nominaux au datif et à l'ablatif, puis traduisez.**

1. Servus magna diligentia domino paret. – **2.** Ostiarius in limine omnes hospites nomine salutat. – **3.** Dominus sine filio, sed cum uxore cenat. – **4.** Hospes Ciceroni librum dat. – **5.** Pater cum medico filiae adest. – **6.** Dux cum consule venit. – **7.** Ostiarius limen et statuas rosis ornat. – **8.** Ancilla omnibus Encolpi amicis rosam dat. – **9.** Senecae sunt multi amici hospitesque. – **10.** Medici aegrae puellae remedia dant.

STOCK DE MOTS

Bestiaire latin

Voici un certain nombre d'animaux sauvages ou domestiques :

equus, i, *m.* : le cheval
elephantus, i, *m.* : l'éléphant
lupus, i, *m.* : le loup
asinus, i, *m.* : l'âne
avis, is, *f.* : l'oiseau
aquila, ae, *f.* : l'aigle
leo, onis, *m.* : le lion
bos, bovis, *m.* : le bœuf
ovis, ovis, *f.* : le mouton
mus, muris, *m.* : le rat
psittacus, i, *m.* : le perroquet
piscis, is : le poisson.

EXERCICE

Faites une phrase latine indiquant où vous pouvez voir ces animaux.

<u>Exemple</u> :
Dans les champs ➔ *In agris equos videre possumus* (nous pouvons voir).
Dans le ciel (*caelum, i,* n.). – Dans la forêt (*silva, ae,* f.). – En Afrique (*Africa, ae,* f.). – En cage (*cavea, ae,* f.) – Dans l'étable (*stabulum, i,* n.). – Dans les champs. – Dans les greniers (*horreum, i,* n.). – Dans les montagnes (*mons, montis,* m.) – Dans toutes les mers.

DU LATIN AU FRANÇAIS

Par quels mots latins pouvez-vous expliquer les termes français en caractères gras ?

- Quelle **canicule** !
- La **canine** s'appelle aussi croc chez les animaux carnassiers.
- On éloigne les chats lors des expositions **canines** et **avicoles**.
- Notre équipe a été **éliminée** en demi-finale.
- Puis-je poser une question **préliminaire** ?
- Le professeur fait l'appel **nominal** des élèves.

CIVILISATION

Doc. 1 Rat des villes et rat des champs

Voici une histoire que La Fontaine a rendue célèbre dans ses Fables, *mais qu'il a empruntée au poète Horace (Ier siècle avant J.-C.), qui l'avait lui-même lue chez le fabuliste grec Ésope.*

Jadis un rat des champs (*rusticus mus*) reçut un rat de ville (*urbanus*) dans son pauvre trou. Il ne se montra avare ni en pois chiches mis en conserve ni en avoine au long grain et offrit raisin sec et bouts de lard entamés qu'il apportait dans sa bouche, désireux de vaincre par la variété du repas le dédain de son hôte qui touchait à peine à chaque aliment d'une dent dégoûtée. Le rat de ville lui dit : « Quel plaisir prends-tu, mon ami, à vivre en te privant de tout, au fin fond d'un bois escarpé ? Ne veux-tu pas préférer les hommes et la ville aux forêts sauvages ? Vis heureux au milieu des raffinements ! » Ces paroles firent un tel effet au campagnard qu'il quitta, tout léger, sa maison.

Tous deux portent leurs pas dans une *domus* : des étoffes teintes en pourpre y recouvraient des lits ornés d'ivoire et de nombreux plateaux restaient encore d'un banquet de la veille. Après avoir fait allonger le campagnard sur une étoffe de pourpre, l'hôte, à la façon d'un esclave de la maison, court partout et lui sert sans interruption des mets. Couché, l'autre se réjouit de son nouveau sort quand, soudain, un immense bruit de porte les fait tous deux tomber du lit. Et de courir, épouvantés, à travers toute la salle et de trembler davantage, au bord de l'apoplexie, quand les chiens emplirent la haute maison de leurs aboiements.

Alors le rat des champs : « Je n'ai nul besoin de ce genre de vie ! dit-il. Adieu ! Ma forêt et mon trou à l'abri des embûches me consoleront de ma maigre pitance ! »

Horace, *Satires*, II, 6, v. 80 sqq.

Doc. 2 Scène de banquet. Fresque de Pompéi. Naples, musée archéologique national.

Découverte

Doc. 1

1. Quels mets le rat des champs offre-t-il au rat des villes ? Pourquoi ce dernier dédaigne-t-il ce repas ?
2. Dans la *domus*, comment le rat des champs est-il installé pour manger ?
3. Quelle leçon peut-on tirer de la fable d'Horace ?

Doc. 2

4. Comment les convives sont-ils installés ?
5. Repérez les esclaves chargés du service. Que fait le petit esclave à gauche ?

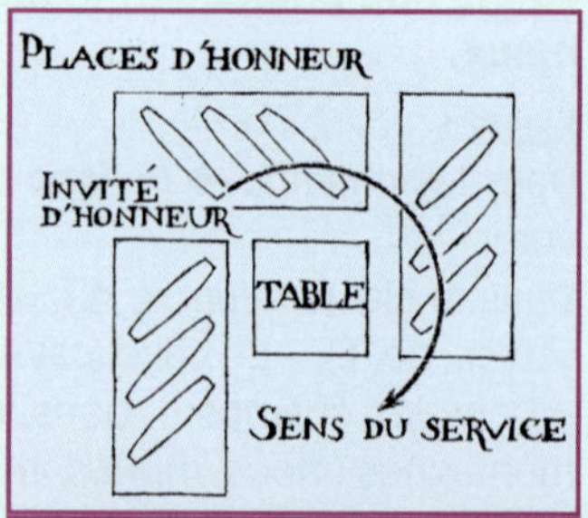

Doc. 3 Plan de table romain.

Repas à la romaine

La journée des Romains est ponctuée de trois repas, mais seul le repas du soir, la cena, *est un grand moment de convivialité.*

Sur le pouce !

- Au réveil, on avale comme **petit déjeuner** (***jentaculum***) une coupe d'eau avec un peu de pain et de fromage. À midi, on prend un repas « sur le pouce » (***prandium***) à base de fruits, de légumes et de fromage, avec un bout de pain (*panis*).
- Mais toute la journée les Romains « grignotent » : dattes, olives, graines de pastèque rissolées…

La *cena* et ses rites

- Le seul repas véritable, la ***cena***, réunit la famille en fin d'après-midi, avant que la nuit tombe. À l'origine, le plat principal en était une **bouillie d'orge** (***polenta***), à laquelle pouvaient s'ajouter des légumes (choux, laitues, poireaux, navets…), des fruits (melons, pommes, poires, raisin, figues, châtaignes…), du fromage, parfois un peu de viande de porc ou du poisson. Les aliments, cuisinés à l'huile, étaient relevés par des plantes aromatiques variées : épices, ail et oignon, miel.
- Dès la fin de la République se répand, chez les riches, la mode des dîners fastueux qui peuvent durer jusqu'à l'aube. Le ***dominus*** et ses **convives** (***convivae***) prennent place sur des banquettes inclinées à trois places (***lectus***). Trois lits de table (en grec : *klinè*) sont répartis dans la salle à manger (appelée pour cela ***triclinium***) autour d'une table carrée. Le service est assuré par des esclaves. On mange le coude appuyé sur un coussin, dans une vaisselle qui peut être d'argent massif – mais sans fourchettes.

Doc. 4 Restes de banquet (mosaïque de sol). Rome, musée du Vatican.

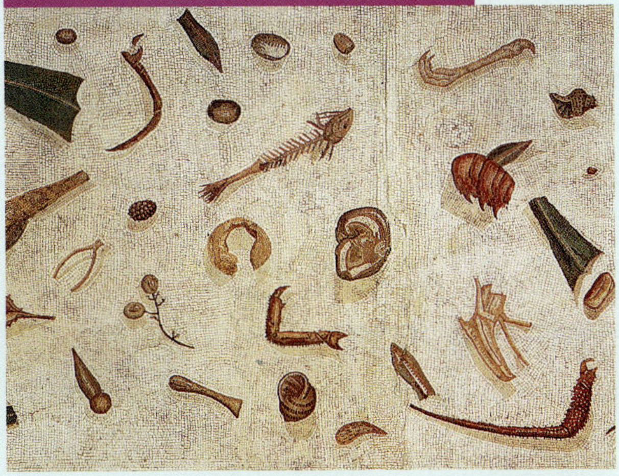

Menu, s'il vous plaît !

- Une *cena* « chic » comporte généralement quatre services, séparés par des interludes musicaux, des danses, des jeux : la ***gustatio***, hors-d'œuvre à base d'œufs (*ovum*) et de vin miellé (*mulsum*) ; la ***prima cena***, premier plat à base de viandes, volailles, coquillages ; l'***altera cena***, second plat à base de poissons, gibiers, rôtis ; le **dessert** : fruits et gâteaux…
- Un fameux gastronome, M. Gavius Apicius (Ier siècle après J.-C.) nous a laissé un livre de recettes souvent extravagantes. Mais le plat favori de Cicéron était un simple ragoût de navets au fromage…

Recette du *porcellus hortulanus*
(porcelet à la jardinière)

Désosser le cochon de lait à partir du gosier, à la façon d'une outre. Le garnir de poulet réduit en quenelles, de grives, d'ortolans, de ses abats hachés, de saucisses de Lucanie, de dattes dénoyautées, de bulbes séchés, d'escargots (sans leur coquille !), de mauves, de blettes, de poireaux, de céleri, de brocolis bouillis, de coriandre, de poivre et d'amandes. Ajouter quinze œufs, du garum et du poivre. Recoudre le cochon, le faire rissoler puis rôtir au four.

Apicius, *Art culinaire*, VIII, 7, 14.

À VOUS DE JOUER !

1. À quel moment de la *cena* était servi le *porcellus hortulanus* ?
2. D'après le doc. 4, qu'il y avait-il au menu de la veille ?
3. Huîtres gratinées au four – Pommes de terre sautées – Rougets aux figues – Cygne aux navets - Poulet aux cèpes – Fricassée de dinde sauce tomate – Mousse au chocolat : quels plats de ce menu n'auraient certainement pas pu être imaginés par un cuisinier romain ? Pourquoi ?

CIVILISATION

Doc. 1 Plan de la *domus*.

1. Vestibulum • 2. Loge de l'ostiarius • 3. Cubiculum • 4. Atrium • 5. Impluvium • 6. Lararium • 7. Tablinum • 8. Culina • 9. Cella • 10. Hortus • 11. Piscina • 12. Peristylum • 13. Triclinium

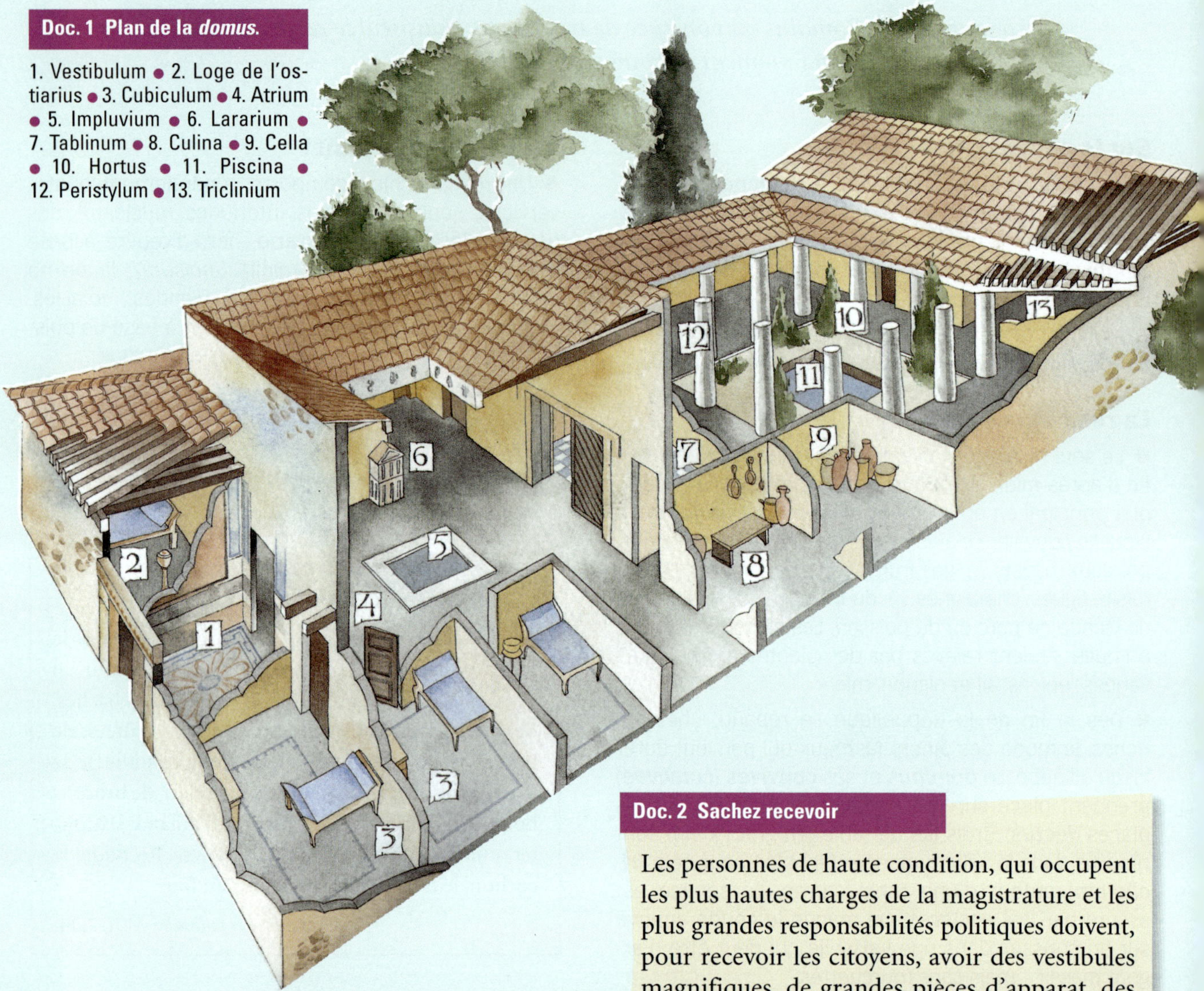

Doc. 2 Sachez recevoir

Les personnes de haute condition, qui occupent les plus hautes charges de la magistrature et les plus grandes responsabilités politiques doivent, pour recevoir les citoyens, avoir des vestibules magnifiques, de grandes pièces d'apparat, des péristyles spacieux, des jardins avec de longues allées d'arbres, et il faut que tout chez eux soit beau et majestueux. Elles doivent avoir en plus des bibliothèques, des galeries de tableaux et des salles de réunions couvertes qui rivalisent de magnificence avec celles des édifices publics.

Vitruve, *De Architectura*, VI, 7

Découverte

Doc. 1

1. L'esclave qui revient du marché veut se rendre dans la cuisine : par quelles pièces va-t-il passer ?
2. Quelle est, selon vous, la fonction de l'*ostiarius* ?
3. Sur quels points cette maison diffère-t-elle des habitations que vous connaissez ?

Doc. 2

4. Quelles parties de la *domus* se prêtent particulièrement bien aux fonctions de réception décrites par Vitruve ?

La *domus*

À Rome et dans les villes Romaines, les gens aisés se font construire des demeures qui, au fil du temps, deviennent de véritables hôtels particuliers…

Doc. 3 La maison des Vettii à Pompéi.

Quand la *domus* s'agrandit

● Au fil du temps et sous l'influence de l'architecture grecque, la *domus* s'agrandit souvent au-delà du *tablinum* par l'adjonction d'un **péristyle** (galerie rectangulaire entourée de colonnes) qui forme un second *atrium*, donnant sur un jardin intérieur (*hortus*) agrémenté d'un bassin (*piscina*).

● C'est là que, vêtu de sa toge, le *dominus* accueille ses visiteurs. Dans ce bel espace s'étalent volontiers la **fortune** et le **bon goût** du maître des lieux : on y voit des **fresques** murales, des **mosaïques**, des objets d'art et des meubles précieux. On traverse cette pièce ouverte pour se rendre à la salle à manger (*triclinium*).

La *domus* traditionnelle

● La **maison romaine traditionnelle** est un bâtiment de forme rectangulaire, sans fenêtres extérieures. La seule ouverture sur la rue est la porte d'entrée (*janua*) qui donne sur un *vestibulum*. Les pièces sont disposées autour d'une vaste salle carrée à ciel ouvert, l'***atrium***, qui sert non seulement de cuisine et de salle à manger pour la *familia* mais aussi de point d'éclairage et de point d'eau : un orifice carré (*compluvium*), percé dans le toit de tuiles, laisse passer le soleil et l'eau de pluie (recueillie dans un bassin, l'*impluvium*), tout en facilitant l'évacuation des fumées.

● Les **chambres à coucher** (***cubicula***) sont petites, et séparées de l'*atrium* par un simple rideau ou une cloison coulissante. Leur mobilier consiste en un coffre pour ranger les vêtements et un lit (*cubile, is* ou *lectus, i*), constitué d'un cadre de bois sur lequel on pose un matelas.

● La **cuisine** est souvent dans un coin, au fond de la maison ; de taille exiguë, même dans les grandes maisons, elle comporte un évier et un foyer avec une ouverture dans le mur pour évacuer la fumée. Les réserves sont stockées dans une resserre adjacente (*cella, ae*).

● Le *dominus* règle ses affaires dans un bureau fermé par des portes coulissantes, le ***tablinum***, face au *vestibulum*. Il peut louer quelques pièces donnant sur la rue pour l'installation de boutiques ou d'ateliers d'artisans (*officinae* ou *tabernae*).

Tout confort ?

● L'**éclairage** est assuré par des **chandelles** (***candelae***) de suif ou de cire placées sur des candélabres en bronze ou en bois posés sur le sol. Il en faut une belle quantité pour éclairer une *cena* ! On utilise aussi des lampes à huile (*lucernae*) en terre cuite ou en fer, mais elles ne diffusent qu'une faible luminosité.

● Le **chauffage**, assuré par des braseros, n'est pas très efficace. Sous l'Empire, quelques *domus* bien situées ont l'**eau courante**, captée sur le réseau public ; sinon, on va chercher l'eau à la fontaine, ou l'on puise dans une citerne. Les salles de bains privées sont très rares en ville, on se rend aux thermes les plus proches et, faute de toilettes, on se sert de pots de chambres (*matellae*).

À VOUS DE JOUER !

1. Montrez que la *domus* romaine est conçue pour répondre à deux fonctions distinctes.
2. Repérez sur le plan (doc 1 p. 54) la partie de la *domus* photographiée en document 3 p. 55.
3. Dans une cuisine romaine, le foyer reste toujours allumé : pourquoi ?

CIVILISATION

Doc. 1 Problèmes de logement

Un pauvre habitant de Rome se plaint avec une ironie mordante des mauvaises conditions de logement dans son insula.

Nous, nous habitons une ville qui, en grande partie, n'a, pour l'étayer, que de minces poutres ! C'est tout ce qu'a le gérant (de l'immeuble) pour parer aux écroulements ; et quand il a camouflé la fissure d'une vieille crevasse, il nous dit de dormir en toute sécurité, alors que la catastrophe nous pend au nez ! Il faudrait vivre dans un endroit où il n'y ait pas d'incendie, où l'on n'ait rien à craindre la nuit ! (...) Le troisième étage est en feu, et toi tu n'en sais rien encore ! car même si la panique démarre au rez-de-chaussée, celui qui rôtira le dernier, c'est le locataire qui n'est protégé de la pluie que par une tuile où les tendres colombes viennent pondre leurs œufs. (...) Si tu as la force de t'arracher aux jeux du cirque, tu te procureras à Sora ou à Frusino[1] la meilleure des *domus* au prix où tu loues aujourd'hui à l'année un taudis. (...) Ici, c'est d'insomnie que meurent les malades (...) Dans quels appartements loués peut-on en effet trouver le sommeil ? Il faut avoir beaucoup d'argent pour bien dormir à Rome !

Juvénal, *Satires III*, v. 193 sqq.

1. Ce sont de petites villes proches de Rome.

Doc. 2 Astérix et ses amis découvrent la vie dans une *insula*. Goscinny et Uderzo, *Astérix : Le Domaine des dieux*.

Découverte

Doc. 1

1. Que nous apprennent les lamentations de ce colocataire mécontent sur l'inconfort et les dangers d'une *insula* ?

2. À Rome, l'expression « vivre sous les tuiles (*sub tegulis*) » signifiait : « être très pauvre ». Pourquoi ?

Doc. 2

3. Repérez les traits caractéristiques d'une *insula* dans le document 2 et dans la maquette de la page 57.

Vivre dans une *insula*

Dès le IIe siècle avant J.-C., l'augmentation de la population urbaine et la rareté des terrains expliquent la construction, à Rome et dans les autres villes, d'immeubles qui, dans les quartiers populaires, remplacent la domus *dès lors réservée aux quartiers « chics ».*

Doc. 3 Maquette d'*insula*.

À louer !

- À l'origine, une ***insula*** (= île, îlot) désigne une cabane isolée dans un potager. Ce nom fut ensuite donné à un « pâté de maisons » composé d'**immeubles locatifs**, bâtis autour d'une cour intérieure.
- Pour occuper moins de place, ces immeubles sont construits en hauteur et peuvent atteindre sept étages ; pour des raisons de sécurité, les autorités impériales devront limiter la hauteur de ces « gratte-ciel »… Parfois, un balcon en saillie (*maenianum, i*) augmente la surface de l'étage (*contignatio, onis*). Au rez-de-chaussée, des **boutiques**, prolongées par une pièce où loge le commerçant (*tabernae cum cenaculo*), s'ouvrent sur la rue.

Des immeubles rentables…

- Même si certaines sont de bon confort, la grande majorité des *insulae* est destinée à loger des **gens peu fortunés**. Qu'elles appartiennent à un seul propriétaire (le ***dominus insulae***) ou à plusieurs copropriétaires, elles sont souvent construites à bas prix : les fondations sont mal consolidées, percées de caves ; les murs sont en simples briques, les cloisons en bois ou en torchis. Les **appartements** à louer (*cenacula meritoria*), nombreux et petits, sont parfois eux-mêmes divisés en pièces minuscules sous-louées par les locataires (*inquilini*), car le loyer (*merces, edis*) est très cher !
- Il arrive qu'une *insula* entière s'écroule ; des **incendies** difficiles à éteindre font beaucoup de victimes et peuvent gagner tout le quartier. Un « concierge » (*insularius, ii*) encaisse les loyers quatre fois par an… et expulse les mauvais payeurs.

… mais inconfortables !

- Les conditions de vie sont insalubres, surtout dans les derniers étages, desservis par des **escaliers obscurs** (***scalae***). Les **bruits** dus à l'absence d'isolation causent de terribles problèmes de voisinage. Les fenêtres sans vitres ne sont protégées que par des volets ou des toiles. En hiver, des braseros apportent une maigre chaleur, beaucoup de fumée et de gros risques d'incendie ! En revanche, l'été, la **chaleur** est **étouffante**.
- Les locataires montent jusque chez eux l'eau des fontaines publiques ; ils recourent parfois aux services du **porteur d'eau** (***aquarius***). En général, les **ordures** s'entassent dans la cour de l'*insula*. Les habitants des derniers étages se contentent de les jeter dans la rue, par la fenêtre, au risque d'une amende !

À VOUS DE JOUER !

1. À quel étage d'une *insula* valait-il mieux habiter ? Justifiez votre réponse en donnant plusieurs arguments.
2. Expliquez pourquoi les riches Romains tiraient profit des *insulae*.
3. De quels mots français pouvez-vous rapprocher les mots *domus* et *insula* ?

Métamorphoses

Vous savez que, pour l'essentiel, les mots de la langue française viennent du latin ; les apports des autres langues-mères (celtiques, germaniques, grec, arabe, et même le parler scandinave des Vikings…) sont nombreux, mais souvent « spécialisés » (vocabulaire de la guerre, de la navigation, termes savants), et encore aujourd'hui le français s'enrichit de termes empruntés notamment à l'anglo-américain.

La longue route…

● Du latin au français, la route a été longue : d'abord, le latin « pur et dur » (celui, par exemple, de Cicéron) s'est modifié, sous l'influence de la langue réellement parlée dans les rues de Rome ou les campagnes de l'Empire romain :
– **la prononciation escamote certaines lettres**, par exemple le « h » aspiré de *homo*, ou encore le -s final : *dominu(s)* ;
– à côté des mots « savants » se généralise l'**emploi de mots « vulgaires »**, c'est-à-dire « populaires » (*vulgus, i* = le peuple, les gens ordinaires), par exemple *caballus, i,* « cheval », plutôt que *equus, i*, ou *dorsum, i,* « dos », plutôt que *tergum, i* ;
– pour beaucoup de noms, on préfère employer des **diminutifs** : *auricula, ae* plutôt que *auris, is,* « oreille » ; *agnellus, i* plutôt que *agnus, i,* « agneau » ; *soliculum, i* plutôt que *sol, solis,* « soleil ». C'est à partir de ces diminutifs que se sont formés beaucoup de noms français.

● Avec le temps, **la valeur des cas s'est affaiblie** : là où le datif suffisait à indiquer un complément d'objet indirect ou l'ablatif un complément circonstanciel, on a systématiquement utilisé des groupes prépositionnels (ex. : *do aquam ad amicum* (au lieu de : *amico*), ou bien, en cumulant les incorrections, « fabriqué » de nouvelles prépositions (ex. : *apudhoc* < avec).

Exercices

1. Cherchez, dans un dictionnaire, l'étymologie des mots français **genou**, **abeille, corbeille, vieux, sommeil**.

2. Quels usage incorrect des prépositions latines explique la formation des mots français : **avant** (< *ab ante*) ; **ensemble** (< *in simul*) ; **dès** (< *de ex*) ?

3. Expliquez pourquoi, en français, l'ordre des mots permet, seul, de distinguer le sujet et le complément d'un verbe.

… à double voie

● Tandis que se généralisaient les « **formes vulgaires** » des mots latins, leur formes « correctes » ont été conservées par la langue littéraire. Elles ont souvent connu leur propre évolution, si bien qu'à partir d'un même mot latin, on a, en français, deux mots.

● L'un est le résultat d'une évolution « populaire » dans laquelle **l'accent s'est déplacé** (ce qui entraîne des modifications phonétiques différentes), ou bien plusieurs transformations successives se sont additionnées. L'autre, dérivant du latin « classique », laisse beaucoup plus clairement reconnaître le mot latin d'origine.

Exercice

Ces mots latins ont engendré deux mots français ; nous vous donnons l'un des deux ; trouvez l'autre ! Dites lequel des deux dérive de la forme « savante ». Les noms latins sont donnés à l'accusatif, car c'est à partir de cette forme que s'est opérée leur transformation.

musculu(m) > moule (féminin) ; …
modulu(m) > moule (masculin) ; …
palma(m) > palme ; …
clavicula(m) > cheville ; …
ministerium > métier ; …
frigidu(m) > froid ; …
potione(m) > potion ; …

De pied en cap

- Ordinairement, en français, la syllabe **ca-** au début d'un mot latin devient **ch-** : *cast(el)l(um)* > château ; *caball(um)* > cheval, *capra(m)* > chèvre.
Mais si le mot vient de la langue érudite ou a été emprunté à une langue romane dans laquelle cette transformation n'a pas eu lieu, le mot français commence lui aussi par **ca-** : *capricornus* > capricorne (« qui a des cornes de chèvres ») ; *castel* (emprunt au provençal) ; *caporal* (emprunt à l'italien *caporale* < lat. *caporalis*).

- Le mot latin ***caput, itis*** a donné en français et dans les langues romanes une quantité considérable de dérivés, construits soit sur sa forme en bas latin *capum*, utilisée dès le VIIe s. ap. J.-C., soit sur son diminutif *capitulum*.

Exercices

1. Quels mots français dérivent des mots latins : *castus, carus, caldus* (adjectifs) ; *captiare* (en bas latin : attraper), *cantare, cal(d)efa(ce)re* (verbes) ; *caldarium* (étuve, récipient où l'on chauffe de l'eau) ; *campus* (plaine, étendue de terre) ; *calor(em)* ; *carn(em)* ; *carmen* ?

2. Quatre d'entre eux dérivent d'une même racine : lesquels ?

3. Quelle racine latine reconnaissez-vous dans les mots français *camp*, *cantate* (emprunts à l'italien *campo* et *cantata*), *cabri* (emprunt au provençal *cabrit*) ?

Tête colossale de l'empereur Constantin (hauteur : 2,60 m.). Rome, musée du Capitole.

- Si, au sens propre, *caput, itis* désigne la « tête » (du corps), ce mot avait déjà pour les Romains trois sens « figurés » : 1) celui qui est à la tête de… ; 2) le bout, l'extrémité d'un objet ; 3) le point le plus important (d'une liste, d'une série d'objets).
Tous ces sens ont permis la constitution en français d'une énorme famille de mots, dont la parenté pourtant n'est pas évidente : selon l'accent du mot latin, selon l'origine de l'emprunt (langage populaire ou érudit ? intermédiaire d'une langue romane ?), selon diverses transformations phonétiques, ils ne se ressemblent pas forcément.

Exercices

1. Classez selon les quatre sens de *caput* ces mots qui en dérivent tous :
chef ; couvre-chef ; chef-lieu ; chef-d'œuvre ; capitale (d'un pays) ; (la peine) *capitale* ; *capital* (d'une dette) ; *capituler* (à l'origine faire un document spécifiant les clauses d'une reddition) ; *chapitre* ; *chapiteau* ; *achever*.

2. Le mot *cap*, quant à lui, a été emprunté au provençal *cap*, qui correspond au français *chef*. Dans l'expression : « de pied en cap », que signifie-t-il ?

- Quant à notre « tête », elle dévive du latin *testa, ae,* « petite marmite en terre cuite », parce que dans l'argot des légionnaires romains, ce mot était utilisé pour désigner leur crâne (*cf.* en français : *calebasse*…).

Exercice

Cherchez, parmi les langues romanes, celles qui ont retenu *testa*, et celles qui ont conservé *caput* pour origine de leur mot signifiant « tête ».

2

Vie profane, vie sacrée

Punition d'Éros. Fresque de Pompéi, Naples, musée archéologique.

CHAPITRE 6

Résidences secondaires

Fresque de Boscoreale. Ier siècle après J.-C.
Naples, musée archéologique.

Lecture

REPÈRES

incensus, a, um: enflammé
cupiditas, atis, *f.*: convoitise, désir
ipse: lui-même
scalmus, i, *m.*: rame
nullus, a, um: ne… aucun
proximus, a, um: le plus proche
vicinus, i, *m.*: voisin
quaero, is, ere (*ex* + Abl.): demander (à)
feriae, arum, *f. pl.*: jours de repos, fêtes
prope (+ Acc.): près de
accidit: (il) est arrivé

Une jolie mise en scène

Canius, un ami de Cicéron, brûle d'acheter une villa. Invité par un certain Pythius dans ses jardins qui surplombent la mer, il remarque un grand nombre de barques. « Ce coin, dit Pythius, est fameux pour la pêche. Les pêcheurs viennent chercher de l'eau douce chez moi… et m'offrent chaque jour des quantités de poissons ! »

« Itaque, inquit Pythius, mea villa carere non possunt ! »
Incensus cupiditate Canius villam emit. Invitat postridie familiares suos, venit ipse mature, scalmum nullum videt. Causam ex proximo vicino quaerit : « Num feriae piscatorum sunt ?
– Nullae, respondet vicinus ; sed numquam prope villam veniunt. Quid heri accidit ? »

D'après Cicéron, *Traité des devoirs*, III, 14.

TRADUCTION

« C'est pourquoi, dit Pythius, ils ne peuvent se passer de ma villa ! »
Brûlant de convoitise, Canius achète la villa. Le lendemain, il invite ses proches, il vient lui-même de bon matin, il ne voit pas la moindre rame. Il en demande la raison au plus proche voisin :
« Est-ce que c'est jour de fête des pêcheurs ?
– Non, répond le voisin ; mais jamais ils ne viennent près de la villa. Hier, qu'est-il arrivé ? »

Observation

1 Quels mots latins sont traduits par : *c'est pourquoi ; le lendemain ; (ses) proches ; de bon matin ; ne… jamais ; hier* ?

2 Relevez dans le texte les noms et les groupes nominaux à l'ablatif, et classez-les selon leur fonction. Le verbe **carere** « se construit avec l'ablatif ». Qu'est-ce que cela veut dire ?

3 Rappelez les terminaisons caractéristiques de la 3e personne (singulier et pluriel) des verbes au présent.

4 Quel verbe est à l'infinitif ? De quel verbe déjà connu pouvez-vous rapprocher la forme **possunt** ?

Étude

1. « Villam emere cupio, inquit Canius. Num tuam villam vendere cupis ? »
« Je désire acheter une villa, dit Canius. Est-ce que tu désires vendre ta villa ? »

2. « Meam villam non vendo, sed Pythius suam villam vendit. »
« Je ne vends pas ma villa, mais Pythius vend sa villa. »

3. Pythius Canium invitat. Canius venit cum amicis suis.
Pythius invite Canius. Canius vient avec ses amis.

4. Piscatores veniunt et pisces Pythio dant.
Les pêcheurs viennent et offrent des poissons à Pythius.

5. « Quid vides ? », inquit Pythius. « Multos piscatores video ! Quid faciunt ? »
« Que vois-tu ? », dit Pythius. « Je vois beaucoup de pêcheurs ! Que font-ils ? »

6. « Num saepe venitis ? – Quotidie venimus et pisces Pythio damus. »
« Est-ce que vous venez souvent ? – Nous venons tous les jours et nous donnons des poissons à Pythius. »

7. Canius amicos suos invitare cupit et magnam villam emere potest.

8. Amicos invitare jucundum est : nam amicis carere non possumus.

Questions

1 Dans les phrases 1 à 6, relevez les verbes au présent et classez-les selon leur personne. Mettez en évidence les terminaisons caractéristiques de chaque personne.

2 Dans le vocabulaire ci-dessous, observez la manière dont sont présentés les verbes : quelles formes vous sont indiquées ? Classez les verbes du texte selon les cinq types suivants :
1. **-o, -as, -are** 2. **-eo, -es, -ere** 3. **-o, -is, -ere**
4. **-io, -is, -ire** 5. **-io, -is, -ere**.

3 Relevez les adjectifs possessifs. Rappelez les différentes formes que prennent, en français, les adjectifs possessifs.

4 Traduisez les phrases 7 et 8. Rappelez la conjugaison de **sum** au présent.
Reconstituez celle de **pos-sum**, sachant que le préfixe prend la forme **pos-** lorsque la forme de **sum** commence par un **-s**, et **pot-** quand elle commence par un **-e**. Dans les phrases 7 et 8, quelle est la fonction des infinitifs ?

Vocabulaire à retenir

Noms

piscator, oris, *m.* : pêcheur
piscis, is, *m.* : poisson
villa, ae, *f.* : ferme, villa, maison de campagne

Adjectifs possessifs

meus, a, um : mon, ma, mes
suus, a, um : son, sa, leur, leurs
tuus, a, um : ton, ta, tes

Verbes

capio, is, ere : prendre
careo, es, ere (+ *Abl.*) : manquer de, se passer de
cupio, is, ere : désirer
debeo, es, ere : devoir
do, das, dare : donner, offrir
emo, is, ere : acheter
facio, is, ere : faire
invito, as, are : inviter
possum, potes, posse : pouvoir
vendo, is, ere : vendre
venio, is, ire : venir
video, es, ere : voir

Mots invariables

num... ? : est-ce que... ?
quid... ? : que... ?
quotidie (*adv.*) : chaque jour
saepe (*adv.*) : souvent

Grammaire

1 Le verbe : désinences personnelles

● En latin, on distingue les personnes des verbes par une terminaison caractéristique : la **désinence personnelle**.

	Singulier		Pluriel	
1re pers.	(je)	**-o/-m**	(nous)	**-mus**
2e pers.	(tu)	**-s**	(vous)	**-tis**
3e pers.	(il, elle)	**-t**	(ils, elles	**-nt**

2 Les types de conjugaison

● Ils se distinguent par l'élément final du radical :

1re conjugaison : radical en **-a** : ama- (amo, as, are) aimer
2e conjugaison : radical en **-e** : dele- (deleo, es ere) détruire
3e conjugaison : radical terminé par une **consonne** : leg- (lego, is, ere) lire
4e conjugaison : radical en **-i** : audi- (audio, is, ire) entendre

● À la 3e conjugaison, une **voyelle de liaison** vient s'insérer entre le radical et la désinence quand elle commence par une consonne : leg-**i**-s tu lis

● Un autre type de conjugaison (type *capio, is, ere*, prendre) présente des formes semblables tantôt à celles de la 3e conjugaison, tantôt à celles de la 4e conjugaison.
On l'appelle « **3e conjugaison mixte** ».

lego		capio		audio
legunt		capiunt	→	audiunt
legere	←	capere		audire

● Retenez la conjugaison de **sum**, *je suis*, et de son composé **possum**, *je peux* (habituellement suivi d'un infinitif).

Indicatif présent						
1re conj.	2e conj.	3e conj.	3e mixte	4e conj.	sum	possum
am-o	**dele-o**	**leg-o**	**capi-o**	**audi-o**	**su-m**	**pos-sum**
ama-s	**dele-s**	**leg-i-s**	**capi-s**	**audi-s**	**e-s**	**pot-es**
ama-t	**dele-t**	**leg-i-t**	**capi-t**	**audi-t**	**es-t**	**pot-est**
ama-mus	**dele-mus**	**leg-i-mus**	**capi-mus**	**audi-mus**	**su-mus**	**pos-sumus**
ama-tis	**dele-tis**	**leg-i-tis**	**capi-tis**	**audi-tis**	**es-tis**	**pot-estis**
ama-nt	**dele-nt**	**leg-u-nt**	**capi-unt**	**audi-unt**	**su-nt**	**pos-sunt**

3 L'infinitif présent

● Il se forme en ajoutant le suffixe **-re** au radical s'il se termine par une voyelle :
ama-**re**, dele-**re**, audi-**re**

● À la 3e conjugaison (radical terminé par une consonne) et à la « 3e mixte », le suffixe prend la forme **-ere** : leg-ere

● L'infinitif de **sum** est **esse** (<*es-re), celui de **possum** est **pos-se**.

Indicatif présent						
1re conj.	2e conj.	3e conj.	3e mixte	4e conj.	sum	possum
ama-re	**dele-re**	**leg-e-re**	**cap-e-re**	**audi-re**	**es-se**	**pos-se**

● Dans le lexique :
invito, as, are = invito, invitas, invitare (1re pers. du sing., 2e pers. du sing., infinitif)

Exercices

1 Traduisez les formes verbales suivantes.

1. venit – servant (servo, as, are) – potest – amamus (amo, as, are) – diligunt (diligo, is, ere) – dare – cupiunt – adjuvatis (adjuvo, as, are) – debemus – facio – legimus (lego, is, ere) – habent (habeo, es, ere) – posse – capimus – habeo – servas – adestis – interrogamus (interrogo, as, are).

2. je réponds (*respondeo, es, ere*) – ils donnent – nous interrogeons – vendre – tu vois – ils viennent – vous pouvez – vous êtes présents – nous voyons – tu fais – tu désires – ils voient – faire – j'obéis (*pareo, es, ere*) – répondre – il fait – nous désirons.

2 Sur le modèle : *Amicis carere non possumus*, traduisez.

1. Les pêcheurs ne peuvent se passer de poissons. – **2.** Le maître ne peut se passer d'esclaves. – **3.** Vous ne pouvez vous passer des lettres de vos amis. – **4.** Est-ce que tu peux te passer de livres ? – **5.** Le garçon et la jeune fille peuvent-ils se passer longtemps de leurs amis ? – **6.** Les citoyens ne peuvent se passer de lois.

3 Mettez les noms au pluriel en faisant les accords nécessaires.

1. Dominus hospitem invitat. – **2.** Mater filio aquam dat. – **3.** Servus domino respondet. – **4.** Filius patri paret. – **5.** Amico meo pulchra villa est. – **6.** Quid hospiti piscator vendit ? – **7.** Num consul legem servat ? – **8.** Num piscator pisces amico meo vendere potest ? – **9.** Quid frater meus emere cupit ? – **10.** Aeger puer utili remedio caret.

4 Traduisez du latin au français ou du français au latin.

1. Multos amicos habere possumus. – **2.** Je peux venir chaque jour. – **3.** Omnes leges servare oportet. – **4.** Il désire écrire un livre utile. – **5.** Pythius Canio jucundam villam vendere cupit. – **6.** Tu peux vendre tous tes poissons à Pythius. – **7.** Pulchros libros pueris saepe dare debemus. – **8.** Quand tu es malade, nous désirons être présents chaque jour. – **9.** In agris multi servi quotidie laborare debent. – **10.** Il doit offrir souvent des roses à son épouse.

Détail d'une fresque d'Herculanum.
Ier siècle après J.-C. *Naples, musée archéologique national.*

STOCK DE MOTS

Bon chic, bon genre !

La villa de Pythius est pleine d'agréments, mais quand on s'y promène on peut avoir des surprises, car le genre des noms latins n'est pas toujours celui de leur équivalent français. On peut donc voir chez Pythius :

flos, floris, *m.* : la fleur
abies, etis, *f.* : le sapin
collis, is, *m.* : la colline
fons, fontis, *m.* : la fontaine, la source
populus, i, *f.* : le peuplier
arbor, oris, *f.* : l'arbre
hortus, i, *m.* : le jardin
piscina, ae, *f.* : le vivier.

Sans vous tromper de genre, qualifiez d'un adjectif épithète signifiant *beau, grand, petit, nombreux* ou *agréable* les choses et les lieux que vous rencontrez.

1. In ... colle, ... abietes videmus. – **2.** Ad ... fontem sunt ... populi. – **3.** Ad ... hortum venimus. – **4.** In ... piscina ... pisces videmus. – **5.** In horto ... flores et ... arbores videre potes.

DU LATIN AU FRANÇAIS

Retrouvez des mots latins sous les mots en gras.

- **Cupidon** est fils de Vénus, la déesse de l'amour.
- Il regarde le gâteau avec **concupiscence**.
- L'avarice va souvent de pair avec la **cupidité**.
- Les enfants du tiers-monde souffrent trop souvent de **carences** alimentaires.
- Il a renoncé à l'**horticulture** pour se lancer dans la **pisciculture**.

Doc. 1 Fresque de la Casa del Bracciale d'Oro, Pompéi.

Doc. 2 Un petit coin de paradis.

Pline le Jeune, écrivain du IIe siècle après J.-C., décrit sa villa de Toscane à un ami.

Une grande partie de la maison est exposée au midi et semble inviter le soleil, en été dès la sixième heure, en hiver nettement plus tôt, sous un portique qui fait légèrement saillie, dont la largeur et la longueur sont d'heureuse proportion. Il recouvre de nombreuses pièces, dont un *atrium* dans le style ancien. Devant le portique s'étend une promenade agrémentée de buis taillés en mille figures ; de là descend en pente douce une butte de gazon, où le buis dessine des formes d'animaux disposés en vis-à-vis ; sur un niveau plat, il y a des acanthes souples et, si j'ose dire, ondoyantes. Cette pelouse est encadrée par une allée bordée d'arbustes verts taillés court et de mille manières. De là part un chemin pour la promenade en litière, large comme une piste de cirque, qui fait le tour de massifs de buis diversement taillés et de petits arbrisseaux que l'on a soin de couper bas. Le tout est enclos par un mur de pierres sèches ; des buis bien taillés en escalier le masquent et en dérobent la vue. Au-delà s'étend une prairie qui, grâce à la nature, vaut autant le coup d'œil que tous ces beaux arrangements de l'art. Plus loin encore, des champs et force prés et boqueteaux.

Pline le Jeune, *Correspondance*, V, 6, 15.

Découverte

Doc. 1

1. Montrez que dans ce décor voisinent une « nature sauvage » et des aménagements techniques sophistiqués.

Doc. 2

2. Opposez la part faite, dans le texte, à la « nature artificielle » et à la « nature naturelle ».
3. Quelle plante citée dans le texte décore certains chapiteaux de colonnes antiques ?

La folie des jardins

Sous l'Empire, le quart de la superficie de la Ville est couvert de parcs et de jardins. Ce goût d'une nature, non pas sauvage, mais harmonieusement cultivée par l'homme, s'affirme également dans les parcs aménagés des belles villae…

Les produits du jardin

● Les Romains des origines labourent des champs enclos de haies vives désignés par le terme *horti*. Plus tard le mot ***hortus*** désigne l'enclos près de la maison, où la famille fait pousser quelques légumes (*olera*) ou fruits (*poma*), parfois vendus au marché de la ville voisine. Pommes, poires, figues, coings, grenades, mais aussi noix ou châtaignes font partie des productions courantes des vergers. Des **arbres exotiques** viennent d'Asie offrir leurs fruits : pêches, abricots, cerises. Les agrumes sont quasiment inconnus.

● Dans les **potagers**, on cultive les **légumes** pour leurs feuilles (*herbae*), comme le chou ou l'épinard, pour leurs racines (*radices*), comme le navet, le raifort ou la carotte blanche, ou pour leurs graines (*grana*) comme les fèves (*fabae*) ou les pois chiches (*ciceres*).

● La rencontre avec les royaumes hellénisés de Grèce et d'Asie au IIe siècle avant J.-C. a donné à l'aristocratie romaine le goût de **jardins plus sophistiqués**. Ses membres aiment à parler, à philosopher dans les jardins sur le modèle des philosophes grecs qui se réunissaient dans des jardins à la sortie d'Athènes : l'Académie de Platon ou le Lycée d'Aristote.

Parcs d'agrément

● Dans certaines maisons romaines, le maître, sa famille et ses amis peuvent trouver un havre de paix dans un **jardin intérieur**, dessiné par de petites haies, au centre d'un péristyle, souvent agrémenté d'une fontaine et de statues. Une salle à manger d'été ouverte sur le jardin permet de profiter des fleurs ou des plantes aromatiques (thym, fenouil, safran, origan, romarin…).

● Quelques maisons aristocratiques situées sur les collines de Rome et surtout les *villae* construites au-delà des limites de la Ville ou au bord du Tibre se dotent de **vastes parcs aménagés**.

● Sous les ordres du *dominus*, les travaux sont exécutés par un spécialiste, le ***topiarius***. Ce « **jardinier d'art** » trace des allées, dispose des tonnelles et aménage des berceaux de verdure où le lierre, les cyprès et les platanes offrent une ombre bienfaisante. Quelques fleurs animent les parterres : roses (*rosae*), jasmins, lis, violettes, anémones, marguerites ou pavots.

● À côté des **buissons fleuris** des lauriers et des myrtes, ce sont surtout les **buis taillés** qui dessinent les espaces. La chaleur du climat est adoucie par l'eau qui jaillit des bassins et des fontaines, souvent décorés de mosaïques.

Doc. 3 Nature morte aux figues. Naples, musée archéologique.

Jardins publics

● Dès la fin du Ier siècle avant J.-C., certains aristocrates offrent au peuple romain les parcs qu'ils ont aménagés pour leur plaisir personnel. Ainsi Lucullus, célèbre pour sa fortune et ses goûts culinaires extravagants, ouvre ses jardins situés sur « la **colline aux jardins** » (à l'ouest du Quirinal).

● César fait de même par testament, pour ses **jardins du Janicule**. Quant à Néron, il donne à son « palais d'or » (***Domus aurea***) des jardins à la mesure de sa folie des grandeurs : on y voyait un lac artificiel, un véritable zoo, des collections de plantes exotiques, une foule de statues… et les portes s'ouvraient parfois aux citoyens de la Ville.

À VOUS DE JOUER !

1. Le *forum (h)olitorium* était un marché spécialisé de Rome. Qu'y vendait-on ?
2. Quels avantages doit offrir un jardin sous un climat méditerranéen ?
3. Pourquoi représenter des espaces verts sur les murs d'un *atrium* ou d'une salle à manger ?

Doc. 1 « Ô, délicieux rivages ! »

Le poète Martial évoque un lieu de villégiature à la mode sous l'Empire, Formies.

Ô Formies à l'heureux climat, délicieux rivage ! C'est vous, lorsqu'il fuit la ville de l'impitoyable Mars et qu'il dépouille les soucis et les tracas qui l'accablent, qu'Apollinaris préfère à tous les autres endroits. (...) Ici, la surface de la mer est effleurée par une brise légère, les eaux ne sont pas dormantes, mais une houle paisible, avec l'aide du vent, amène au rivage la chaloupe aux couleurs brillantes (...). La ligne ne va pas chercher sa proie dans une baie éloignée ; on lance la ligne de la chambre à coucher et même du lit et l'on regarde d'en haut le poisson qui s'enferre. Si jamais Nérée éprouve le pouvoir d'Éole, la table, sûre de ses approvisionnements, se moque des tempêtes : il y a un bassin qui nourrit des turbots et des loups élevés dans la maison, la murène délicieuse accourt à la voix de son maître (...) et les vieux mulets s'avancent quand on les invite à s'approcher. Mais quand donc, ô Rome, lui permets-tu de jouir de ces trésors ? Combien de jours passés à Formies l'année porte-t-elle à son crédit, assujetti qu'il est aux affaires de la Ville ? Heureux portiers, heureux intendants ! C'est à votre maître que ces plaisirs sont destinés, et c'est à votre service qu'ils sont !

Martial, *Épigrammes*, X, 30.

Doc. 2 Loisirs à la campagne.

Pline le Jeune raconte, dans une lettre à l'un de ses amis, l'organisation de ses vacances dans sa villa de Toscane.

Tu me demandes comment, en été, j'organise mes journées dans ma villa de Toscane. Je m'éveille quand cela me plaît, généralement vers quatre ou cinq heures. (...) Mes fenêtres restent fermées : bien à l'abri de toute distraction, je compose dans ma tête. Vers huit ou neuf heures, suivant le temps qu'il fait, je gagne la terrasse ou la galerie voûtée où je médite. Je monte en voiture, fais une petite sieste, puis je me promène. Massage, exercices, bain... Parfois je vais à la chasse.

Pline le Jeune, *Lettres*, IX, 36.

Doc. 3 Villa de bord de mer. Fresque de la villa de Marcus Lucretius, à Pompéi.

Découverte

Doc. 1

1. Quelle est d'après vous la « ville de l'impitoyable Mars » ?
2. Qui sont Nérée et Éole ? À l'aide d'un dictionnaire, cherchez quels éléments naturels ils symbolisent.
3. Selon Martial, qui profite le plus de la *villa* de Formies ?

Doc. 2

4. À quelle heure se lève Pline, à nos horloges ?

Les Romains en villégiature

Dès la fin de la République, la mode des résidences secondaires se propage chez les Romains les plus riches, qui s'y rendent en « vacances ».

Doc. 4 Villa au bord de la mer. Fresque de la villa San Marco, Ier siècle après J.-C.

La *villa urbana*

● Les maisons de campagne portent le nom de ***villae*** (*villa, ae,* f.) mais on distingue celles qui sont destinées aux loisirs, qualifiées d'***urbanae*** (« urbaines ») et celles qui sont des fermes, les ***villae rusticae*** (« rustiques »).

● Les ***villae urbanae*** sont de **spacieuses résidences** composées de bâtiments juxtaposés : on y trouve des salles à manger (d'hiver et d'été !), des bains, des bibliothèques et de vastes chambres que l'on occupe au gré des activités ou des saisons.

● La **décoration** est raffinée, parfois très **luxueuse** : marbre, mosaïques, statues, tableaux embellissent les pièces. À l'extérieur, des **jardins** bien entretenus offrent leurs allées (*ambulationes*) aux promeneurs qui peuvent admirer arbres rares et statues, fontaines et bassins (*piscinae*) où l'on élève des poissons.

● Le **luxe** s'y étale parfois de façon si insolente que le philosophe Sénèque va jusqu'à écrire : « Que de statues, que de colonnes, que d'eau qui retombe en cascades à grand fracas ! Nous sommes devenus si raffinés que nous ne daignons plus marcher que sur des pierres précieuses ! » (*Lettres à Lucilius*, 86).

Mer ou campagne ?

● Pour installer sa *villa*, on choisissait souvent le **bord de mer**, comme le fait Canius, l'ami de Cicéron et, en particulier, la Campanie (région de Naples). Mais la **campagne** romaine est aussi très prisée, comme Tibur – l'actuelle Tivoli – située à 26 km de Rome, Ostie – port maritime de Rome – ou encore Tusculum, où Cicéron a installé une de ses neuf *villae*. Au fil du temps, la **proche banlieue de Rome** se couvre de *villae* (que l'on appelle alors ***suburbanae***) qui offrent aux Romains les charmes de la campagne… à deux pas de la ville.

● Les **empereurs** n'hésitent pas à se faire construire de **somptueuses résidences secondaires** : la plus connue est celle de l'empereur Hadrien, la ***villa Adriana***, construite près de Tibur. Il s'agit d'un immense parc jalonné de palais dans lequel l'empereur avait fait reproduire les monuments et curiosités qu'il avait pu admirer au cours de ses nombreux voyages à l'étranger.

Loisirs et détente

● Loin de l'agitation urbaine, on peut jouir de son **temps de loisir**, l'***otium*** (par opposition au *negotium* = les affaires, le travail) : on pratique diverses activités physiques comme la promenade à pied ou à cheval, la natation ou la gymnastique, la pêche ou la chasse.

● On peut aussi s'adonner aux plaisirs de la **convivialité** en recevant des amis. Mais surtout, la tranquillité d'une *villa* offre les conditions idéales pour pratiquer la lecture, la méditation et l'écriture, ce qu'apprécient des écrivains comme Pline, Horace ou Cicéron.

À VOUS DE JOUER !

1. Selon vous, quelle influence a pu avoir le climat italien sur l'architecture et les aménagements d'une *villa urbana* ?
2. Que pensez-vous des loisirs de Pline évoqués dans le texte de la page 68 (doc. 2) ?
3. Dans la *villa* représentée page 68 (doc. 3), quels éléments architecturaux vous semblent destinés au confort et à l'*otium* ?

CHAPITRE

7

Aux champs

Labour et semailles. Mosaïque, art gallo-romain.
Saint-Germain-en Laye, musée des Antiquités.

Lecture

REPÈRES

spes, ei, *f.*: espoir
jugera, um (*3e décl.*), *n.*: jugères (mesure romaine)
colo, is, ere: cultiver
eo (*Abl.*) : ce
dies, diei, *m./f.*: jour
inquiunt: (ils) disent
jussus, us, *m.*: ordre
adfert: (il, elle) apporte
induo, is, ere: revêtir
rogitans: en demandant
satin'salve = **satisne salve** (*expr. fam.*) : est-ce assez bien comme ça?
terror, oris, *m.*: panique
expono, is, ere: exposer

De la charrue aux armes

Au cours d'une guerre contre un peuple voisin, l'armée romaine est en difficulté. Le sénat décide alors de nommer dictateur (c'est-à-dire: «général doté de pouvoirs extraordinaires») L. Quinctius Cincinnatus. Les envoyés du sénat trouvent le futur dictateur en plein travail…

Spes unica populi Romani, L. Quinctius Cincinnatus, quattuor jugerum agrum colebat. Eo die agrum arabat.
«Togatus mandata senatus audire debes!», inquiunt legati. Tum Cincinnati jussu togam propere adfert Racilia uxor. Togam induit Cincinnatus, rogitans: «satin'salve?».
Legati exercitus terrorem exponunt, et Cincinnatum dictatorem salutant.

D'après Tite-Live, *Histoire romaine*, III, 25.

TRADUCTION

L'unique espoir du peuple romain, Lucius Quinctius Cincinnatus, cultivait un champ de quatre jugères (un hectare). Ce jour-là, il labourait son champ.
«Tu dois entendre les consignes du sénat vêtu de la toge!», disent les légats. Alors, sur l'ordre de Cincinnatus, son épouse Racilia, en hâte, lui apporte sa toge. Cincinnatus revêt sa toge, en demandant: «Est-ce assez bien comme ça?»
Les légats exposent la panique de l'armée, et saluent Cincinnatus [du titre de] dictateur.

Observation

1 Quels mots latins sont traduits par: *unique; quatre; vêtu de la toge; alors; en hâte*?

2 À quel temps sont **colebat** et **arabat**? Appartiennent-ils à la même conjugaison? Dans ces formes, distinguez le radical, la désinence personnelle et le suffixe qui permet de former ce temps.

3 Les noms **senatus**, **jussus** et **exercitus** appartiennent-ils à la 2e déclinaison? Qu'est-ce qui vous l'indique? Dans le texte, ces noms apparaissent à deux cas: lesquels?

4 Observez la présentation des noms **spes** et **dies** dans les «Repères». Que pouvez-vous en conclure?

Étude

1. Adversus hostes Romani magnos exercitus habebant.
Contre leurs ennemis, les Romains avaient de grandes armées.

2. Cincinnatus aratrum suis manibus ducebat.
Cincinnatus guidait sa charrue de ses propres mains.

3. Legati ad Cincinnatum veniebant et senatus mandata legebant.
Les légats venaient chez Cincinnatus et lisaient les consignes du sénat.

4. Cincinnatus autem agrum arabat nec dux esse cupiebat.
Or Cincinnatus labourait son champ et ne désirait pas être général.

5. In exercitu multi milites erant ; dux exercitui praeerat.
Dans l'armée il y avait beaucoup de soldats ; un général commandait l'armée.

6. Rei publicae populique Romani spes Cincinnatus erat.

7. Tum periti duces rei publicae deerant : Romani res rusticas amabant.

8. Non uno die, sed paucis diebus Cincinnatus agrum arare poterat.

Questions

1 Dans les phrases 1 à 4, comparez **arabat, habebant, ducebat, cupiebat** ; isolez le radical de ces verbes, le suffixe de l'imparfait, la désinence personnelle ; dites à quelle conjugaison ils appartiennent. Le suffixe de l'imparfait se présente sous deux formes : lesquelles ? Répartissez ces deux formes selon les types de conjugaison.

2 Dans la phrase 5, quel rapport établissez-vous entre **erant** et **praeerat** ?

3 Qu'ont en commun les noms **exercitus, senatus, manus** (vocabulaire ci-dessous) ? À quels cas, singulier ou pluriel, apparaissent-ils dans les phrases 1 à 5 ?

4 Traduisez les phrases 6 à 8. À quels cas apparaissent les noms **res** et **spes** ? Dans la phrase 8, **dies** est employé dans deux compléments de temps. À quel cas ?

Vocabulaire à retenir

Noms

aratrum, i, *n.* : charrue
dies, diei, *m./f.* : jour, journée
exercitus, us, *m.* : armée
hostis, is, *m.* : ennemi
legatus, i, *m.* : envoyé, légat
mandatum, i, *n.* : mission, consigne
manus, us, *f.* : main
populus, i, *m.* : peuple
res, rei, *f.* : chose
→ res publica, rei publicae, *f.* : république, État
senatus, us, *m.* : le sénat
spes, spei, *f.* : espoir

Adjectifs

publicus, a, um : public
rusticus, a, um : rustique, de la campagne
unus, a, um : un, un seul

Mots invariables

adversus (+ *Acc.*) : contre
autem : mais, or (*toujours après le premier mot de la phrase*)
neque *ou* nec : et… ne… pas
tum (*adv.*) : alors, à cette époque

Verbes

aro, as, are : labourer
desum, es, esse : faire défaut, manquer
duco, is, ere : guider, conduire
habeo, es, ere : avoir
praesum, es, esse (+ *D*) : commander

Grammaire

1 La formation de l'imparfait

- L'imparfait se forme avec les suffixes :
-**ba** pour les verbes dont le radical se termine par **-a** ou **-e** (1re et 2e conjugaisons),
-**eba** pour les autres verbes,
suivis des désinences personnelles.

Indicatif imparfait					
1re conj.	2e conj.	3e conj.	3e mixte	4e conj.	sum
ama-ba-m	dele-ba-m	leg-eba-m	capi-eba-m	audi-eba-m	er-a-m
ama-ba-s	dele-ba-s	leg-eba-s	capi-eba-s	audi-eba-s	er-a-s
ama-ba-t	dele-ba-t	leg-eba-t	capi-eba-t	audi-eba-t	er-a-t
ama-ba-mus	dele-ba-mus	leg-eba-mus	capi-eba-mus	audi-eba-mus	er-a-mus
ama-ba-tis	dele-ba-tis	leg-eba-tis	capi-eba-tis	audi-eba-tis	er-a-tis
ama-ba-nt	dele-ba-nt	leg-eba-nt	capi-eba-nt	audi-eba-nt	er-a-nt

2 4e et 5e déclinaisons : *manus* et *dies*

- Les noms de la 4e déclinaison ont le génitif singulier en **-us** :

manus, us, *f.* la main — **exercitus, us,** *m.* l'armée — **senatus, us,** *m.* le sénat

- Les noms de la 5e déclinaison ont le génitif singulier en **-ei** :

dies, ei, *m./f.* le jour — **res, rei,** *f.* la chose — **spei, spei,** *f.* l'espoir

4e déclinaison		
	Singulier	Pluriel
N	man-us	man-us
V	man-us	man-us
Acc.	man-um	man-us
G	man-us	man-uum
D	man-ui	man-ibus
Abl.	man-u	man-ibus

5e déclinaison		
	Singulier	Pluriel
N	di-es	di-es
V	di-es	di-es
Acc.	di-em	di-es
G	di-ei	di-erum
D	di-ei	di-ebus
Abl.	di-e	di-ebus

Retenez aussi

- Les **négations** les plus courantes en latin sont :
non : ne… pas ; **nondum** : ne… pas encore ; **numquam** : ne… jamais ; **neque** ou **nec** : et… ne… pas ; **neque (nec)…, neque (nec)…** : ni…, ni…

Miles sum **neque** dux esse cupio.
Je suis soldat **et** je **ne** désire **pas** être général.

- Certains **compléments circonstanciels de temps** sont à l'ablatif :

Eo die Cincinnatus agrum arabat.
Ce jour-là, Cincinnatus labourait son champ. (*moment*)

Paucis diebus agrum arabat.
Il labourait son champ **en quelques jours**. (*durée*)

Exercices

1 **Conjuguez au présent, puis à l'imparfait.**

1. possum – desum – adsum – praesum.
2. duco – habeo – cupio – venio – do.

2 **a. Traduisez.**

habebam – ducebat – praeeras – arabamus – poteratis – veniebam – deeras – legebatis – cupiebant – videbatis – scribebant – aderamus – dabat – parebam – respondebamus – erat – servabant.

b. Mettez ces formes au présent.

c. Donnez l'infinitif de ces verbes.

3 **Cherchez l'intrus et justifiez votre choix.**

1. exercitum – populum – consulum – senatum – agrum.
2. manus – dominus – exercitus – senatus.
3. dies – res – consules – spes.
4. pueri – templi – animi – duci.
5. re – spe – uxore – die.
6. genera – rosa – ingenia – templa.
7. manibus – hominibus – exercitibus.

4 **Dans chaque phrase, reliez les deux propositions par *nec* ou *neque* sur le modèle suivant. Puis traduisez les phrases.**

Exemple :
Puella patris villam amabat; consulis uxor esse non cupiebat. ➜ Puella patris villam amabat neque consulis uxor esse cupiebat.

1. Ducis filius magno exercitui nondum praeest; agros arare non amat. – **2.** Cincinnatus res rusticas amat; multis militibus praeesse non cupit. – **3.** Canio parva villa erat; amicos invitare non poterat. – **4.** Senatus mandatis nunquam pares; rei publicae leges non servas. – **5.** Mali milites mandata non audiunt; non ducibus parent.

STOCK DE MOTS

Leçon de choses

Le mot latin *res*, comme le mot français « chose », s'emploie très fréquemment, et peut désigner un peu tout… Voici quelques expressions qui contiennent le mot *res* (au singulier et au pluriel), comme *res publica* et *res rusticae* :

res humanae divinaeque : les choses humaines et divines (= le monde, pour les Romains)
res secunda : événement heureux, succès
res militaris : l'art de la guerre
res familiaris : le patrimoine.

Rendez à chacun sa « chose » :

1. Peritus dux… non ignorat (ignorare : *ignorer*). – **2.** Bonus agricola… amare debet. – **3.** In… laeti sumus. – **4.** Philosophia (*la philosophie*) est scientia (*la science*)… – **5.** Consul… obesse (*nuire à + D.*) non debet. – **6.** Paterfamilias filio… dat.

DU LATIN AU FRANÇAIS

Retrouvez les mots latins sous les mots en gras.

- L'érosion du sol entraîne la disparition de terres **arables**.
- On déprécie à tort le travail **manuel**.
- Une **manette** permet des **manœuvres** à la **main**.
- Il s'est laissé **manipuler**.
- Vive la **publicité** ! J'ai hâte de **publier** mon livre.
- Le faucon est un rapace **diurne**.
- Le ministre a reçu une **délégation** de **militants**.
- Tous espèrent la fin des **hostilités**.

Doc. 2 Oiseaux buvant dans une coupe. Mosaïque de Pompéi. Naples, musée archéologique national.

Doc. 1 Tel maître, tel chien…

Au cours du banquet chez Trimalcion, le jeune Crésus, esclave favori du maître des lieux, se divertit avec sa petite chienne ; mais Trimalcion a lui aussi un chien dont il est très fier…

Crésus était alors occupé à emmailloter dans une écharpe verte une petite chienne noire et outrageusement grasse qu'il forçait, malgré ses refus et ses nausées, à avaler la moitié d'un pain posé sur son oreiller. Devant ce manège, Trimalcion eut l'idée de faire amener Scylax, « gardien de la maison et de ses habitants ». Aussitôt on amena un chien énorme, attaché par une chaîne, qui, averti par… un coup de pied du portier qu'il devait se coucher, vint s'étendre devant la table. Trimalcion lui jeta un pain blanc : « Nul dans ma maison, dit-il, ne m'aime plus que lui ». Crésus, jaloux des louanges prodiguées à Scylax, pose sa petite chienne à terre et l'excite aussitôt au combat. Scylax, n'écoutant que sa fibre canine, emplit la salle à manger d'aboiements épouvantables et faillit déchiqueter la « Perle » de Crésus. La bagarre ne se borna pas à cette bataille mais un candélabre renversé sur une table brisa tous les vases en cristal et même arrosa d'huile brûlante quelques-uns des convives…

Pétrone, *Satiricon*, 64.

Découverte

Doc. 1

1. D'après ce récit, les deux chiens qui s'affrontent sont-ils de la « même catégorie » ?
2. Quel effet recherche le romancier en racontant la scène ?

Doc. 2

3. Identifiez les animaux représentés. S'agit-il d'animaux exotiques ou communs en Italie ?

Les animaux familiers

Les Romains s'entouraient d'un certain nombre d'animaux domestiques dont la nature variait selon le lieu où ils habitaient (ville ou campagne, maison avec jardin ou appartement d'une insula*…).*

Chiens et chats

- Déjà dans l'Antiquité, le **chien** (***canis, is***) est l'animal familier le plus répandu. On l'utilise bien sûr comme gardien des maisons, même si ce n'est qu'en peinture ou sur une mosaïque ! Il peut aussi accompagner les chasseurs, surveiller les troupeaux ou simplement tenir compagnie à ses propriétaires.
- **Dans l'amphithéâtre**, on fait se battre des chiens contre des bêtes fauves (*ferae*, ours ou lions) et, **dans les armées**, on s'en sert comme éclaireurs et même comme combattants.
- Parce qu'il passe pour être le favori d'Hécate, la déesse des morts, le chien a la réputation d'être un **animal infernal** : des auteurs nous rapportent qu'à Rome, la nuit, des meutes de chiens errants terrorisent les passants…
- Les **chats** (***feles, is***, *f.*), venus d'Égypte, furent introduits assez tardivement. Auparavant, les Romains apprivoisaient des belettes (*mustela, ae*) pour lutter contre rats et souris !

Les oiseaux (*avis, is*)

- Les Romains apprécient beaucoup la compagnie des **oiseaux**, en particulier les perroquets importés des Indes. Corbeaux et mainates (confondus avec les pies et auxquels on apprend à parler et à saluer les visiteurs d'un : *Ave* !), rossignols et chardonnerets agrémentent les volières, tandis que perdrix, cailles et coqs en liberté picorent sous les tables pendant les repas.
- **Dans les jardins** des belles demeures, on rencontre des paons, des grues à aigrette, des cygnes, des oies ou des canards destinés à l'agrément ou… à la consommation, comme le sont les pintades, faisans, coqs et pigeons élevés dans les fermes.
- Mais un autre rôle est souvent réservé aux oiseaux qui sont fréquemment **associés à des divinités** et utilisés à des fins religieuses : par leur vol et leur comportement, ils indiquent des présages.

Les chevaux (*equus, i*)

- On utilise des bœufs pour la traction des chariots ou des charrues, car on ne dispose pas d'un mode d'attelage convenable pour utiliser des chevaux à ces travaux de force. Le cheval sert surtout à la **chasse**, aux **transports** et à la **guerre**. L'**équitation** fait partie des activités obligatoires du jeune Romain : il doit apprendre à monter (à cru et sans étriers) et savoir parfaitement diriger sa monture. Néanmoins, on ne se déplace à cheval, dans la vie civile, ni en ville, ni pour de longs voyages : les litières à roue sont plutôt traînées par des mules.
- Les **courses de chars** attelés de deux ou quatre chevaux constituent l'une des attractions favorites des Romains. Elles ont lieu dans les **cirques** (***circus, i***) dont le plus grand est le Circus Maximus à Rome. Au centre d'une piste rectangulaire se trouve un terre-plein, orné de statues et comportant à chaque extrémité une grosse borne que les conducteurs doivent serrer au plus près pour prendre l'avantage lorsqu'ils tournent… d'où les nombreux accidents que l'on voit dans les films comme *Ben Hur* !

Doc. 3 Aurige (conducteur de char) de cirque. Mosaïque, Ier siècle après J.-C. Rome, musée des Thermes.

À VOUS DE JOUER !

1. Dans l'Antiquité, les animaux ont stimulé l'imagination et se sont taillé de beaux (seconds) rôles dans la mythologie : documentez-vous sur le cheval Pégase, sur l'oiseau Phénix, sur le chien Cerbère.
2. Qui était le maître du cheval Bucéphale ?
3. À Rome comme de nos jours, un oiseau symbolisait la fidélité amoureuse : lequel ?

CIVILISATION

Doc. 1 Une ferme modèle.

Le poète Martial décrit la villa rustica *de son ami Faustinus, en Campanie.*

Farouches, au fond de la vallée, mugissent les taureaux (*tauri*), et le veau (*vitulus*) au front désarmé brûle d'envie de combattre. Déambule en tous sens toute la foule de la basse-cour malpropre : l'oie (*anser*) aux cris perçants, et les paons (*pavones*) couverts de pierreries, et la perdrix (*perdix*) colorée, et les pintades [les poules de Numidie] mouchetées, et le faisan (*phasiana avis*) de la criminelle Colchide[1] ; les coqs (*galli*) orgueilleux poursuivent les poules de Rhodes, et les tourelles résonnent des battements d'ailes des colombes (*columbae*) ; d'un côté gémit la palombe (*palumbes*), de l'autre la tourterelle (*turtur*) couleur de cire. Avides, les porcs (*porci*) suivent le tablier de la fermière, et le tendre agneau (*agnus*) attend sa mère pleine de lait.

Martial, *Épigrammes*, III, 58.

1. Pays de la magicienne Médée, connue pour ses crimes.

Doc. 2 Instruments de travail.

Au Ier *s. avant J.-C., Varron écrit un traité d'agronomie très soucieux de « productivité ».*

Dans le matériel agricole (*instrumentum*), on distingue trois catégories : le matériel parlant (*vocale*), le semi-parlant (*semivocale*), le muet (*mutum*). Dans le parlant, on range les esclaves, dans le semi-parlant, les bœufs, dans le muet, les chariots. En fait, tous les champs sont cultivés par des êtres humains, qui sont soit des esclaves, soit des hommes libres, soit les deux à la fois. Les hommes libres sont ou bien des paysans pauvres cultivant eux-mêmes leurs terres avec leurs enfants, ou bien des ouvriers agricoles salariés (*mercenarii*), comme ceux que l'on engage pour des travaux importants, comme vendanges et moissons. À mon avis, dans les régions insalubres, il vaut mieux utiliser des travailleurs salariés que des esclaves, et, même dans les régions saines, il est préférable de leur confier les métiers les plus durs.

Varron, *Rerum rusticarum libri*, I, 17.

Doc. 3 Mosaïque provenant de la villa de Tabarka en Tunisie et représentant la maison du maître. Tunis, musée du Bardo.

Découverte

Doc. 1 / Doc. 3

1. À l'aide du texte de Martial (doc. 1), identifiez les volailles représentées sur la mosaïque (doc. 3).

Doc. 2

2. Citez des récoltes pour lesquelles on embauche, encore aujourd'hui, des *mercenarii*.

3. Pour quelles raisons, à votre avis, Varron donne-t-il le surprenant conseil qui termine ce texte ?

La vie au domaine agricole

Comme l'illustre l'histoire de Cincinnatus (p. 70), les Romains se flattent d'être avant tout des « hommes de la campagne » (rus, ruris, *n.*).

Dans les *latifundia*...

● À l'origine, la terre est aux mains de petits propriétaires qui pratiquent une polyculture traditionnelle à base de vigne, d'oliviers et de céréales. Mais, à l'époque impériale, les **grandes propriétés** ou ***latifundia*** (*latifundium, ii,* n., littéralement « large domaine ») se multiplient, favorisant une monoculture intensive, plus rentable : vignobles en Campanie et en Étrurie, céréales dans les provinces romaines comme la Sicile, cultures maraîchères autour des grandes villes comme Rome.

● Les **esclaves**, dont les guerres de conquête ont accru le nombre, offrent aux propriétaires une **main-d'œuvre abondante** et bon marché. Ces « ouvriers agricoles » (les ***servi rustici***) appartiennent à la ***familia rustica*** et travaillent sous les ordres d'un intendant ou régisseur (le *vilicus, i,* m.) et de sa compagne (la *vilica, ae,* f.), qui sont eux-mêmes des esclaves.

Doc. 4 Mosaïques représentant les travaux agricoles. Art gallo-romain. Saint-Germain-en-Laye, musée des Antiquités.

Les animaux de la ferme

● Si l'élevage des **bovins** ou des **brebis** occupe une place essentielle dans l'économie romaine, d'autres animaux, élevés pour les besoins de l'alimentation de luxe, circulent plus ou moins librement dans les bâtiments des *villae* (c'est ce qu'on appelle la ***villatica pastio***) : on les vend à de riches Romains qui en font apprécier la chair à leurs convives au cours de grands festins.

● Au domaine on élève des **volailles de toutes sortes** (coqs et poules, mais aussi oies, pintades, colombes, pigeons, grues ou paons) et on produit du miel, très prisé à une époque où l'on ne connaît pas encore le sucre ; on y élève aussi des escargots, du gibier (perdrix, faisans, lièvres et même sangliers) et même des poissons (*pisces*) dans des *piscinae* d'eau douce ou d'eau de mer.

Visite d'une *villa rustica*

● Les ***villae rusticae*** (fermes ou exploitations agricoles) sont composées le plus souvent d'une **partie proprement agricole**, comprenant les logements des esclaves et du *vilicus*, les entrepôts pour les productions de la ferme, les étables, les écuries, la porcherie, la bergerie, les pressoirs à vin ou à huile, le potager et le verger. Une **partie plus résidentielle**, dont le luxe s'apparente à celui des *villae urbanae*, est réservée au ***dominus***.

● De son logement, le ***vilicus*** peut contrôler les entrées et sorties des **esclaves**, qui sont logés dans de petites chambres. Tous se retrouvent en commun dans une vaste cuisine. Quant aux bergers, bouviers et autres gardiens de bétail, leur chambre est installée à proximité directe des animaux dont ils s'occupent.

À VOUS DE JOUER !

1. Voici comment Apulée (romancier latin du IIe siècle après J.-C.) nous donne à entendre le cri de certains animaux de la ferme : amusez-vous à traduire intuitivement cette joyeuse cacophonie.
Agni balant, porcelli grunniunt, palumbes minurriunt, porci grundiunt, ranae coaxant, equi hinniunt, asini rudiunt, tauri mugiunt...

2. Dans une *villa rustica*, quel travail effectue le propriétaire (*dominus*) ?

3. Identifiez les travaux agricoles figurant sur les deux mosaïques (doc. 4).

Chapitre 8

Rome : la ville

Quartier de Rome au Ier siècle après. J.-C. *Rome, musée de la Civilisation romaine.*

Lecture

REPÈRES

adspice : vois
hanc : cette (*Acc. f. sing.*)
frequentia, ae, *f.* : affluence
tectum, i, *n.* : toit
sufficio, is, ere (+ *D*) : suffire à
turba, ae, *f.* : foule
orbis, is, *m.* : cercle, disque
orbis terrae ou **terrarum** : le monde
alius…, alius… : l'un…, l'autre…
adduco, is, ere : amener
studium, ii, *n.* : goût, étude
pulcherrimus, a, um : le plus beau, très beau

Rome, reine du monde

À l'époque de Sénèque (Ier siècle après J.-C.), Rome est sans doute la plus grande ville du monde – et l'une des plus cosmopolites : on y vient de loin, et pour mille raisons.

Adspice hanc frequentiam, cui vix urbis immensae tecta sufficiunt : maxima pars ejus turbae patria caret.
Ex toto orbe terrarum confluunt. Alios adducit ambitio, alios studiorum cupiditas, alios spectacula. In eam civitatem conveniunt, quae maxima et pulcherrima est.

D'après Sénèque, *Consolation à Helvia*, VI.

TRADUCTION

Regarde cette affluence, à laquelle les toits d'une ville immense suffisent à peine : la plus grande partie de cette foule n'a pas de patrie.

Ils affluent du monde entier. Les uns, l'ambition les amène, d'autres, c'est l'envie d'étudier, d'autres, ce sont les spectacles. Tous viennent dans cette cité qui est la plus grande et la plus belle.

Observation

1 Complétez vous-mêmes les « Repères » en relevant les mots latins dont vous avez reconnu sans peine le sens.

2 Rappelez ce qu'est, en grammaire française, une proposition relative, un pronom relatif, l'antécédent d'un relatif.

3 Quelle est la traduction du mot latin **cui** ? Quel est son antécédent ? Quelle est sa fonction ? À quel cas est-il ?

4 Quel est l'antécédent du pronom relatif **quae** dans la dernière phrase ? Quelle est sa fonction ?

Étude

1. Seneca Romam incolit ; ea urbs maxima est.
Sénèque habite Rome ; cette ville est très grande.

2. Seneca Romam, quae maxima urbs est, incolit.
Sénèque habite Rome, qui est une très grande ville.

3. Templum Saturni maximum est ; id in foro videtis.
Le temple de Saturne est le plus grand ; vous le voyez sur le forum.

4. Templum Saturni, quod in foro videtis, maximum est.
Le temple de Saturne, que vous voyez sur le forum, est le plus grand.

5. Seneca Romam incolebat ; ejus libros nunc legimus.
Sénèque habitait Rome ; nous lisons aujourd'hui ses livres.

6. Seneca, cujus libros nunc legimus, Romam incolebat.
Sénèque, dont nous lisons aujourd'hui les livres, habitait Rome.

7. In urbe sunt multa templa, in quibus pulchrae statuae sunt.

8. Multi homines, qui pulchra spectacula videre cupiunt, in urbem conveniunt.

Questions

1 Rappelez, en donnant des exemples, les différentes formes du pronom relatif en français. À quelles fonctions différentes correspondent-elles ?

2 Comparez, dans les phrases 1 et 3, l'emploi du pronom-adjectif **is, ea, id** (*ce, cette/celui-ci, celle-ci*). Justifiez son genre, son nombre, son cas. Dans quelle phrase est-il « adjectif », dans quelle phrase est-il « pronom » ?

3 Dans les phrases 2, 4 et 6, recherchez l'antécédent des pronoms relatifs. Pourquoi le pronom relatif a-t-il des formes différentes dans ces phrases ?

4 Traduisez les phrases 7 et 8. Quand trouve-t-on l'ablatif après **in**, et quand trouve-t-on l'accusatif ?

Vocabulaire à retenir

Noms

forum, i, *n.* : forum, place
patria, ae, *f.* : patrie
spectaculum, i, *n.* : spectacle
statua, ae, *f.* : statue
urbs, urbis, *f.* : ville

Adjectifs

maximus, a, um : très grand, le plus grand

Pronoms

is, ea, id : ce, cette/celui-ci, celle-ci
qui, quae, quod : qui, que (*pronom relatif*)

Verbes

convenio, is, ire : convenir, venir ensemble, se rassembler
incolo, is, ere : habiter

Mots invariables

ex *ou* e (+ *Abl.*) : hors de, en provenance de, à partir de
in (+ *Acc.*) : dans (avec mouvement)
nunc : maintenant

Grammaire

1 Le pronom-adjectif *is, ea, id*

● Employé comme *adjectif*, **is, ea, id** peut se traduire par un adjectif démonstratif (*ce, cette, ces*) ou, parfois, par un simple article défini :

Id templum video.
Je vois **ce** temple.

Id templum video, quod est in foro.
Je vois **le** temple qui est sur le forum.

● Employé comme **pronom**, il peut se traduire par un pronom démonstratif (*celui-ci, celle-ci, ceci*) ou par un pronom personnel (*il, elle, lui, le, la, les, leur*).

Templum pulchrum est. **Id** video.
Le temple est beau. Je **le** vois.

● Au génitif, il peut se traduire par un adjectif possessif :

Templum pulchrum est. **Ejus** statuas video.
Le temple est beau. Je vois **ses** statues.

	Singulier			Pluriel		
	Masculin	Féminin	Neutre	Masculin	Féminin	Neutre
N	is	ea	id	ei (ii)	eae	ea
Acc.	eum	eam	id	eos	eas	ea
G	ejus	ejus	ejus	eorum	earum	eorum
D	ei	ei	ei	eis (iis)	eis (iis)	eis (iis)
Abl.	eo	ea	eo	eis (iis)	eis (iis)	eis (iis)

2 Le pronom relatif

● Le pronom relatif s'accorde en genre et en nombre avec le nom qu'il représente (son antécédent).

● Il est au cas voulu par sa fonction dans la proposition relative.

Video **statuam quae** est in templo.
Je vois **la statue qui** est dans le temple.
quae : *f. sing.* (*antécédent* : **statuam**) ; *nominatif, sujet de la proposition relative*.

Urbem incolimus **in qua** multa sunt templa.
Nous habitons **une ville dans laquelle** il y a beaucoup de temples.
qua : *f. sing.* (*antécédent* : **urbem**) ; *à l'ablatif, dans le groupe prépositionnel*.

	Singulier			Pluriel		
	Masculin	Féminin	Neutre	Masculin	Féminin	Neutre
N	qui	quae	quod	qui	quae	quae
Acc.	quem	quam	quod	quos	quas	quae
G	cujus	cujus	cujus	quorum	quarum	quorum
D	cui	cui	cui	quibus	quibus	quibus
Abl.	quo	qua	quo	quibus	quibus	quibus

Exercices

1 **Donnez l'antécédent et la fonction des pronoms relatifs en gras. À quel cas les mettriez-vous en latin ?**

1. Cincinnatus labourait un champ **qui** était à lui et **qu'**il quitta pour devenir dictateur. – 2. Ce maître maltraite les esclaves **auxquels** il commande. – 3. Le chef **à qui** ces soldats doivent obéir est incompétent ; c'est un chef **dont** les soldats sont mécontents. – 4. Je vois l'application **avec laquelle** il travaille.

2 **En employant l'adjectif *is, ea, id*, traduisez les groupes suivants au cas indiqué entre parenthèses.**

Ce temple (accusatif) – cette main (datif) – cette épouse (datif) – ces enfants (génitif) – cette mère (nominatif) – cette espèce (accusatif) – ces chefs (ablatif) – cette loi (accusatif) – ces frères (nominatif) – ces fils (génitif) – cette lettre (datif) – cette amitié (génitif) – cet État (génitif) – ces hommes (génitif) – ce corps (génitif) – cet espoir (ablatif).

3 **Dans ces phrases, reprenez par *is, ea, id* les mots en gras, puis traduisez.**

1. **Libros** amamus. Sine … vivere non possumus. – 2. Cum **hospites tui** aderant, … salutabam. – 3. In urbe Roma **multa templa** erant ; in … praeclaras statuas videre poteramus. – 4. **Senecae** praeclarum ingenium est ; … epistulas magna diligentia legimus. – 5. **Canem** habeo : … nomen Brutus est.

4 **Transformez les deux phrases de façon à ce que la seconde phrase devienne une relative insérée dans la première.**

Exemple : **Seneca Romam incolebat. Ejus libros legimus.**
➜ Seneca, cujus libros legimus, Romam incolebat.

1. Cincinnatus agrum arabat. Ei legati senatus mandata legebant. – 2. Romani res rusticas amabant. Ei urbem incolere non cupiebant. – 3. Canius multos amicos habet. Eos invitare cupit. – 4. Multae rosae in horto sunt. Eis villam ornare (*décorer*) possum. – 5. Dominus molestus est. Ejus servi sumus. – 6. Exercitus magnus est. Ei praeest Cincinnatus.

5 **Traduisez.**

1. In Senecae villa erant multi libri quos amicis legebat. – 2. Amamus urbem Romam, quam incolimus, sed patria qua caremus pulchra erat. – 3. In eam urbem veniunt multi homines qui praeclaras res videre cupiunt. – 4. In ea urbe erant templa quorum nunc muros videre possumus. – 5. Duces quibus periti milites parere debent saepe imperiti sunt.

Stock de mots

Cosmopolitisme

Dans les rues de Rome, on rencontre des gens venus de partout. Voici des noms de pays, de peuples, de chefs de guerre et de souverains.

Patria	Populi	Duces
Gallia, ae, *f.* : la Gaule	**Galli, orum,** *m, pl.* : les Gaulois	**Vercingetorix, rigis,** *m.* : Vercingétorix
Aegyptus, i, *f.* : l'Égypte	**Aegyptii, orum,** *m, pl.* : les Égyptiens	**Cleopatra, ae,** *f.* : Cléopâtre
Germania, ae, *f.* : la Germanie	**Germani, orum,** *m, pl.* : les Germains	**Ariovistus, i,** *m.* : Arioviste
Numidia, ae, *f.* : la Numidie	**Numidae, arum,** *m, pl.* : les Numides	**Massinissa, ae,** *m.* : Massinissa
Graecia, ae, *f.* : la Grèce	**Graeci, orum,** *m, pl.* : les Grecs	**Pyrrhus, i,** *m.* : Pyrrhus

Commentez en latin ce tableau, sur le modèle : *Vercingétorix était à la tête des Gaulois, qui habitaient la Gaule.*

Du latin au français

***Urbi et orbi* : à quel cas sont ces deux noms ? Par qui et en quelle occasion sont-ils prononcés ? Ces noms sont des paronymes, c'est-à-dire qu'ils sont proches par la prononciation. Cherchez d'autres paronymes en français.**

De quels mots latins dérivent les mots en gras ? Expliquez leur sens.

- Il s'est montré plein d'**urbanité**. Ce n'est pas un **rustre**.
- L'**urbanisation** des campagnes pose de gros problèmes. La périphérie **urbaine** aussi.
- Il ne faut pas confondre meubles **rustiques** et antiquités.

Doc. 1 Maquette de Rome à l'époque impériale. Rome, musée de la Civilisation romaine.

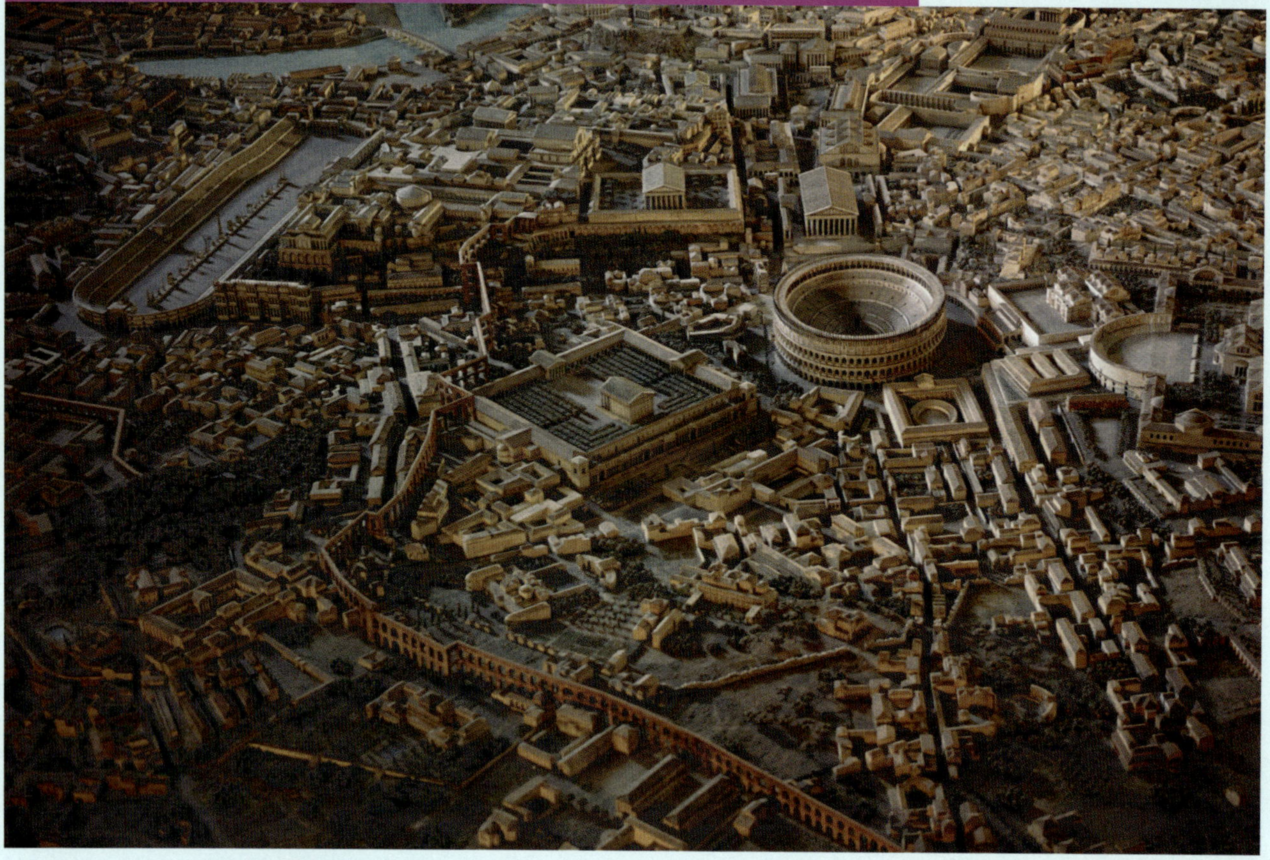

Doc. 2 Précautions sanitaires.

Vitruve, ingénieur de l'époque de César et d'Auguste (fin du Ier siècle avant J-C.), nous a laissé un grand « traité d'architecture » exposant méthodiquement l'art de bien construire une ville.

Quand on veut bâtir une ville, la première chose à faire est de choisir un emplacement salubre. Cet emplacement doit être sur une hauteur ; il faut en outre qu'il ne soit pas exposé aux brouillards, ni aux brumes, ni au givre, et qu'il regarde vers des régions du ciel ni brûlantes ni froides, mais tempérées. De plus, il ne doit pas être dans le voisinage des marécages… (…) On doit éviter que les vents ne déferlent sans obstacle dans les rues, parce qu'ils sont toujours nuisibles soit par leur froid qui blesse, soit par leur chaleur qui corrompt tout, soit par leur humidité, qui est nuisible à la santé.

Vitruve, *De architectura*, I, 4 et suivants.

Découverte

Doc. 1 **1.** Sur cette maquette, repérez les grands monuments signalés sur la carte p. 83.

Doc. 2 **2.** Justifiez les précautions conseillées par Vitruve. Quels avantages offre le site de Rome ? Quels inconvénients ?

L'*Urbs*

*Rome est une civilisation de la ville : de sa naissance à son apogée, elle est « la Ville » (*Urbs*, avec une majuscule !) par excellence…*

La « vieille Rome » (*vetus Roma*)

● L'archéologie confirme que, comme le veut la légende, vers la moitié du VIIIe siècle avant J.-C., des bergers se rassemblèrent en villages répartis sur les **collines** qui entourent le Forum, qui était alors un endroit marécageux. Ils habitaient dans de simples huttes, et se réunirent en établissant une citadelle (*arx, arcis*) et un sanctuaire sur le **Capitole**.

● Au VIe siècle, sous le règne du roi *Servius Tullius*, un **rempart** vient englober les sept collines ; asséché, le **Forum** devient la « place du marché », puis le centre de la vie religieuse et politique. Alentour, les rues sont tracées sans plan réfléchi, au fur et à mesure que la ville se peuple.

Embellir et moderniser

● À la fin de la République, la « vieille Rome » étouffe : César, puis Auguste décident de donner à la capitale la splendeur qu'elle mérite. À l'intérieur du *pomerium* (enceinte sacrée), on élargit les rues ; de **nouveaux quartiers** se déploient sur le Champ de Mars, qui était à l'origine réservé aux manœuvres militaires.

● Portiques, promenades, monuments publics agrémentent cette « ville de marbre », tandis que le « centre ville » voit, sous l'Empire, se multiplier les forums. Malgré plusieurs inondations du Tibre et quelques **incendies** terribles (notamment en 64 après J.-C.), la cité continue à se développer : sa dernière enceinte, construite sous Aurélien (IIIe siècle après J.-C.), mesure 18 kilomètres !

La reine des villes

● Les Romains ont su s'approprier les techniques avancées des grandes cités du monde grec (Pergame, Alexandrie), et avaient **résolu de grands problèmes d'urbanisme** : à partir de la ***Cloaca Maxima***, véritable canal souterrain construit dès le VIe siècle avant J.-C., un réseau d'égouts draine vers le Tibre les eaux usées ; l'approvisionnement en eau, à la fin du Ier siècle après J.-C., est assuré par une dizaine d'**aqueducs** principaux, qui desservent près de 600 **fontaines** ; les services de pompiers et de police ont été réorganisés à partir d'Auguste, dans une agglomération divisée en 14 « arrondissements » (*regiones*). Au IIe siècle, on évalue à près de 2 000 000 d'habitants la population globale de Rome et de ses faubourgs.

Doc. 3 Le site de Rome à l'époque républicaine.

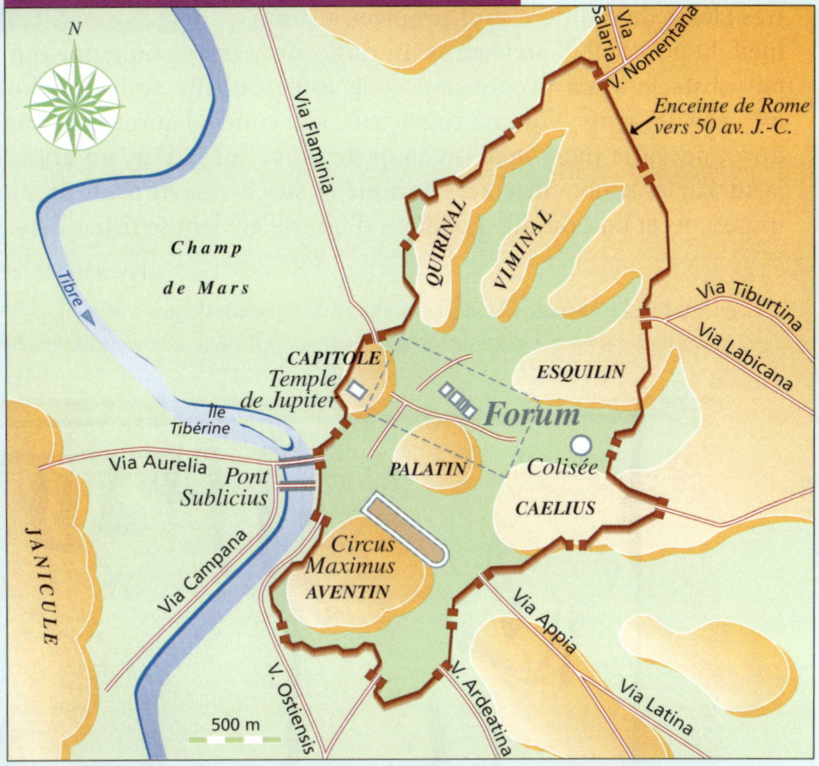

À VOUS DE JOUER !

1. Comparez la population de Rome à son apogée à celle des grandes villes françaises actuelles. Sous Napoléon, Paris a environ 550 000 habitants : qu'en pensez-vous ?

2. À la fin de l'Empire, on pouvait voir dans les rues de Rome près de 4 000 statues ; il y avait près de 1 000 établissements de bains publics (*balnea*). Quelles réflexions vous suggèrent ces nombres ?

CIVILISATION

Doc. 1 Les embarras de Rome

Umbricius, personnage d'une des Satires *du poète Juvénal (Ier siècle après J.-C.), explique à l'un de ses amis pourquoi il veut quitter Rome.*

Le passage des chariots dans les ruelles (*vici*) étroites et sinueuses, les cris des conducteurs de mules immobilisés arracheraient le sommeil à Drusus[1] et à des veaux marins ! Si une affaire l'appelle, le riche se fera transporter et la foule cédera le passage : il volera au-dessus d'elle dans sa vaste litière (*lectica*) et, chemin faisant, il lira, écrira, dormira à l'intérieur car les fenêtres closes de sa litière sont propices au sommeil. Et pourtant, il arrivera avant moi ; car la marée humaine qui me précède fait obstacle à ma progression et la foule qui me suit en colonnes serrées m'écrase les reins ; l'un me cogne avec son coude, l'autre avec une poutre très dure ; un autre me donne un coup de solive sur la tête, un autre un coup de jarre. J'ai les jambes maculées de boue, je suis écrasé de tous côtés par des pieds imposants et un clou du « godillot » d'un soldat vient se ficher dans mon orteil !

Juvénal, *Satire* III, v. 239-248.

1. *Cognomen* de l'empereur Claude, connu pour la lourdeur de son sommeil.

Doc. 2 Un *thermopolium*.

Doc. 3 Boutique d'un boucher. IIe siècle après J.-C. Rome, musée de la Civilisation romaine.

Découverte

Doc. 1 **1.** Certains « embarras » rencontrés par Umbricius sont typiques de son époque, d'autres peuvent encore nous gêner aujourd'hui : lesquels ?

Doc. 2 **2.** À quoi peuvent servir, selon vous, les jarres encastrées dans le « comptoir » ?

Doc. 3 **3.** Cette boucherie ressemble-t-elle aux nôtres ? Que font les deux personnages ?

Vivre en ville

Très tôt, Rome a attiré entre ses murs une population considérable : cela ne va pas sans inconvénients.

La grand-place

● Au centre d'une ville romaine, une grande place, le ***forum***, rassemble des bâtiments officiels, des temples, des portiques. Simple marché à l'origine, il garde cette vocation : à Rome, on trouve ainsi un *forum boarium* (marché aux bœufs), un *forum (h)olitorium* (marché aux légumes), et plusieurs *forums* « spécialisés ».

● Mais le vrai centre de la Ville est le très ancien ***Forum Romanum***, où, siècle après siècle, les activités politiques, religieuses et commerciales ont fait se multiplier les édifices, de part et d'autre de la ***Via Sacra*** (« voie sacrée ») que les généraux vainqueurs empruntaient, lors de la cérémonie du triomphe, pour aller rendre grâces aux dieux du Capitole.

Doc. 4 La ville de Timgad.

Scènes de rues

● Le menu peuple de Rome, souvent mal logé, vit presque toute la journée **dans les rues** : on y flâne, on y rencontre ses amis, on y fait ses achats. Elles accueillent des échoppes ou des **boutiques** de forgerons, barbiers, orfèvres, parfumeurs, cordonniers, menuisiers, marchands de tissus, etc.

● Des **marchands ambulants** proposent des petits pains, des boissons et des olives. On fait halte au ***thermopolium*** (le « snack » de l'époque) pour consommer debout des plats cuisinés et des boissons chaudes (du mot grec *thermos* = chaleur).

Courage, piétons !

● Dans le centre « historique » de Rome, à cause de l'étroitesse des rues, les embouteillages sont tels qu'il a fallu interdire pendant le jour la **circulation** des voitures attelées, pour transformer le cœur de la Ville en zone piétonnière.

● Accidents, vols, **agressions** sont fréquents, surtout la nuit, car les rues ne sont pas éclairées. L'écrivain Juvénal va jusqu'à dire : « Il est bien négligent et même imprévoyant, celui qui s'en va souper sans avoir fait son testament… une fois les maisons fermées, quand partout les boutiques font silence, volets clos. » (*Satire* III).

● L'écoulement des eaux de pluie, des eaux usées, ou la décharge des détritus se font souvent au milieu des rues, ce qui aggrave encore les conditions de circulation…

Villes romaines

● Dans les **pays conquis**, les Romains ont souvent préféré fonder des **villes nouvelles**, plutôt que d'aménager d'anciennes cités. Ils marquent ainsi leur puissance de façon spectaculaire : la ville est disposée selon un plan rationnel, avec des rues qui se croisent à angle droit, de part et d'autre de deux axes, le *cardo* et le *decumanus*, qui se coupent à l'emplacement du forum.

● On retrouve là toutes les **techniques « modernes »** dont disposent les Romains : pavage des rues, trottoirs, *domus* spacieuses, monuments caractéristiques (arcs de triomphe) et symboles de la culture romaine (théâtres, arènes, temples, thermes… et casernes !).

À VOUS DE JOUER !

1. Où se trouve aujourd'hui Timgad (doc. 4) ?
2. Sur cette vue, retrouvez des éléments caractéristiques de la « ville romaine ».
3. Selon votre région, relevez les traces d'urbanisme romain dans les villes gallo-romaines de Lyon (*Lugdunum*), Paris (*Lutetia*), Arles (*Arelate*), Strasbourg (*Argentorate*), Nîmes (*Colonia Augusta Nemesiorum*), Autun (*Augustodunum*), Saintes (*Mediolanum Santonum*).

CIVILISATION

Doc. 1 Mourir à Pompéi.

Dans cette lettre, Pline le Jeune raconte comment son oncle, le savant Pline l'Ancien, trouva la mort dans la catastrophe…

Les bâtiments, ébranlés par de profondes secousses, donnaient l'impression de vaciller dans tous les sens. Mais dehors, il y avait les pierres qui pleuvaient. Afin de se protéger des chutes de débris divers, ils se fixèrent des coussins sur la tête avec des morceaux de draps… Au lever du jour, on se trouvait encore dans des ténèbres plus épaisses que celles de la nuit. On réunit tous les flambeaux et torches qu'on put trouver et l'on descendit jusqu'au rivage afin de voir s'il était possible de s'évader par la mer. Mais on constata que les vagues étaient toujours très violentes. (…) L'approche de grandes flammes et l'odeur de soufre révélèrent l'imminence du danger et mon oncle se leva d'un bond tandis que les autres, terrorisés, fuyaient en tous sens. Mais lui, qui avait toujours eu des problèmes respiratoires, s'appuya sur deux esclaves, puis s'affaissa brusquement, asphyxié par les fumées.

Pline le Jeune, *Lettres*, VI, 20.

Doc. 2 Une rue de Pompéi.

Doc. 3 Le forum de Pompéi avec en fond le Vésuve.

Découverte

Doc. 1 **1.** Retrouvez, dans ce récit, les éléments caractéristiques d'une éruption volcanique.

Doc. 2 **2.** Commentez cette vue d'une rue. À quoi pouvaient servir les blocs de pierre surélevés disposés sur la chaussée ?

Promenade à Pompéi

Une terrible catastrophe nous vaut de pouvoir visiter, aujourd'hui, une ville romaine remarquablement conservée, dans son intégralité.

Un incomparable musée

- Pompéi était une **ville riche**, située dans le golfe de Naples. Le **24 août 79**, l'éruption volcanique du **Vésuve** l'ensevelit sous une couche de pierres et de cendres... Deux autres cités proches, le port d'Herculanum et Stabies, subirent le même sort.
- De nombreuses maisons, bâtiments et boutiques ont été retrouvés **presque intacts** lors des fouilles : dans une boulangerie, on peut encore voir des petits pains dans le four et sur le comptoir d'un marchand de légumes, des céréales disposées sur le comptoir semblent attendre l'acheteur... On a même retrouvé, durcis dans la cendre, des cadavres **d'hommes ou d'animaux surpris dans leur sommeil** ou dans leur fuite. Grâce à du plâtre liquide, on a pu en réaliser des moulages.
- Les enseignes de boutiques, les outils de travail des artisans, la vaisselle, les jouets des enfants sont restés en place. Classés et datés par les archéologues, ils nous permettent une incomparable observation des objets les plus familiers et une meilleure compréhension de la vie quotidienne des Romains.

Doc. 4 Fresque de Pompéi, Ier siècle après J.-C. Naples, musée archéologique national.

Beauté et simplicité

- À Pompéi, beaucoup de *domus* montrent un **luxe éclatant**. Bien conservées, les **fresques** murales, les **mosaïques** et les statues témoignent de goûts raffinés ; de grands artistes ont décoré ces belles demeures. D'autres, plus simples, dressent seulement les restes de leurs murs de briques.
- À **Herculanum**, ville plus populaire, on a retrouvé des *insulae* dont seuls les étages supérieurs se sont effondrés. Sur les murs, des textes gravés ou tracés à la peinture noire ou rouge montrent des **inscriptions officielles** (des « affiches électorales », l'annonce d'un combat de gladiateurs...) ou des messages laissés par de simples particuliers (les **graffiti**) : ils sont écrits en latin populaire, avec des fautes, mais ce sont les plus émouvants...

Doc. 5 Carte de la Campanie.

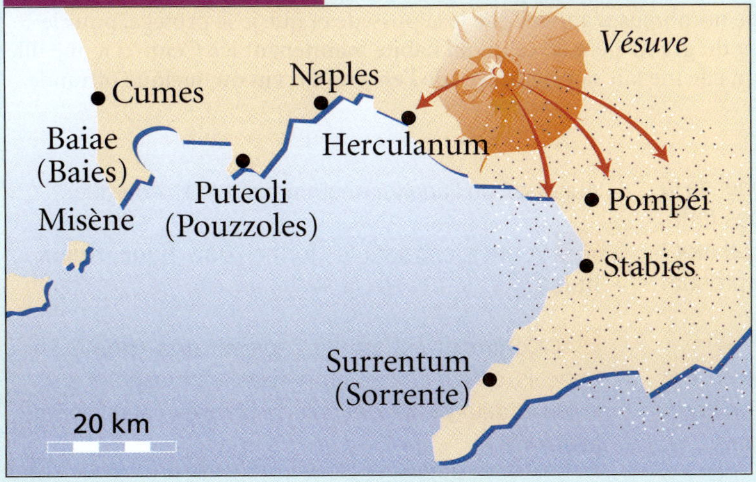

À VOUS DE JOUER !

1. Le site de Pompéi est encore en danger de nos jours : pourquoi ?
2. Imaginez que, dans 2000 ans, des archéologues retrouvent une de nos villes ensevelie par une catastrophe : qu'est-ce qui, selon vous, les étonnerait ?

Chapitre

9

Les dieux du foyer

Lararium (autel des dieux Lares) de la villa des Vettii.
Pompéi, Ier s. après J.-C.

Lecture

REPÈRES

Lar, Laris, *m.* : Lare
unde : d'où (= **ex qua**)
exiens, exeuntis : en train de sortir
adspexistis : vous avez vu
colo, is, ere : habiter, protéger
hic (*adv.*) : ici
habet (= **habitat**) : il habite
tur, turis, *n.* : encens
aliqui (*adv.*) : de quelque manière
supplico, as, are (+ *D*) : adresser des prières à, prier

Le « bon génie » de la maison

*Dans les maisons romaines, un petit oratoire abritait les statuettes des Lares, divinités qui protégeaient toute la maisonnée (*familia*). Dans une de ses comédies, Plaute (254-184 avant J.-C.) fait parler un de ces bons génies. Les pièces de théâtre, à Rome, sont toujours écrites en vers. Les vers latins ne riment pas, et sont simplement rythmés.*

Ego Lar sum familiaris ex hac familia
unde exeuntem me adspexistis. Hanc domum
jam multos annos est cum possideo et colo,
patrique avoque jam hujus qui nunc hic habet…
Huic filia una est. Ea mihi quotidie
aut ture aut vino aut aliqui supplicat.

Plaute, *La Comédie de la Marmite (Aulularia)*, texte original (v. 2 sqq.).

TRADUCTION

Moi, je suis le Lare familier, [venu] de cette maisonnée d'où vous m'avez vu sortir. Cette maison, il y a déjà de nombreuses années que je la possède et que je la protège, pour le bien, déjà, du père et du grand-père de celui qui habite maintenant ici. Celui-ci a une fille unique. Chaque jour, elle me fait sa prière, avec de l'encens, du vin ou quelque offrande.

Observation

1 En français, la forme du pronom personnel de la 1re personne varie selon sa fonction : à quelles fonctions correspondent les formes *moi, je ; me ; (à) moi* ? Relevez, dans le texte latin, les formes de ce pronom personnel au nominatif, à l'accusatif, au datif.

2 Dans l'expression **jam multos annos est cum…**, le groupe nominal à l'accusatif est un complément de temps indiquant la durée (« depuis… »). Aurait-on pu l'analyser comme un COD ? Pourquoi ?

3 À quels cas sont les formes **hac, hanc, hujus, huic** ?

4 Comment est traduit l'adjectif **una (filia)** ? En français, qu'est-ce que « un » dans la phrase : « il a un chien et deux chats », et dans la phrase « j'ai un voisin jaloux » ?

Étude

1. In hac Plauti fabula, Lar ante Euclionis domum haec verba facit :
Dans cette pièce de Plaute, le Lare dit ces paroles devant la maison d'Euclion :

2. « Videtisne hujus domus januam ? Hanc domum Euclio habitat.
« Voyez-vous la porte de cette maison ? Euclion habite cette maison.

3. Hujus senis filia quotidie mihi vinum aut flores dat.
La fille de ce vieillard m'offre chaque jour du vin ou des fleurs.

4. Ego hanc domum possideo. Mihi pulchra domus est. »
C'est moi qui possède cette maison. J'ai une belle maison. »

5. Tibi quoque pulchra domus est. Nobis invident vicini.
Toi aussi, tu as une belle maison. Les voisins nous envient.

6. Me numquam salutant. Tene salutant ? Male se gerunt.
Ils ne me disent jamais bonjour. Te disent-ils bonjour ? Ils se comportent mal.

7. Dominus unius filii uniusque filiae pater est.

8. In tota Euclionis domo, nullius servi vita jucunda est.

Questions

1 Phrase 2 : ajouté à la fin d'un mot, **-ne** permet de formuler une question (« Est-ce que... ? »), qui porte sur le mot auquel il est rattaché.
Comment peut-on marquer, dans la traduction, la différence entre « **Videsne Euclionem ?** » et « **Euclionemne vides ?** » ?

2 Phrases 1 à 4 : relevez les formes de l'adjectif démonstratif **hic, haec, hoc** (*ce, cette*). Pour chacune, précisez son cas et son genre. Que remarquez-vous au génitif ? Où avez-vous déjà rencontré cette terminaison ?

3 Phrases 4 à 6 : relevez les formes des pronoms personnels. Comment la traduction marque-t-elle la différence entre **ego possideo** et **possideo** ?
À quel cas est **nobis** (phrase 5) ?

4 Traduisez les phrases 7 et 8. À quels cas sont les adjectifs **unus, totus** et **nullus** ?

Vocabulaire à retenir

Noms

domus, us, *f.* : maison (*ablatif* : domo)
Euclio, onis, *m.* : Euclion
fabula, ae, *f.* : fable, pièce de théâtre
flos, oris, *m.* : fleur
Plautus (T. Maccius), i, *m.* : Plaute
senex, senis, *m.* : vieillard
verbum, i, *n.* : mot, parole
→ verba facere : parler
vicinus, i, *m.* : voisin
vinum, i, *n.* : vin

Verbes

habito, as, are : habiter
invideo, es, ere (+ *D*) : envier, être jaloux de
possideo, es, ere : posséder
gero, is, ere : porter
→ se gerere : se comporter

Adjectifs

nullus, a, um : aucun... ne, ne... aucun
totus, a, um : tout, tout entier
unus, a, um : un, un seul

Pronoms-adjectifs

hic, haec, hoc : ce, cette ; celui-ci, celle-ci, ceci

Mots invariables

ante (+ *Acc.*) : devant, avant
aut : ou
male (*adv.*) : mal
-ne : est-ce que... ?
quoque (*adv.*) : aussi

Grammaire

1 Les pronoms personnels

- En latin, la personne du verbe est clairement indiquée par la désinence personnelle. Lorsqu'on utilise les pronoms personnels de la 1re et de la 2e personne en fonction de sujet, c'est pour **insister sur la personne** :

  Laboro ; dormis. Je travaille ; tu dors.

  Ego laboro ; **tu** dormis. **Moi**, je travaille ; **toi**, tu dors.

- L'usage latin est de **tutoyer** son interlocuteur.

- **Le pronom réfléchi *se*** (sg. ou pl.) représente le sujet de la proposition dans laquelle il se trouve ; toujours complément, il n'a pas de nominatif.

  Vicini male **se** gerunt. Les voisins **se** comportent mal.

- Aux pronoms personnels ***ego*** et ***tu*** correspondent des **adjectifs possessifs** :

  ego, me → **meus, a, um** (mon, ma, mes) nos → **noster, tra, trum** (notre)

  tu, te → **tuus, a, um** (ton, ta, tes) vos → **vester, tra, trum** (votre)

- Au pronom ***se*** correspond l'adjectif possessif ***suus, a, um*** :

  se → **suus, a, um** (son, sa, ses, leur, leurs)

	1re personne		2e personne		3e personne
	singulier	pluriel	singulier	pluriel	sg/pl
N	**ego**	**nos**	**tu**	**vos**	
Acc.	**me**	**nos**	**te**	**vos**	**se**
G	**mei**	**nostrum**	**tui**	**vestrum**	**sui**
D	**mihi**	**nobis**	**tibi**	**vobis**	**sibi**
Abl.	**me**	**nobis**	**te**	**vobis**	**se**

2 Le pronom-adjectif démonstratif *hic, haec, hoc*

- Le pronom-adjectif ***hic, haec, hoc*** désigne ce qui est proche, dans le temps ou dans l'espace, de celui qui s'exprime : *ce, cette ; celui-ci, celle-ci, ceci.*

	Singulier			Pluriel		
	Masculin	Féminin	Neutre	Masculin	Féminin	Neutre
N	**hic**	**haec**	**hoc**	**hi**	**hae**	**haec**
Acc.	**hunc**	**hanc**	**hoc**	**hos**	**has**	**haec**
G	**hujus**	**hujus**	**hujus**	**horum**	**harum**	**horum**
D	**huic**	**huic**	**huic**	**his**	**his**	**his**
Abl.	**hoc**	**hac**	**hoc**	**his**	**his**	**his**

Retenez aussi

- Tous les pronoms-adjectifs présentent au **génitif singulier** et au **datif singulier** une terminaison caractéristique : Génitif : **-jus/-ius** et Datif : **-i**, pour les trois genres.
- Cette particularité se retrouve pour quatre adjectifs très courants :

– **nullus, a, um** (aucun… ne, ne… aucun) → Génitif : **nullius**. Datif : **nulli**.
– **unus, a, um** (un, un seul) → Génitif : **unius**. Datif : **uni**.
– **totus, a, um** (tout, tout entier) → Génitif : **totius**. Datif : **toti**.
– **solus, a, um** (seul) → Génitif : **solius**. Datif : **soli**.

Exercices

1 **Remplacez les points de suspension par l'adjectif démonstratif *hic, haec, hoc*, sans oublier de l'accorder avec le nom qui suit.**

1. Amici… epistulam legunt. – **2.** Omnes servi … domino parent. – **3.** Auditisne … senis verba ? – **4.** In… maximo templo sunt multae statuae. – **5.** Multi homines in… magnam urbem veniunt. – **6.** Cicero… villae dominus est. – **7.** In … praeclara villa Cicero habitat. – **8.** Puella Lari … vinum dat. – **9.** Videtisne … domum ? – **10.** Dux… militibus praeest.

2 **Sur le modèle suivant, attribuez à chacun ce qu'il possède.**

Exemple :
Ego/pulchra domus ➜ Mihi pulchra domus est.

1. Cicero/unus filius – **2.** Ego/jucunda villa – **3.** Senis filia/pulchrae rosae – **4.** Tu/magnum ingenium – **5.** Vos/multi libri – **6.** Nos/nulla domus – **7.** Dux/magnus exercitus – **8.** Minicia/unus medicus.

3 **Répondez en latin en reprenant les termes des questions, comme dans l'exemple (des éléments de réponse vous sont donnés entre parenthèses).**

Exemple : **Ciceronisne libros habetis ?** (*Oui, nous les lisons.*) ➜ **Ciceronis libros habemus, eosque legimus.**

1. Num tibi adsunt multi medici ? (*Non, parce que je ne suis pas malade.*) – **2.** Videsne hanc domum ? (*Oui, et elle est à moi.*) – **3.** Num Seneca vobis epistulam scribebat ? (*Non, parce qu'il était jaloux de nous.*) – **4.** Num amici tibi desunt ? (*Non, parce que moi aussi j'ai une belle villa.*) – **5.** Nostramne filiam amabas ? (*Non, mais la fille de Cicéron.*)

4 **Traduisez du français au latin ou du latin au français.**

1. Vobis servi parent quia domini estis. – **2.** Tu te comportes mal, consul ! Les citoyens ne t'aiment pas, mais ils t'obéissent. – **3.** Vos multos hospites in tota urbe habetis ; nos autem nullos amicos habemus. – **4.** M'entends-tu ? Que me donnes-tu ? – **5.** Cur nullam epistulam ad me scribebas ? Num mihi invidebas ? – **6.** Moi, je te donne un livre ; toi, tu ne me remercies jamais. – **7.** Unum librum habeo eumque tibi soli dare cupio. – **8.** La jeune fille à qui tu offrais des roses est malade. – **9.** Patrem nostrum adjuvare debemus : nam ei unus servus est, qui jam senex est. – **10.** Voyez-vous cette très grande mer ? Beaucoup de poissons l'habitent.

Deux clés.
Musée d'Ostie.

STOCK DE MOTS

Fausse alerte

Lors d'un incendie, les esclaves ont précipitamment jeté par les fenêtres des objets pris dans les différentes pièces de la maison.

OBJETS

aulula, ae, *f.* : petite marmite
mensa, ae, *f.* : table
pulvinus, i, *m.* : coussin
matella, ae, *f.* : pot de chambre
stragulum, i, *n.* : couverture.
lectus, i, *m.* : lit
liber, bri, *m.* : livre
culter, tri, *m.* : couteau
clavis, is, *f.* : clé

PIÈCES

atrium, ii, *n.* : atrium, salle d'entrée
cenaculum, i, *n.* : salle à manger
culina, ae, *f.* : cuisine
cubiculum, i, *n.* : chambre à coucher
ostiarii cella : loge du portier
bibliotheca, ae, *f.* : bibliothèque

L'incendie est éteint : replacez chaque objet dans la bonne pièce, en disant (en latin) où il se trouvait. Exemple : *Culter in culina erat.*

Attention ! Certains objets peuvent se trouver dans plusieurs pièces de la *domus* !

DU LATIN AU FRANÇAIS

Retrouvez des mots latins sous les mots en gras.

- L'aventure qu'il nous raconte n'est que pure **affabulation**. – Les héros de la mythologie vivent des aventures **fabuleuses**.
- De nos jours, trop de gens se retrouvent sans **domicile** fixe.
- L'accord que nous avons conclu était purement **verbal**.
- Nos membres **antérieurs** se terminent par des mains.

Recherchez des mots français dérivés des adjectifs latins *nullus, totus, solus* et *unus*.

CIVILISATION

Doc. 1 Joyeux anniversaire.

Voici les premiers vers d'un poème que Tibulle (Ier siècle avant J.-C.) adresse à son ami Cornutus pour fêter son anniversaire.

Formulons des paroles de bon augure : voici que Natalis[1] vient à l'autel ; vous tous qui êtes présents, hommes et femmes, tenez votre langue ! Qu'on brûle l'encens prescrit par les rites dans les flammes du foyer, qu'on brûle les parfums que la voluptueuse Arabie envoie de ses terres fertiles ! Que Genius en personne assiste au spectacle des honneurs qu'on va lui rendre : sa chevelure sacrée est ornée de souples guirlandes ; que le nard[2] pur tombe goutte à goutte de ses tempes ; qu'il se rassasie du gâteau consacré et se gorge de vin pur, et qu'il t'approuve de la tête, Cornutus, quoi que tu demandes. Eh bien, allons ! pourquoi tardes-tu ? Il te fait signe que oui : demande !

Tibulle, *Élégies*, 11, 2, v. 1-10.

1. Nom particulier que prend le *Genius* le jour anniversaire de la naissance (*natalis dies*).
2. Parfum extrait d'une plante exotique, très apprécié dans l'Antiquité.

Doc. 2 La déesse Vesta (assise) entourée de quatre vestales. Rome, musée de la Civilisation romaine.

Découverte

Doc. 1

1. Comment le *Genius* est-il supposé se rassasier de gâteau et de vin ?

Doc. 2

2. Décrivez l'habit des vestales.

3. Beaucoup de civilisations ont « divinisé » le foyer de la maison : quelle est la signification symbolique du foyer ?

Les divinités du foyer

Le paterfamilias *honore par des offrandes ou des sacrifices les divinités du culte domestique* (sacra privata) *: s'il n'a pas de fils, il adopte un garçon à qui il enseignera les prières et les pratiques de la religion familiale.*

Le grand Ancêtre et le bon Génie

● Pour un Romain, honorer ses parents et les ancêtres (***majores***) de sa *gens*, ainsi que les divinités qui protègent sa *domus*, est un devoir fondamental. Les plus anciennes familles de Rome se flattent d'avoir été fondées par un ancêtre prestigieux à qui elles rendent un culte personnel : la *gens Julia*, à laquelle appartient Jules César, prétend descendre du fils d'Énée, Ascagne-Iule, donc de Vénus elle-même… Ce fondateur de la *gens* est l'objet d'un culte.

● Chaque membre de la famille honore aussi son ***Genius*** (Génie), une sorte d'ange gardien qui l'assiste toute sa vie, puis disparaît avec lui. Sous le nom de *Natalis*, on le célèbre à chaque anniversaire ; il est représenté comme un jeune homme couronné de fleurs, ou par un serpent. Les femmes n'ont pas de *Genius*, mais des ***Junones***, de petites Junons personnelles à l'image de la grande Junon, déesse protectrice des matrones.

● De même, une maison, un quartier, une ville, mais aussi un camp militaire, une légion révèrent leur *Genius*. Le Génie du Peuple Romain, ***Genius Publicus Populi Romani***, représenté sur les monnaies comme un homme barbu, est célébré le 9 octobre au Capitole.

Doc. 3 Dieu Lare en bronze.
Art daco-romain, IIe-IIIe siècle après J.-C.
Bucarest, musée d'histoire.

Lares et Pénates

● Dans l'atrium de chaque maison, on trouve une sorte de chapelle, le ***lararium***, qui comporte un **autel** (***ara***) et un **foyer** (***focus***) où brûle en permanence le feu sacré ; une niche renferme des statuettes de cire à l'image des divinités familiales.

● Le ***Lar familiaris***, dieu de la maisonnée, protège le bonheur de toute la famille. Il est souvent représenté comme un joyeux jeune homme dansant et versant du vin, ou les mains pleines de fruits ; on lui offre des gâteaux de farine et de miel, du lait, du vin, des fleurs.

● Les ***Penates*** (ce mot vient de *penus* : le garde-manger) sont deux divinités chargées de veiller à la subsistance de toute la famille : on leur réserve une part de chaque repas pour la jeter dans les flammes du foyer. Ce sont leurs statuettes qu'Énée a emportées lorsqu'il a fui Troie pour aller les installer dans une nouvelle patrie. Ces divinités sont soumises à l'autorité de *Vesta*, déesse protectrice du foyer.

À VOUS DE JOUER !

1. Quel rôle joue le *paterfamilias* au sein de la maison ?
2. Que signifie l'expression « regagner ses pénates » ?
3. Quels gestes symboliques accomplissons-nous lors d'un anniversaire ?
4. Quels rapports nos religions ont-elles conservés entre « fêtes de famille » et « fêtes religieuses » ?

CIVILISATION

Doc. 1 Un rite nocturne.

Les Romains redoutent que des revenants (les Lemures*) puissent venir hanter leurs maisons. Le* paterfamilias *accomplit, les nuits des 9, 11 et 13 mai, une étrange cérémonie pour garantir la tranquillité des siens.*

C'était au mois de mai (*Maius*), qui doit son nom aux ancêtres (*majores*). (...) Vers le milieu de la nuit, quand elle offre au sommeil le silence, et que vous, les chiens et les oiseaux de toutes espèces, vous vous êtes tus, le maître de maison, qui se souvient du rite antique et éprouve de la crainte pour les dieux, se lève ; aucune chaussure n'entrave ses pieds, et, joignant les doigts, en frottant le pouce contre le médius, il fait entendre un signal, pour empêcher qu'une ombre légère ne vienne au-devant de lui dans sa marche silencieuse ; il lave trois fois ses mains, pour les purifier, dans l'eau d'une fontaine, puis se tourne et prend dans la bouche des fèves noires, et les jette par derrière lui, et dit tout en les jetant : « Je jette ces fèves et avec elles je me rachète moi et les miens ! » Il dit cela neuf fois sans regarder derrière lui : l'ombre est supposée les ramasser, et le suivre sans être aperçue. Puis il plonge à nouveau ses mains dans l'eau, il fait retentir des objets en bronze, et demande aux ombres de sortir de sa maison. Quand il a dit neuf fois : « Sortez, Mânes des Ancêtres ! », il regarde derrière lui, et pense que tous les actes sacrés ont été accomplis conformément au rite.

Ovide, *Fastes*, V, v. 427-445.

Doc. 2 Stèle funéraire. Mérida, musée archéologique.

Découverte

Doc. 1

1. Que justifie le rapport établi entre le nom du mois de mai (*Maius*) et les *majores* ?
2. Imitez les gestes successifs du *paterfamilias* et essayez de les interpréter. Dans quelle atmosphère se déroule la cérémonie ?
3. Quels chiffres sont cités dans ce rituel ? Connaissez-vous un autre chiffre « magique » ?

Doc. 2

4. Cette stèle est dédiée à l'épouse du donateur : retrouvez les mots « uxori carissim(a)e » qui la désignent. Quel métier exerçaient Monsieur et Madame Amaranis ?

Le culte des morts

Les Romains accordent de grands honneurs aux morts, dont ils redoutent la mystérieuse puissance…

Doc. 3 Cortège funèbre de femmes. Fresque du Ve siècle avant J.-C. Naples, musée archéologique.

Jour de deuil

- Dans les grandes familles, les funérailles (***funus***) sont très spectaculaires. Le défunt est exposé pendant sept jours, puis, gisant sur son lit funèbre, sur lequel un mannequin le représente, il est conduit en **cortège** hors de la ville jusqu'à un bûcher (*rogus*), où il est incinéré. Pleureuses, musiciens, mimes et chanteurs précèdent le corps et la famille, en vêtements de deuil, cheveux défaits et couverts de cendres pour les femmes.
- Les familles de la plus ancienne noblesse (les patriciens) ont le privilège d'accompagner le défunt en exhibant les **portraits en cire** (***imagines***) de ses ancêtres. Après neuf jours de deuil, on purifie la maison, on sacrifie une truie et on célèbre un **banquet funèbre**.

Grands et petits tombeaux

- Les cendres du défunt, recueillies dans une **urne**, sont déposée dans le tombeau familial, avec un doigt du cadavre (*os resectum*) prélevé avant l'**incinération**. Chez les humbles, la cérémonie est beaucoup plus simple, et l'**inhumation**, pratique plus ancienne, est généralement préférée à l'incinération. Les restes sont ensevelis sous une simple stèle, dans un cimetière ou au bord d'une route, à l'extérieur de la ville.
- Les familles riches font élever des **tombeaux monumentaux**, ornés de statues et de **bas-reliefs**, en recourant à des « entrepreneurs de pompes funèbres » (*libitinarii*). Certains ne sont que des cénotaphes, c'est-à-dire des tombeaux vides, destinés à commémorer le souvenir du disparu. On appelle **mausolées** certains tombeaux gigantesques, tel celui d'Auguste, sur le Champ de Mars.

Le culte des morts

- En vieux latin, *manus* ou *manis* signifiait « bon » : ainsi nommés par superstition, les **Mânes** (*d(e)i Manes*), âmes des morts divinisées, sont très redoutés et très exigeants. À l'origine, les jeux de l'amphithéâtre, où se battaient à mort des prisonniers de guerre, devaient les apaiser par un sanglant sacrifice humain. C'est à eux que sont dédiées les tombes, comme l'indiquent, dans les inscriptions, les initiales DM (*D(e)is Manibus*), parfois suivies de S (*Sanctis*).
- Lors des *Parentalia*, du 13 au 21 février, toute la cité honore ses « parents » en organisant près des tombeaux des banquets funèbres ; en quelque sorte, le défunt partage ce repas.
- Dans le culte domestique, les ***Lemuria***, les 9, 11 et 13 mai, permettent au *paterfamilas* d'empêcher les esprits des morts de la famille, les Lémures, de se transformer en redoutables « revenants ». Pires encore, les ***Larvae*** (les Larves), âmes des criminels ou de leurs victimes, condamnées à errer sans sépulture, tourmentent les vivants qui ont mauvaise conscience sous la forme de spectres terrifiants…

À VOUS DE JOUER !

1. Cherchez l'origine du mot « mausolée ».
2. Que signifient, en zoologie, les mots « larve » et « lémuriens » ? Quel est le rapport avec les mots latins dont ils sont issus ?

CHAPITRE

10

Les dieux de Rome

Janus, dieu aux deux visages.
Terre cuite, Ier siècle apr. J.-C. *Rome, villa Giulia.*

Lecture

REPÈRES

dico, is, ere: dire
alternus, a, um: réciproque
deus, i, *m.*: dieu
incumbo, is, ere (+ *D*): s'appuyer sur
baculus, i, *m.*: bâton
dextra (manu) : de la main droite
omen, inis, *n.*: présage
principium, ii, *n.*: commencement
insum, es, esse (+ *Abl.*): être dans
soleo, es, ere: avoir l'habitude de
auris, is, *f.*: oreille
pateo, es, ere: être ouvert
deum = deorum
caducus, a, um: vain
concipio, is, ere: formuler
nec... ullus = et... nullus
dicta < dicere: les choses dites
pondus, eris, *n.*: poids

Meilleurs vœux

C'est aux Romains que nous devons la coutume d'échanger des vœux (**preces, um,** *f. pl.*) *le 1er janvier, mois consacré au dieu Janus* (Janus, i). *Le poète Ovide (43 avant J.-C.-18 après J.-C.) interroge le dieu en personne.*

« At cur laeta tuis dicuntur verba Kalendis
et damus alternas accipimusque preces ? »
Tum deus, incumbens baculo quem dextra gerebat :
« Omina principiis, inquit, inesse solent ! (...)
Templa patent auresque deum, nec lingua caducas
concipit ulla preces, dictaque pondus habent ! »

Ovide, *Fastes*, I, v. 175-182 (texte original).

TRADUCTION

« Mais pourquoi dit-on, le jour de tes Calendes, des paroles de bon augure, et pourquoi offrons-nous et recevons-nous réciproquement des bons vœux ? » Alors le dieu, s'appuyant sur le bâton qu'il portait dans sa main droite, dit : « Il y a des présages dans les commencements ! (...)Les temples des dieux, ainsi que leurs oreilles, sont grand ouverts, et (votre) langue ne formule pas de vaines prières, et les paroles dites pèsent tout leur poids ! »

Observation

1 Dans les vers latins, le déterminant est souvent séparé du nom par un ou plusieurs mots. Dans le texte, réunissez les groupes nominaux ainsi « éclatés ». Quels indices vous permettent de voir les mots qui « vont ensemble » ?

2 Dans le premier vers, la forme **dicuntur** se traduit littéralement par « (des paroles) sont dites ». Analysez, en français, cette forme du verbe *dire*. Comparez, en latin, la désinence active et la désinence passive du verbe à cette personne.

Étude

1. Ovidii poetae carmina de cultu deorum legimus.
Nous lisons des poèmes du poète Ovide sur le culte des dieux.

2. Ovidii carmina etiamnunc leguntur.
Les poèmes d'Ovide sont lus encore de nos jours.

3. Janum primo Januarii mensis die Romani colunt.
Le premier jour du mois de Janvier, les Romains honorent Janus.

4. Cum annus incipit, hic deus a Romanis colitur.
Quand l'année commence, ce dieu est honoré par les Romains.

5. Ex primis Romae temporibus, eo die dona dantur et accipiuntur.
Depuis les premiers temps de Rome, ce jour-là on offre et on reçoit des cadeaux.

6. Non unum deum neque duas vel tres deas, sed multos deos colebant Romani.
Les Romains n'honoraient pas un seul dieu, ni deux ou trois déesses, mais beaucoup de dieux.

7. Janus « bifrons » dicitur, quia rerum principium et finem simul spectat.

8. Duas res simul facere difficile est.

Questions

1 Dans les phrases 1 à 5, repérez les formes passives des verbes **legere** et **colere**. Quelles sont les désinences de la 3e personne (sg. et pl.) au passif ?

2 Comment appelle-t-on, en français, le complément désignant la personne qui accomplit l'action exprimée par un verbe au passif ? Trouvez-en un exemple dans les phrases. Comment ce complément se présente-t-il en latin ?

3 Traduisez la phrase 7, sachant que, lorsqu'un verbe latin au passif n'est pas accompagné d'un complément d'agent, on le traduit souvent par l'impersonnel *on* + verbe à l'actif :
Fabula narratur. → On raconte une légende.

4 Quelles remarques faites-vous sur les mots latins signifiant *un*, *deux* et *trois* ?

Vocabulaire à retenir

Noms

annus, i, *m.* : année, an
carmen, inis, *n* : poème
cultus, us, *m.* : culte
deus, i, *m.* : dieu
donum, i, *n.* : cadeau, don, offrande
finis, is, *m.* : fin, but
mensis, is, *m.* : mois
poeta, ae, *m.* : poète
principium, ii, *n.* : commencement
tempus, oris, *n.* : temps, époque

Adjectifs

bifrons, ontis : qui a deux faces
duo, ae, o : deux
Januarius, a, um : de janvier
primus, a, um : premier
tres, tria : trois

Verbes

accipio, is, ere : recevoir
colo, is, ere : honorer (par un culte)
incipio, is, ere : commencer
specto, as, are : regarder

Mots invariables

de + *Abl. (prép.)* : à propos de, sur
etiamnunc : encore maintenant, de nos jours
simul : en même temps
vel : ou

Grammaire

1 Reconnaître le passif (3e personne)

- Aux temps formés sur le radical du présent (présent, imparfait) :
– à la **3e personne du singulier**, la désinence du passif est **-tur** :

ama-t	ama-**tur**	ama-ba-**tur**
il (elle) aime	il (elle) est aimé(e)	il (elle) était aimé(e)

– à la **3e personne du pluriel**, la désinence est **-ntur** :

ama-nt	ama-**ntur**	ama-ba-**ntur**
ils (elles) aiment	ils (elles) sont aimé(e)s	ils (elles) étaient aimé(e)s

2 Le complément d'agent

- **Le complément d'agent** (complément du verbe passif désignant la personne qui accomplit l'action) est exprimé en latin par le groupe prépositionnel ***a/ab*** **+ ablatif**.

Multi dei **a Romanis** colebantur.
Beaucoup de dieux étaient honorés **par les Romains**.

- Un verbe latin au passif non accompagné d'un complément d'agent peut être traduit par *on* + verbe actif :

Ovidii carmina **leguntur**.
Les vers d'Ovide **sont lus./On lit** les vers d'Ovide.

3 Les compléments de temps

- Rappel : Le complément de temps indiquant **la date** (*quand ?*) est à l'**ablatif** :

Romuli **tempore**.
À l'époque de Romulus.

- Les compléments de temps sont également exprimés par des **groupes prépositionnels** :

ex eo die	**ante** hunc annum	**per** longum tempus
depuis ce jour	**après** cette année	**pendant** un long moment

4 Compter en latin

Retenez aussi
De quatre à dix, les adjectifs numéraux sont invariables :
quattuor : quatre
quinque : cinq
sex : six
septem : sept
octo : huit
novem : neuf
decem : dix

- Les adjectifs numéraux signifiant un (**unus, a, um**), deux (**duo, duae, duo**), trois (**tres, tria**) se déclinent :

	unus, a, um			duo, ae, o			tres, tria		
Cas	M	F	N	M	F	N	M	F	N
N	unus	una	unum	duo	duae	duo	tres	tres	tria
Acc.	unum	unam	unum	duos	duas	duo	tres	tres	tria
G	unius	unius	unius	duorum	duarum	duorum	trium	trium	trium
D	uni	uni	uni	duobus	duabus	duobus	tribus	tribus	tribus
Abl.	uno	una	uno	duobus	duabus	duobus	tribus	tribus	tribus

Exercices

1 **Distinguez les formes actives et passives, puis traduisez toutes les formes.**

colit/colitur – dicuntur/dicunt – vocat/vocatur – adjuvant/adjuvantur – debet/debetur – possidetur/possidet – spectant/spectantur – salutantur/salutant – capiunt/capiuntur – auditur/audit.

2 **D'après le modèle suivant, mettez les phrases actives au passif, puis traduisez.**

EXEMPLE :
Romani Janum colunt. ➜ Janus a Romanis colitur.

1. Mater filios amat. – **2.** Dux multos milites ducebat. – **3.** Hostes duos exercitus habent. – **4.** Dominus servos spectat. – **5.** Seneca ad Lucilium tres epistulas scribit. – **6.** Pater filiis fabulam legit. – **7.** Cicero amicos saepe invitat atque accipit. – **8.** Lar unam domum possidet.

3 **D'après le modèle suivant, mettez les phrases passives à l'actif, puis traduisez.**

EXEMPLE :
Janus a Romanis colitur. ➜ Romani Janum colunt.

1. Urbs ab hostibus deletur. – **2.** Tres milites ab eo duce puniuntur. – **3.** Jucundae urbes a multis hominibus incoluntur. – **4.** Lar familiaris a tribus familiae puellis salutatur. – **5.** Hodie Cicero cum uxore a duobus amicis invitatur. – **6.** A patre hae duae villae mihi dantur.

4 **Traduisez les phrases latines qui sont au passif sans complément d'agent par des phrases françaises comportant le pronom indéfini *on*.**

1. Haec tria templa in foro Romano videntur. – **2.** Nomen patris filiis datur. – **3.** In hac urbe leges servantur. – **4.** Num Ovidii duo libri etiamnunc leguntur ? – **5.** Deis multa dona dantur.

5 **Traduisez du latin au français ou du français au latin.**

1. Senecae tempore, multa auctorum genera erant. – **2.** Le premier mois de cette année, on honore Janus. – **3.** Unius auctoris libros legit Lucilius. – **4.** Depuis ce jour, j'habite une grande ville. – **5.** Cincinnatus aratrum duabus manibus ducit. – **6.** Quand mes quatre amis viennent, je les invite.

STOCK DE MOTS

Sacrifice, mode d'emploi

Le culte des dieux exige des cérémonies dont le rituel est extrêmement précis : une seule erreur dans le choix des victimes, les gestes du prêtre ou les paroles des prières, et il faut tout recommencer !
Voici quelques mots « techniques » qui interviennent dans ce rituel :

ara, ae, *f.* : autel
donum, i, *n.* : offrande
oro, as, are : prier
immolo, as, are : immoler, sacrifier
ovis, is, *f.* : mouton, brebis
preces, um, *f. pl.* : prières.
fanum, i, *n.* : sanctuaire
hostia, ae, *f.* : victime
sacerdos, otis, *m.* : prêtre
sus, suis, *m./f.* : porc, truie
taurus, i, *m.* : taureau

Reconstituez, en plaçant les mots au bon endroit, un sacrifice du culte Romain.

Hostia ante... a sacerdote ducitur ; haec ara in... est. Hostia..., vel... esse potest : cum hae tres hostiae simul..., « suovetaurile » sacerdos facit. Multa... deo vel deae dat sacerdos. Deinde (*ensuite*) verbis conceptis (« *par les mots consacrés, selon la formule rituelle* ») dicit et deos... Deinde... immolatur.

DU LATIN AU FRANÇAIS

Choisissez la réponse qui convient.

- Un journal **bimensuel** paraît :
A. deux fois par mois.
B. une fois tous les deux mois.
- Une manifestation **triennale** a lieu :
A. trois fois par an.
B. une fois tous les trois ans.
- Cherchez des mots français qui contiennent les adjectifs numéraux latins **quinque, sex, septem, octo**.

Les noms de nos quatre derniers mois de l'année viennent d'un ancien calendrier romain. En étudiant ces noms, pouvez-vous dire à quelle date, alors, commençait l'année ?

CIVILISATION

Doc. 1 Les principaux dieux.

Chez les Romains	Chez les Grecs	Domaines et pouvoirs
Jupiter (ou Juppiter), Jovis	Zeus	maître de l'univers, de la foudre, père des dieux
Juno, onis	Héra	épouse de Jupiter, mariage
Minerva, ae	Athéna	science et intelligence
Venus, Veneris	Aphrodite	amour et beauté
Mars, Martis	Arès	guerre
Neptunus, i	Poséidon	mer
Pluto, onis	Hadès	Enfers
Ceres, Cereris	Déméter	terre et moissons
Apollo, Apollinis	Phoebus	soleil et arts : maître des Muses
Diana, ae	Phoébé, Artémis	lune et chasse
Vulcanus, i	Héphaïstos	feu (volcans) et forge
Mercurius, ii	Hermès	messager des dieux, commerce et voyages
Saturnus, i	Cronos	père de Jupiter, dieu du temps

Doc. 2. Mercure. Statuette en bronze de l'époque gallo-romaine. Saint-Germain-en-Laye, musée des Antiquités nationales.

Doc. 3 Janus *bifrons*.

Janus ne répugne pas à accorder une véritable « interview » au poète Ovide. Il le reçoit, paré de tous ses attributs…

Tandis que, mes tablettes à la main, je réfléchissais à ces questions, ma maison m'apparut plus brillante que jamais. Alors le vénérable Janus, si étonnant avec sa double figure, s'offrit soudain à mes yeux. Épouvanté, je sentis mes cheveux se hérisser de peur et mon cœur se glacer d'un froid subit. Lui, tenant un bâton de la main droite et une clé de la gauche, prononça ces paroles avec la bouche qui me faisait face : « N'aie pas peur, poète. (…) Je garde les portes du Ciel : pour sortir et pour rentrer, Jupiter lui-même a besoin de mes services. Apprends maintenant la raison de mon apparence, bien que tu la connaisses déjà en partie. Toute porte (*janua*) possède deux faces : l'une regarde les gens vers l'extérieur, l'autre le Lare de la maison vers l'intérieur. Et de même que votre portier (*janitor*), assis près du seuil de la maison, voit les entrées et les sorties, de même moi, portier du palais céleste, j'examine en même temps l'Orient et l'Occident. Pour ne pas perdre de temps à tourner la tête, je peux tout suivre des yeux sans bouger le corps. »

Ovide, *Fastes*, I, v. 93 sqq.

Découverte

Doc. 1

1. À l'aide d'un dictionnaire, retrouvez quels mots français dérivent des noms de dieux suivants : Cérès, Mars, Vulcanus.

Doc. 2

2. D'après cette représentation, quels sont les attributs de Mercure ?
3. L'objet qu'il tient s'appelle un caducée : décrivez-le. Quelle profession l'utilise encore de nos jours comme emblème ?

Doc. 3

4. À quels signes le poète reconnaît-il une apparition divine et identifie-t-il le dieu Janus ?
5. Expliquez la dernière phrase du texte.

Grands dieux

*« À Rome, il y a plus de dieux que d'hommes » : cette boutade révèle bien le goût des Romains pour un panthéon – le terme venu du grec désigne l'ensemble de tous (*pan-*) les dieux (*theon*) honorés par un même peuple – rempli de divinités aussi nombreuses que variées.*

Doc. 4 Junon. Ier siècle après J.-C. Londres, British Museum.

Le portier du monde

- Le **culte de Janus** prend racine dans la culture des anciens peuples d'Italie. Dieu des commencements (*principia*) et des passages (*transitus*) doté d'une **double face** (*bifrons*), il protège les entrées et les sorties : il garde le seuil de chaque *domus* et surveille les portes des villes signalées par de grands arcs de pierre.
- Ses deux attributs sont la clé et le bâton qui permet au portier de chasser les visiteurs indésirables. Dieu du matin et du premier jour de chaque mois, il est surtout celui qui **ouvre la porte de l'année**.

Les *numina*

- De leur culture rustique, les Romains ont gardé le sentiment que des « **forces divines** » (*numina* < *numen, inis*) président aux travaux des champs et même à **toute activité humaine**. C'est ainsi que la déesse Palès protège les troupeaux, le dieu Terminus, les bornes et limites, et Vesta, le foyer.
- Chaque ***numen*** a sa « **compétence** », souvent très spécialisée ! Supposons, par exemple, que vous soyez un nouveau-né : Sentinus vous a donné la pensée, Cuba protège votre berceau, tandis que Rumina surveille votre allaitement. Plus tard, ce sont Potina et Educa qui bénissent vos boissons et votre alimentation. Vous grandissez : Stimula vous stimule ; vous êtes fatigué ? malade ? Appelez donc Fessona (*fessus* : fatigué) ! Strenia (*strenuus* : en pleine forme) vous rendra la santé.
- Des **notions morales ou politiques** importantes, comme la bonne foi (***fides***), la victoire (***victoria***), la concorde (***concordia***) et même l'espérance (*spes*) sont divinisées et honorées, dans leurs temples, par des cérémonies d'État.

Une religion « ouverte »

- Tolérants et superstitieux, les Romains pensent que plus on a de dieux, mieux on se porte : ils s'approprient **ceux des peuples vaincus**, en les assimilant à leurs propres dieux, et les immigrants apportent avec eux leur religion. C'est ainsi que l'inflation du panthéon romain se fait au rythme des conquêtes : d'abord, les dieux des autres peuples d'Italie, puis les **dieux grecs**, sous l'influence des Étrusques, à partir du VIe siècle avant J.-C. Même les religions orientales donnent lieu à des cultes (par exemple, Isis et Osiris, venus d'Égypte), autorisés s'ils ne causent aucun désordre !

L'influence grecque

- Pour les Grecs, les « grands dieux » forment **une famille**, avec **à sa tête Zeus**, qui habite dans le ciel ou sur les hauteurs d'une montagne, l'Olympe. Ces dieux, tous parents entre eux, ont des sentiments et des comportements humains, et on leur prête forme humaine. En adoptant ce panthéon grec, les Romains établissent des « équivalences » entre leurs dieux nationaux et les « Olympiens ».
- **Jupiter**, identifié à Zeus, est le dieu de l'État romain par excellence car il est *Optimus* (le meilleur) et *Maximus* (le plus grand). Honoré dans le grand temple du Capitole, Jupiter, son épouse Junon et sa fille Minerve forment la **triade capitoline** qui veille sur le destin de l'*Urbs*.

À VOUS DE JOUER !

1. Cherchez dans un dictionnaire le sens des mots « polythéisme » et « anthropomorphisme ».
2. Le 1er janvier, on honorait Janus en échangeant vœux et menus cadeaux, les *strenae*, en guise d'heureux présages (*omina*). Nous avons conservé cette coutume païenne : sous quel nom, dérivé du latin ?
3. Quels sont les dieux et déesses qui ont donné leurs noms à un mois ?
4. Junon est ici coiffée comme une matrone romaine : pourquoi ?

CIVILISATION

Doc. 1 Un nouveau temple pour Jupiter.

Portant au faîte de son fronton un quadrige de terre cuite peinte, le temple de Jupiter Capitolin, inauguré à Rome en 509 avant J.-C., était de style étrusque. Incendié en 83 avant J.-C., puis en 69 après J.-C, il fut reconstruit au même endroit, selon le même plan. Voici la pose de la première pierre de cette dernière reconstruction.

Le onzième jour avant les calendes de juin (le 22 mai 70), sous un ciel serein, tout l'espace attribué au temple fut ceint de bandelettes et de couronnes; on y fit pénétrer des soldats dont les noms étaient d'heureux présage et qui portaient des rameaux de feuilles de bon augure. Puis les vierges Vestales, accompagnées de garçons et de filles ayant père et mère vivants, firent une purification avec de l'eau puisée à des sources et des rivières. Ensuite, précédé du pontife Plautius Elianus qui dictait la formule, le préteur Helvidius Priscus fit circuler des *suovetauriles* (= un porc, une brebis, un taureau) autour de l'aire; et après avoir offert leurs entrailles sur des mottes de gazon, il pria Jupiter, Junon et Minerve, et les divinités tutélaires de l'Empire, de seconder l'entreprise et, par leur divine assistance, de faire s'élever leur demeure dont la piété des hommes posait le commencement. Puis il toucha les bandelettes attachées à la première pierre et entrelacées avec les cordes. En même temps tous les autres magistrats, les prêtres, le sénat, l'ordre équestre et une grande partie du peuple, unissant leurs efforts et leur allégresse, traînèrent à sa place l'énorme pierre. On jeta çà et là dans les fondations des monnaies d'argent et d'or, ainsi que des métaux vierges que nulle fournaise n'avait encore domptés, mais tels que la nature les produit. [...] La hauteur du temple fut augmentée: c'est le seul changement que la religion autorisa, la seule magnificence qui paraissait avoir manqué à l'ancien temple.

Tacite, *Histoires*, 4, 53.

Doc. 2 La Maison Carrée de Nîmes, construite au Ier siècle avant J.-C.

Découverte

Doc. 1 **1.** Quelles sont les diverses étapes de cette cérémonie de consécration ? Quels gestes retrouve-t-on aujourd'hui dans la pose d'une « première pierre » ?
2. Pour quelle raison religieuse seule la hauteur du temple peut-elle être modifiée ?

Doc. 2 **3.** Décrivez cet édifice. Quelle est sa fonction ?

Temples et sanctuaires

Au cœur de toute cité romaine, les temples, qui comptent parmi les plus beaux monuments de la ville, sont un territoire consacré aux dieux.

L'espace divin

● Est un ***templum*** tout espace qui, dans le ciel, a été rituellement délimité par un prêtre (l'augure), puis l'espace terrestre situé sous cet espace céleste, si les augures ont constaté l'approbation des dieux en observant le vol des oiseaux. Ainsi « inauguré », cet emplacement peut accueillir des **activités publiques** comme les assemblées du peuple ou du sénat, et on peut y bâtir un « **temple** », construit en général selon un plan rectangulaire.

● Quelques lieux de culte non « inaugurés » et simplement consacrés par les prêtres sont désignés par le terme ***aedes***, qui signifie simplement que ce bâtiment est la « résidence » d'une divinité ; ils peuvent avoir un plan circulaire, comme celui de Vesta (*aedes Vestae*) ou d'Hercule Vainqueur.

Area sacra

● Tout lieu de culte comporte au moins un **autel** (*ara*), situé dans l'axe du temple, où sont offerts en plein air les **sacrifices** à la divinité. L'architecture d'un temple romain est inspirée des modèles grecs et étrusques. L'édifice repose sur un soubassement assez haut (*podium*) pourvu de marches sur la façade principale. Derrière une colonnade, des murs délimitent une **pièce close** (*cella*) à laquelle on accède par une porte à double battant. Au fond de la *cella* se trouve la statue de la divinité ; seuls les prêtres et leurs aides peuvent entrer dans ces lieux où sont parfois entreposés objets rituels et objets d'art.

● Une « aire sacrée » (***area sacra***) rassemble généralement plusieurs temples : on y trouve des stèles, des autels, des statues, mais aussi des galeries couvertes, les portiques, qui peuvent protéger des intempéries ou abriter les banquets sacrés. Ces sanctuaires comportent des cuisines, des points d'eau pour les ablutions ou l'hygiène (puits, et parfois latrines ou thermes).

La cité des dieux

● À son apogée, Rome compta plusieurs centaines de temples ! Situé sur la **colline du Capitole** qui domine le Forum, le temple de Jupiter Capitolin comportait trois *cellae* contiguës, au centre celle de Jupiter, à droite celle de Junon, à gauche celle de Minerve.

● Sur le *Forum*, au fil des siècles, les temples se sont multipliés : on peut encore admirer les colonnes des temples de Vesta, de Saturne, de Castor et Pollux…

Doc. 3 Temple d'Hercule Vainqueur. Forum Boarium, Rome.

● À l'extérieur du *pomerium*, ancienne enceinte marquant la limite entre l'espace civil et l'espace militaire de l'*Urbs*, se situent les temples des divinités de la guerre (Mars), de la mort (Vulcain) ou d'origine étrangère (Apollon, Esculape, Diane, Hercule…).

● Sur tout le territoire romain on trouve aussi des **lieux sacrés** « choisis » par les dieux : des bois sacrés (*lucus, i*), des grottes, des étangs, des sources. Ces lieux suscitaient une crainte qui écartait toute visite hors des moments d'entretien ou de célébration.

À VOUS DE JOUER !

1. Pour désigner un espace ou un édifice sacré, les Romains utilisaient aussi le terme de *fanum, i,* « temple, sanctuaire ». Ce qui se trouvait « devant », à l'extérieur, restait accessible à tout le monde. Quel adjectif, en français, est le contraire de « sacré » ?

2. Isis, la déesse égyptienne, a un temple à Rome. Est-il situé à l'intérieur ou à l'extérieur du *pomerium* ? Pourquoi ?

CIVILISATION

Doc. 1 ***L'Enlèvement d'Europe.*** **Fresque de Pompéi. Naples, musée archéologique national.**

Doc. 2 ***Rapt d'Europe.*** **Tableau de Martin de Vos (1532-1603). Bilbao, musée des Beaux-Arts.**

Doc. 3 La punition d'un insolent.

Désespérée d'avoir perdu sa fille, la déesse Déméter erre dans la campagne; épuisée de fatigue, elle frappe à la porte d'une humble chaumière pour demander à boire. Une vieille femme lui offre alors une sorte de bouillie faite de vin et de miel saupoudrée de farine d'orge grillé (la polenta*).*

Pendant que la déesse est en train de boire, un enfant à l'air dur et effronté s'est planté devant elle: il éclate de rire et la traite de vorace. Très vexée, elle lui jette aussitôt le reste de la mixture qu'elle n'avait pas encore fini de boire: il en est tout arrosé. Son visage s'imbibe de taches **comme des étoiles**, ce qui était des bras devient des pattes, une queue s'ajoute à ses membres qui ont changé de forme. Pour qu'il ne puisse pas faire de mal, il rétrécit à la taille d'un modèle réduit de petit lézard. Frappée d'étonnement, la vieille femme se met à pleurer et essaie de toucher la créature extraordinaire, mais celle-ci s'enfuit pour se cacher. Elle tire son nom de son aspect et de sa couleur: son corps est **constellé** des gouttes dont il a été aspergé.

Ovide, *Métamorphoses*, V, v. 451-461.

Voilà comment un méchant garçon fut métamorphosé en stellion *(< stella, ae, f. : étoile), lézard très répandu autour de la Méditerranée.*

Découverte

Doc. 1 Doc. 2 **1.** Les *Métamorphoses* d'Ovide ont inspiré les peintres de toutes les époques. Comparez ces deux représentations de la légende d'Europe. Quels éléments, dans la seconde, rappellent qu'il s'agit d'une légende antique ?

2. Où est Jupiter dans ces deux tableaux ?

Doc. 3 **3.** Montrez que cette métamorphose repose sur un jeu de mots.

Les métamorphoses

*On appelle métamorphose (mot d'origine grecque) ou transformation (d'origine latine) le passage (*méta, trans*) d'une forme physique (*morphè, forma*) à une autre. C'est un phénomène que l'on peut observer dans la nature : le têtard se transforme en grenouille, la larve en papillon. Le poète Ovide (voir doc. 3) a puisé dans la mythologie le sujet de ses* Métamorphoses.

Des dieux changeants

- Dans les légendes gréco-romaines, seuls les **dieux** ont le **pouvoir de se métamorphoser**, ce qu'ils font souvent pour intervenir dans la vie des hommes : ainsi Athéna/Minerve devient vieillard ou roi pour guider Télémaque, le fils d'Ulysse ; ainsi le dieu marin Protée, surnommé le « vieillard de la mer », se transforme tour à tour en lion, serpent, panthère, sanglier, eau ou arbre pour tromper les visiteurs indiscrets !
- Mais le champion de la métamorphose demeure le roi des dieux « en personne », **Zeus/Jupiter** ; au gré de ses conquêtes amoureuses, il varie « à plaisir » son apparence : il devient taureau pour séduire Europe, cygne pour Léda, pluie d'or pour Danaé, et revêt même, pour abuser de la fidèle Alcmène, l'aspect de son mari Amphitryon…

Récompenses et châtiments

- La **métamorphose d'un humain**, impossible dans la réalité, est toujours due à un pouvoir surnaturel, qu'il s'agisse de magie, de sorcellerie ou d'une volonté divine. Elle est subie, parfois comme une récompense, le plus souvent comme un châtiment imposé par une divinité jalouse ou irritée, comme l'illustre histoire du petit lézard étoilé (document 3 p. 104).
- Car **il en coûte toujours aux hommes** de mécontenter les dieux ! Les exemples de métamorphoses de ce type abondent dans la mythologie. Ainsi Minerve, pour punir **Arachné** qui l'a défiée dans l'art de la tapisserie, la transforme **en araignée** (de la classe des « arachnides ») pour qu'elle tisse éternellement sa toile ; Diane, la farouche déesse de la chasse, métamorphose en cerf **Actéon**, qui l'a surprise en train de se baigner dans une source : l'imprudent chasseur sera dévoré par ses propres chiens. Nombreux sont les pauvres humains définitivement changés en rochers, arbres ou animaux au gré de la fantaisie ou de la colère d'une puissance divine, comme le font d'habiles magiciens, de gentilles fées ou de méchantes sorcières.

Doc. 4 Léda et le cygne. Fresque de Stabies. Naples, musée archéologique national.

À VOUS DE JOUER !

1. Faites une fiche sur les mythes d'Europe et de Léda.
2. Cherchez des exemples de métamorphoses (légendes, contes, récits merveilleux, bandes dessinées, films, etc.).
3. Que signifie l'adjectif « protéiforme » ?

Migrations

L'expansion mondiale de la culture européenne a fait que les langues issues du latin sont présentes sur les cinq continents… tant et si bien que connaître le latin facilite considérablement l'apprentissage de ces langues.

Chers cousins...

● Les langues romanes sont celles dont la parenté « latine » est la plus évidente : en voici quelques exemples.

Latin	duos	mercuridie(m)	paupere(m)	ego	patre(m)
Français	deux	mercredi	pauvre	je	père
Italien	due	mercoledi	povero	io	padre
Espagnol	dos	miercoles	pobre	yo	padre
Portugais	dois		pobre	eu	padre
Roumain	doi	miercuri		eu	
Provençal	dous	dimècre	povre	iéu	païre

Exercice

En reprenant ce tableau, et avec l'aide d'un dictionnaire, montrez la parenté, dans les sept langues, des mots issus du latin *tres* (trois), *nos* (nous), *matre(m)* (mère).

... du bout du monde !

● Certaines langues romanes sont restées des dialectes (comme le provençal et les autres parlers occitans), ou se sont développés dans une seule zone géographique (comme le roumain). En revanche, la découverte de l'Amérique, ainsi que la colonisation en Afrique et en Asie, ont permis au français, à l'espagnol et au portugais de se répandre sur toute la planète.

Le Capitole à Washington, siège du Sénat et de la chambre des Représentants.

Recherches

1. Cherchez dans quels pays du monde le français a aujourd'hui le statut de langue officielle.
2. En faisant l'addition des populations hispanophones (espagnol), lusophones (portugais) et francophones, calculez combien d'hommes et de femmes de la planète, aujourd'hui, parlent une langue directement issue du latin.
3. D'où le bâtiment officiel représenté tire-t-il son nom ?

Au Nord aussi !

● Ce serait une erreur de croire que les **langues celtiques et germaniques** n'ont en commun avec le latin que leur même origine indo-européenne ! Là encore, l'Histoire a permis de surprenantes migrations. En effet, l'Empire Romain n'était pas un bloc étanche : sur ses frontières, les échanges étaient intenses entre les peuples romanisés et leurs voisins.

● Par exemple, la civilisation romaine apportait bien des « avancées technologiques » ou des occasions de faire du commerce. Voilà pourquoi des mots latins ont « émigré » dans des langues qui n'étaient pas « de la famille », et s'y sont maintenus, au prix, comme toujours, de modifications phonétiques.

● Ainsi, il est connu que les Romains ont été grand bâtisseurs de routes solides, grâce à la technique révolutionnaire de la ***via strata*** (chaussée formée de dalles de pierre assemblées sur un remblai). L'anglais *street*, l'allemand *Strasse*, comme l'italien *strada*, dérivent directement de cet emprunt.

Exercices

1. Sachant que le nom anglais *wall*, « mur », vient du latin *vallum* (palissade d'un camp fortifié, rempart), cherchez ce qu'a pu désigner le nom composé *Wall Street*, mondialement célèbre parce qu'en cet endroit s'élève la Bourse de New York.

2. Pourquoi les premiers habitants européens de la ville ont-ils ainsi baptisé ce lieu ?

Une *via strata* à Timgad, en Algérie.

Latin... de cuisine !

● Un certain nombre de produits portant des noms latins ont été importés dans l'alimentation des peuples germaniques... et dans leur cuisine (les mots anglais ***kitchen*** et allemand ***Küche***, comme le mot ***cuisine***, viennent du latin ***coquina***). Par exemple, le fromage (***caseu(m***), angl. ***cheese***, all. ***Käse***) ou le vin (*vinum*, angl. *wine*, all. *Wein*), Et pour faire leurs courses, les ancêtres des Anglais et des Allemands allaient dans la boutique d'un ***caupo*** latin (« cabaretier », puis « boutiquier ») – sans doute pas bien cher, puisque le mot a donné l'anglais ***cheap*** (et le verbe allemand ***kaufen***, « acheter »).

● Quant au nom des « bêtes cuites » en anglais (*beef, pork*) qui s'oppose à leur nom avant l'abattoir (*ox, pig*), il vient du latin *bove(m)*, *porcu(m)*, avec sans doute un détour par le français, langue parlée longtemps à la cour d'Angleterre...

Exercices

Selon la langue vivante que vous étudiez, trouvez :

1. Quels mots anglais dérivent du latin *prunu(m)*, « prune » ; *cuppa*, « récipient, tonneau » ; *uncia*, « onzième partie d'une mesure » ?

2. Quels mots allemands dérivent du latin *cellariu(m)*, « cave, cellier » ; *tegula*, « tuile » ; *muru (m)*, « mur » ?

3. Quels mots, anglais et allemand, dérivent du latin *discus*, « plateau rond pour servir des mets » ; *fructu(m)*, « fruit » ; *decem*, « dix » ?

3

Rome et ses voisins

Cortège de divinités. Art étrusque, vers 530 avant J.-C., Rome, musée de la Villa Giulia.

CHAPITRE

11

Les origines de Rome

La légende de Romulus et Remus.
Arezzo, musée archéologique.

Lecture

REPÈRES

imperium, ii, *n.* : empire, ordre
conditor, oris, *m.* : fondateur
genitus, a, um (+ *Abl.*) : né de, fils de
sacerdos, otis, *m./f.* : prêtre/prêtresse
contendo, is, ere, di : prétendre
dubito, as, are, avi : douter
abjectus, a, um : jeté
Tiberis, is, *m.* : le Tibre
amnis, is, *m.* : cours d'eau
reprimo, is, ere, pressi : refouler, arrêter
catulus, i, *m.* : petit d'un animal
uber, eris, *n.* : mamelle
admoveo, es, ere, movi : approcher

Romulus sauvé des eaux

Le fondateur de Rome, selon la légende, n'a pas eu la chance de grandir dans une domus *confortable ! Le roi d'Albe la Longue, Amulius, redoute que sa nièce, Rhea Silvia, mette au monde un prétendant au trône. Il la condamne à être prêtresse de Vesta (vestale) et l'enferme. En vain : la vestale met au monde les jumeaux Romulus et Remus. Comment s'en débarrasser ?*

Primus et Urbis et imperii conditor Romulus fuit, Marte genitus et Rhea Silvia. Hoc sacerdos contendit, nec diu fama dubitavit : nam Romulus, Amulii regis imperio abjectus in flumen cum Remo fratre, superfuit. Tiberis enim amnem repressit ; tum lupa suos catulos reliquit, et infantibus ubera admovit.

D'après Florus, *Histoire abrégée*, I, 1.

TRADUCTION

Le premier fondateur de la Ville et de l'empire fut Romulus, né de Mars et de Rhea Silvia. C'est ce que prétendit la prêtresse, et la tradition n'en douta point par la suite, car Romulus, jeté dans le fleuve avec son frère Remus sur l'ordre du roi Amulius, survécut. Le Tibre, en effet, arrêta son cours ; alors, une louve abandonna ses petits, et approcha ses mamelles des bébés.

Observation

1 À l'aide de quel temps français sont traduits **fuit, contendit, dubitavit, repressit, reliquit, admovit** ? Dans les « Repères », quatre formes vous sont données pour ces quatre verbes, en abrégé : lisez-les en rétablissant la forme complète (exemple : **dubito, dubitas, dubitare, dubitavi**).

2 La quatrième forme donnée est la 1re personne du singulier du temps latin appelé « parfait ». Quelle est la désinence de la 3e personne du singulier du parfait ? Complétez : **sum, es, esse**…

3 Que représente le pronom **hoc** (acc. sing. : *cette chose, cela*) dans : **Hoc sacerdos contendit** ?

Étude

1. Florus Romuli fabulam narravit ; multi auctores eam narraverunt.
Florus a raconté la légende de Romulus ; beaucoup d'auteurs la racontèrent.

2. Amulius Albae rex fuit ; Rhea Silvia filios habuit.
Amulius fut roi d'Albe ; Rhea Silvia eut des fils.

3. Id rex tolerare non potuit ; pueros militibus rex dedit.
Le roi ne put supporter cela ; il donna les enfants aux soldats.

4. Rex milites vocavit, eisque dixit : « Ubi pueros reliquistis ? »
Le roi appela les soldats, et leur dit : « Où avez-vous abandonné les enfants ? »

5. « In flumen eos abjecimus », responderunt milites.
« Nous les avons jetés dans le fleuve », répondirent les soldats.

6. Legistine hanc fabulam ? – Eam fabulam legi.
As-tu lu cette légende ? – J'ai lu cette légende.

7. Milites regi non paruerunt ; lupa infantes ad flumen invenit.

8. Cum lupa infantes audivit, eos statim amavit.

Questions

1 Phrases 1 à 6 : les verbes sont au parfait ; par quels temps français sont-ils traduits ? Dans le vocabulaire, la quatrième forme donnée est celle de la 1re pers. du singulier du parfait (radical du parfait + désinence **-i**). Relevez les autres désinences personnelles de ce temps.

2 Dans les listes de vocabulaire, vous lisez :

dico	(dic) **is**	(dic) **ere**	**dixi**
1re pers. sg. présent	2e pers. sg. présent	Infinitif présent	1re pers. sg. parfait

Sur ce modèle, complétez la présentation des verbes suivants :

amo/amavi	**audio/audivi**
sum/fui	**possum/potui**
pareo/parui	**habeo/habui**
lego/legi	**respondeo/respondi**

3 Traduisez les phrases 7 et 8, en utilisant les deux temps français qui permettent de traduire le parfait latin. Puis mettez les verbes au présent (en latin !).

Vocabulaire à retenir

Noms

fabula, ae, *f.* : légende
flumen, inis, *n.* : fleuve
infans, antis, *m.* : petit enfant, bébé
lupa, ae, *f.* : louve
rex, regis, *m.* : roi

Verbes

abjicio, is, ere, jeci : jeter
dico, is, ere, dixi : dire
do, as, are, dedi : donner
habeo, es, ere, habui : avoir
narro, as, are, avi : raconter
invenio, is, ire, veni : trouver
possum, potes, posse, potui : pouvoir
relinquo, is, ere, liqui : laisser, abandonner
sum, es, esse, fui : être
tolero, as, are, avi : supporter
voco, as, are, avi : appeler

Mots invariables

statim : aussitôt
ubi… ? : où… ?

Grammaire

1 Le parfait

- Le **présent**, en latin, indique une action en train de s'accomplir.

Le **parfait** indique une action passée, achevée.

dico — je dis, je suis en train de dire

dixi — j'ai dit, j'ai fini de dire

- Le parfait se traduit en français par le **passé simple**, le **passé composé** ou le **passé antérieur**, selon le contexte.

2 Le radical du parfait

- Le radical du parfait est indépendant du type de conjugaison à laquelle appartient le verbe. Il figure dans une série qu'on appelle les «**temps primitifs**», donnée dans le lexique pour chaque verbe :

amo, as, are, **avi**

aimer

- Le radical du parfait peut être complètement différent de celui du présent :

sum, es, esse, **fui**

- Parfois, au contraire, il semble identique au radical du présent ; en fait, il se prononçait différemment car la voyelle du radical, brève au présent, est longue au parfait :

lego, is, ere, **legi** → lĕgit ≠ **lēgit**

il lit — il a lu

- On peut distinguer quatre autres types fréquents de formation du parfait :

	Radical du présent	Radical du parfait
1. Suffixe **-v-**	ama-, dele-, audi-	**amav-, delev-, audiv-**
2. Suffixe **-u-**	debe-	**debu-**
3. Suffixe **-s-**	dic-	**dix-** (*dic-s)
4. Redoublement	da-	**ded-**

3 Les désinences personnelles du parfait

Radical du parfait + désinences personnelles du parfait :

amav-	+ **-i**	1re sing.	amav-**i**
delev-	+ **-isti**	2e sing.	amav-**isti**
leg-	+ **-it**	3e sing.	amav-**it**
audiv-	+ **-imus**	1re pl.	amav-**imus**
cep-	+ **-istis**	2e pl.	amav-**istis**
etc.	+ **-erunt**	3e pl.	amav-**erunt**

Exercices

1 **Mettez au présent puis à l'imparfait les formes de parfait suivantes.**

amaverunt – narravit – reliquimus – dixistis – ceperunt – narravimus – delevisti – audiverunt – cepi – audivimus – abjecistis – narravit – reliqui – legerunt – dixi – cepit – abjecerunt – diximus – legisti.

2 **Mettez les formes suivantes au parfait.**

a. legis – relinquimus – capimus – amant – auditis – narrat – abjicit – relinquis – deleo – capiunt.

b. amabamus – capiebam – dicebant – abjiciebas – cupiebatis – legebat – narrabant – audiebas – delebant – dicebamus.

3 **Classez selon leur type de formation les parfaits suivants (l'infinitif présent de chaque verbe est indiqué entre parenthèses).**

dedi (dare) – adfui (adesse) – fugit (fugere) – interrogavi (interrogare) – praefui (praeesse) – parui (parere) – scripsi (scribere) – veni (venire) – potui (posse) – tetigi (tangere, *toucher*) – accepi (accipere) – cupivi (cupere) – debui (debere) – cucurri (currere) – duxi (ducere) – feci (facere) – cecidi (cadere, *tomber*).

4 **Traduisez du latin au français et du français au latin.**

1. Praeclara est fabula quam Florus nobis narrat. – **2.** Nous pouvons lire cette légende dans de nombreux livres. – **3.** Rhea Silvia duos (deux) filios habuit. – **4.** Les soldats n'obéirent pas au roi parce que Romulus et Remus étaient des nouveau-nés. – **5.** Lupa audivit pueros eosque statim amavit.

5 **Répondez en latin aux questions suivantes commençant par *num ?* (est-ce que ?), *quid ?* (que ?), *quis ?* (qui ?), *quando ?* (quand ?).**

1. Quid vidit lupa ? – **2.** Quando lupa pueros amavit ? – **3.** Quid legimus ? – **4.** Quis hanc fabulam nobis narravit ? – **5.** Num Amulius Romae rex fuit ? – **6.** Quis Romulum et Remum militibus dedit ?

STOCK DE MOTS

Courageux ou sérieux ?

Voici quelques adjectifs du type ***omnis, e*** parmi les plus courants (à retenir) :

fortis, e : courageux
horribilis, e : horrible
difficilis, e : difficile
gravis, e : lourd, grave, sérieux
inutilis, e : inutile.
suavis, e : doux, agréable
facilis, e : facile
levis, e : léger
utilis, e : utile

Dans les phrases qui suivent, placez chacun de ces adjectifs là où il vous semble convenir le mieux. Mais attention : plusieurs réponses sont parfois possibles, et l'humour n'est pas interdit !

1. Romulo, cum infans erat, ... vita fuit. – **2.** Minicia ... morbo (morbus, i, m. : *maladie*) aegra est. – **3.** Lingua latina ... est. – **4.** Res publica omnibus civibus ... est. – **5.** Plauti fabulae saepe ... sunt. – **6.** Peritus dux ... militibus praeerat. – **7.** Libros legere numquam ... est. – **8.** Seneca ... libros scribebat. – **9.** ... militum exercitus rei publicae ... saepe fuit. – **10.** Amicitiae leges servare ... est. – **11.** Cincinnatus ... aratro agrum arabat. – **12.** Haec puella ... est. – **13.** Hic puer ... est.

DU LATIN AU FRANÇAIS

Le préfixe *in*- peut avoir un sens négatif. Retrouvez le sens des adjectifs suivants à partir des termes des « Repères » et du vocabulaire.

inénarrable – indicible – indubitable.

De quels mots latins pouvez-vous rapprocher les mots en gras ?

- Vous nous verserez un acompte, le **reliquat** nous sera remis à la livraison.
- Le **narrateur** de cette histoire en est aussi le héros.
- Ravaillac fut un **régicide** célèbre. Marie de Médicis assura la **régence** du royaume.
- Au théâtre, le spectacle est réglé par un **régisseur**.
- Ce gateau est un **régal** !

Comparez le parfait de *sum* avec le passé simple du verbe *être*.

CIVILISATION

Doc. 1 La légende des jumeaux. Rome, musée du Vatican.

Doc. 2 Mythe et Histoire.

Les historiens se méfient des légendes, mais constatent qu'elles ont un sens symbolique que l'histoire ne contredit pas…

Je n'ai l'intention ni de garantir ni de démentir les événements qui ont précédé la fondation de Rome et l'idée même de cette fondation, tels qu'ils sont rapportés, embellis par des récits fabuleux (*fabulae*) plus que fondés sur des documents authentiques témoignant des faits accomplis. On reconnaît aux Anciens le droit de mêler le divin à l'humain pour rendre les débuts des villes plus vénérables; et s'il faut permettre à un peuple de rendre ses origines sacrées en leur donnant les dieux comme garants, la gloire militaire du peuple romain suffit pour que, quand il établit Mars comme père de son fondateur, les nations humaines l'admettent aussi facilement qu'elles admettent sa domination.

Tite-Live, *Préface* de l'*Histoire romaine*.

Découverte

Doc. 1 **1.** Cette stèle sculptée décrit quatre épisodes de la légende des jumeaux : **1.** Mars séduit Rhea Silvia. – **2.** Deux hommes viennent enlever les enfants à leur mère. – **3.** Ils les confient au Tibre (symbolisé par un personnage divin). – **4.** Un berger trouve les bébés allaités par la louve.

Comment se « lit » cette stèle ? À quoi peut-on reconnaître Mars ? À quelle condition peut-on interpréter cette stèle ?

Doc. 2 **2.** Pourquoi Mars convient-il mieux qu'un autre dieu dans le rôle de « grand-père » de Rome ? Connaissez-vous la divinité qui veille sur Athènes ?

La légende des jumeaux

Les récits légendaires que le latin nomme fabulae *(au sens de « récits fabuleux ») et le grec* muthoi *(d'où notre mot « mythe ») ont été imaginés pour expliquer pourquoi et comment se sont produits, voici très longtemps, des événements importants : par exemple, la fondation d'une ville.*

Tout commence à Troie…

- Les Romains croient trouver leurs **premiers ancêtres** dans une poignée de rescapés venus d'Asie Mineure après la destruction de Troie (appelée aussi Ilion), à la fin d'une guerre mythique qui se serait déroulée vers 1200 avant J.-C.

- Leur chef **Énée**, fils de Vénus et du Troyen Anchise, arrivé en Italie, épouse Lavinia, fille du roi des Latins, Latinus. Ensuite Iule, le fils d'Énée, fonde la ville d'Albe la Longue et une dynastie dont sera issu **Romulus**, l'*Urbis conditor* (« le fondateur de la Ville »).

L'enfant trouvé

- La légende de Romulus est la « version romaine » d'une histoire que l'on retrouve, à quelques variantes près, dans la mythologie de nombreuses civilisations. En voici le schéma :

- Le **héros** (ici des **jumeaux**) appartient à une dynastie royale, voire divine, mais sa vie est menacée avant même sa naissance : un « méchant », souvent un membre de sa famille, veut le supprimer pour l'écarter du pouvoir (**Amulius**, l'usurpateur, redoute d'être détrôné par ses petits-neveux), ou pour l'empêcher de réaliser une prédiction annonçant qu'il provoquera sa mort.

- **Pour le sauver**, sa mère ou les serviteurs chargés de le tuer **abandonnent le nouveau-né** dans un lieu désert. Souvent, il est déposé dans une sorte de berceau (panier, coffre) au fil de l'eau (mer, fleuve ; ici le Tibre). Mais le destin veille : d'abord nourri par un animal sauvage (ici une louve), **il est recueilli** par une modeste famille (Faustulus, gardien des troupeaux d'Amulius, et son épouse Acca Larentia adoptent les jumeaux).

- Devenu grand, le héros découvre sa **véritable identité**, **se venge** de celui qui voulait le supprimer, et **réalise la prédiction** qui avait failli lui coûter la vie (Romulus tue Amulius et rétablit son grand-père Numitor sur le trône d'Albe).

La portée de la légende

- Cette légende semble avoir été populaire dès le IIIe s. avant J.-C. Elle rend compte, à sa façon, de la dette que les Romains éprouvent à l'égard de la **Grèce** qui leur a enseigné les arts, la philosophie et cent autres techniques tout en influençant leur religion.. Elle donne à Rome un **destin divin**. Elle montre l'esprit d'« **intégration** » des Romains : ils sont les « descendants » d'immigrés, acceptés dans le Latium. La belle histoire a beaucoup de sens…

Doc. 3 Une sacrée famille.

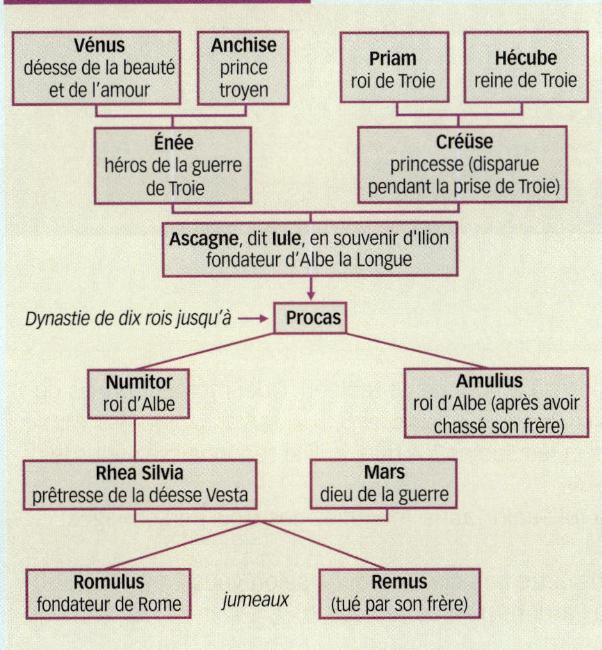

À VOUS DE JOUER !

1. Deux célèbres épopées grecques racontent la guerre de Troie et ses conséquences : comment s'appellent-elles ? Qui en est l'auteur ? Rédigez une courte fiche de présentation pour chacune d'elles.

2. Dans la mythologie, le héros est souvent le fils d'un homme et d'une déesse, ou d'un dieu et d'une femme. Dans le document 3, montrez par quelle filiation Romulus descend de deux divinités.

3. Cherchez d'autres « enfants trouvés » célèbres dans la mythologie ainsi que dans des romans, des bandes dessinées, des films, etc.

CIVILISATION

Doc. 1 Affaire de famille.

Romulus a invité les Sabins, voisins de Rome, à des jeux. Les Romains, qui manquent d'épouses, enlèvent les femmes et les filles de leurs invités. Une guerre s'ensuit: au milieu du combat décisif, les Sabines s'interposent…

Elles suppliaient d'un côté leurs pères, de l'autre leurs époux de ne pas se souiller d'un sang criminel en tuant les uns, leur gendre, les autres, leur beau-père […] : « Si vous désapprouvez qu'il y ait entre vous un lien de parenté et des mariages, tournez votre colère contre nous : c'est nous qui sommes la cause de cette guerre, de ces blessures et de ces massacres de nos époux et de nos pères ; plutôt mourir que de vivre, sans vous, veuves ou orphelines ! » Ce geste émeut la foule des combattants, mais surtout les chefs ; soudain, c'est le silence, on se calme ; puis les chefs s'avancent pour conclure un traité. Non seulement ils firent la paix, mais réunirent les deux États pour n'en former qu'un seul. Ils mettent la royauté en commun, et transportent à Rome le siège du pouvoir.

Tite-Live, *Histoire Romaine*, I, 13.

Doc. 2 ***Les Sabines*, J.-L. David. Paris, musée du Louvre.**

Découverte

Doc. 1 Doc. 2

1. Comparez le récit de Tite-Live et la représentation qu'en donne ce tableau. Quel moment précis du récit l'artiste a-t-il choisi d'illustrer ?
2. De quel côté sont, respectivement, les Romains et les Sabins ? À quel indice reconnaissez-vous les Romains ?
3. Romulus avait pris pour épouse Hersilie, fille du roi Sabin Tatius. Identifiez ces trois personnages dans le tableau.
4. Le peintre a fait figurer beaucoup d'enfants dans cette bataille. Pourquoi, selon vous ?
5. Que représente, de façon imaginaire, le décor à l'arrière-plan du tableau ?

L'extension de la Ville

Comment Rome, qui n'était qu'un des villages du Latium, a-t-elle pu accroître sa population et son territoire?

Fonder la Ville

● Selon la légende, **Romulus** fonda la Ville le 21 avril 753 avant J.-C., en marquant avec une charrue le tracé de ses futurs remparts; puis il tua son frère pour régner seul. Le site de Rome était excellent: **sept collines** procurent des défenses naturelles; le climat est sain; les marchandises venues de la mer sont transportées sur le Tibre, notamment le sel, qui permet de conserver les aliments et constitue une monnaie d'échange aussi importante que l'or.

● Une fois délimité l'espace de l'***Urbs***, Romulus fait de ce lieu sacré un **asile inviolable** qui accueille tous les «hors-la-loi»: brigands, braconniers, débiteurs accablés de dettes, esclaves et condamnés en fuite, mais aussi des bergers nomades qui souhaitent «se fixer» et deviennent les citoyens (*cives*) de la nouvelle cité (*civitas*). Pour la gouverner, le roi Romulus institue un conseil de cent «Pères» (***Patres***), choisis parmi ses compagnons. C'est l'ancêtre du Sénat, dont les membres conserveront le nom de *Patres*.

Peupler la Ville

● Pour se développer, les Romains devaient soit s'allier avec leurs voisins, soit les vaincre à la guerre. La première question à résoudre était, pour cette cité d'hommes, de trouver des épouses, afin de se donner une **descendance**. Selon un récit qui relève sans doute de la légende, ils proposèrent aux **Sabins**, peuple voisin d'Italie centrale, d'épouser leurs filles.

● Comme ceux-ci refusaient, Romulus imagina de les inviter à des jeux, au cours desquels ils s'emparèrent des **Sabines** par la force. Après une **guerre** très violente, Romains et Sabins se réconcilièrent grâce à l'intervention décisive des Sabines elles-mêmes.

● Le mariage d'Énée avec Lavinia, fille du roi Latinus, annonçait **l'alliance de Rome avec les Latins**; l'épisode de l'enlèvement des Sabines marque l'intégration des Sabins, installés au nord-est de Rome, et le mariage entre Romulus et la Sabine Hersilie symbolise cette «union» de deux peuples voisins.

Guerres de croissance

● Mais c'est surtout par des **guerres** que Rome a étendu son pouvoir sur la vaste plaine fertile qui s'étend de la mer Tyrrhénienne aux monts Apennins.

● L'alliance avec les Sabins ne dure pas: c'est au côté des autres cités du Latium que Rome résiste aux **attaques de ses voisins** (Sabins, Èques et Volsques) puis triomphe de sa rivale Véies, la cité étrusque située au nord du Tibre, au terme d'une longue guerre (395 avant J.-C.). Il faudra encore un siècle pour soumettre les cités étrusques, et finalement les Samnites (295 avant J.-C.). Dès lors, Rome domine toute l'Italie centrale.

Doc. 3 Porte-étendard et guerrier samnites. Fresque du IVe siècle avant J.-C., Paestum. Naples, musée archéologique.

À VOUS DE JOUER !

1. Les Romains dataient les années de leur histoire *ab Urbe condita*, abrégé en *a. U. c.* («à partir de la fondation de la Ville»). En quelle année *a. U. c.* serions-nous aujourd'hui?
2. Retrouvez sur la carte de l'Italie, à la fin de ce manuel, les divers territoires dont les populations ont été progressivement «absorbées» par Rome.
3. Étudiez l'équipement de ce guerrier (doc. 3.) : comment est-il protégé? De quelle arme se sert-il?

CHAPITRE

12

Face aux Étrusques

Fresque de la tombe du plongeur. Ve siècle avant J.-C., Paestum.

Lecture

REPÈRES

irrumpo, is, ere: faire irruption
extremus, a, um: dernier
pars, partis, *f.*: partie
occupo, as, are, avi: se rendre maître de
agmen, inis, *n.*: armée
sustineo, es, ere, tinui: soutenir, arrêter
tergum, i, *n.*: dos
periculum, i, *n.*: danger
liberatus, a, um (+ *Abl.*) : libéré (de)
Tiberis, is (Acc. **Tiberim**): le Tibre
mitto, is, ere, misi: envoyer
nato, as, are, avi: nager

Horatius Coclès : « On ne passe pas ! »

Dans les premiers temps de son histoire, Rome dut souvent affronter ses proches voisins pour survivre et grandir. Bien des héros se révélèrent dans ces combats, tel Horatius Coclès (« le Borgne »), symbole de la résistance obstinée aux envahisseurs étrusques…

Etruscis in Urbem ponte Sublicio irrumpentibus, Horatius Cocles extremam ejus partem occupavit, totumque hostium agmen infatigabili pugna sustinuit ; interea Romani pontem post tergum interruperunt.
Cum patriam periculo liberatam vidit, armatus se in Tiberim misit, deinde ad ripam natavit.

D'après Valère-Maxime, *Faits et dits mémorables*, III, 2.

TRADUCTION

Comme les Étrusques se précipitaient dans la Ville par le pont Sublicius, Horatius Coclès occupa son extrémité et arrêta, par une lutte infatigable, toute l'armée des ennemis ; pendant ce temps, les Romains coupèrent le pont derrière son dos.

Quand il vit sa patrie libérée du danger, il se jeta avec ses armes dans le Tibre puis nagea jusqu'à la rive.

Observation

1 Comment sont traduits les mots latins **extremam partem ; infatigabili ; armatus ; ad ripam** ? Relevez dans ce texte deux adverbes de temps.

2 Relevez les noms et groupes nominaux à l'ablatif. Rappelez les principaux emplois de ce cas.

3 La forme **irrumpentibus** se rattache au verbe **irrumpere**, qui figure dans les « Repères ». Cette forme présente-t-elle une désinence personnelle ? Que vous suggère sa terminaison ? Avec quel nom ce mot s'accorde-t-il ?

4 Comment **Etruscis irrumpentibus** est-il traduit ? Quelle serait la traduction mot à mot de ce groupe ? Pourquoi celle qui vous est donnée est-elle préférable ?

Étude

1. Romani bellum cum Etruscis gerebant, cum Horatius multos hostes in Urbem irrumpentes vidit.
Les Romains faisaient la guerre aux Étrusques, lorsque Horatius vit un grand nombre d'ennemis (en train de) se précipiter dans la Ville.

2. Romani Horatium in ponte pugnantem viderunt.
Les Romains virent Horatius (en train de) combattre sur le pont.

3. Horatius cum hostibus in Urbem irrumpentibus pugnavit.
Horatius combattit (contre) les ennemis qui se précipitaient dans la Ville.

4. Eo die, dei Horatium pro patria pugnantem adjuverunt.
Ce jour-là, les dieux aidèrent Horatius tandis qu'il combattait pour sa patrie.

5. Horatio pugnante, Romani pontem post tergum interruperunt.
Tandis qu'Horatius combattait, les Romains coupèrent le pont derrière son dos.

6. Romanis hanc pontis partem interrumpentibus, Horatius cum hostibus pugnabat.

7. Deinde, hostibus tela mittentibus, Horatius in flumen cum armis suis se misit.

8. Ea pugna, deis adjuvantibus, Horatius civitatem periculo liberavit et Romani cum Etruscis pacem fecerunt.

Questions

1 Cherchez dans le lexique les verbes dont le parfait est **vidi** et **adjuvi**. Il vous faudra désormais, pour les verbes que vous avez appris précédemment, compléter ainsi leurs temps primitifs.

2 Phrases 1 à 4 : **irrumpens, entis** et **pugnans, antis** sont les participes présents des verbes **irrumpere** et **pugnare**. Quels sont les participes présents des verbes français correspondants ? Comment s'accorde le participe présent en latin ?

3 Comparez, dans les phrases 4 et 5, les groupes **Eo die** et **Horatio pugnante**. À quel cas sont-ils ? Quelle est leur fonction ? On dit que **Horatio pugnante** est un ablatif absolu. De quoi se compose ce groupe ?

4 Traduisez les phrases 6 à 8 après avoir relevé les ablatifs absolus. Quelle est la fonction de **partem** (phrase 6) et de **tela** (phrase 7) ?

Vocabulaire à retenir

Noms

arma, armorum, *n. pl.* : armes
bellum, i, *n.* : guerre
bellum gerere (**cum** + *Abl.*) : faire la guerre (à)
civitas, atis, *f.* : cité, État
pars, partis, *f.* : partie
pax, pacis, *f.* : paix
periculum, i, *n.* : danger
pons, ntis, *m.* : pont
pugna, ae, *f.* : combat
telum, i, *n.* : arme de jet, javelot
tergum, i, *n.* : dos

Verbes

gero, is, ere, gessi : faire, porter, gérer
interrumpo, is, ere, rupi : interrompre, couper
irrumpo, is, ere, rupi : faire irruption, se précipiter
libero, as, are, avi : libérer de (+ *Abl.*)
mitto, is, ere, misi : envoyer, jeter
pugno, as, are, avi : combattre (**cum** + *Abl.*)

Mots invariables

deinde : ensuite, puis
post (+ *Acc.*) : après, derrière
pro (+ *Abl.*) : pour, à la place de

Grammaire

1 Le participe présent

- Le participe présent, en latin, **se décline et s'accorde** comme un adjectif. Comme les autres formes verbales, il peut avoir des compléments.

  Horatium cum hostibus **pugnantem** videmus.

  Nous voyons Horatius **combattant/(en train de) combattre/qui combat** les ennemis.

- Le participe présent se forme à l'aide du suffixe **-ns/-ntis** lorsque le radical du verbe se termine par **-a** ou **-e**, et **-ens/-entis** pour les autres types.

  amo, ama-re → **ama-ns, ama-ntis** (en) aimant, qui aime

  deleo, dele-re → **dele-ns, dele-ntis** détruisant

  lego, leg-ere → **leg-ens, leg-entis** lisant

  audio, audi-re → **audi-ens, audi-entis** entendant

  capio, cap-ere → **capi-ens, capi-entis** prenant

- Le verbe ***sum*** n'a pas de participe présent.

- Le participe présent se décline sur le modèle de la **3e déclinaison**. Les formes sont identiques au masculin et au féminin.

	Singulier		Pluriel	
Cas	M/F	N	M/F	N
N Acc.	**amans** **amantem**	**amans** **amans**	**amantes** **amantes**	**amantia** **amantia**
G D Abl.	**amantis** **amanti** **amante**		**amantium** **amantibus** **amantibus**	

2 L'ablatif absolu

- L'ablatif absolu est un **groupe complément circonstanciel** composé d'un nom (ou d'un pronom) et d'un participe, tous deux à l'ablatif. Il est l'équivalent d'une proposition circonstancielle. Dans la traduction, on accorde le temps du verbe avec le contexte.

  Militibus pugnantibus…

  Pendant que/Étant donné que/Comme les soldats combattent, combattaient…

3 L'expression du temps

- Le complément de temps indiquant la **durée** (pendant combien de temps ?) est à l'**accusatif** :

  Romani **multos annos** bellum cum Etruscis gesserunt.

  Les Romains firent la guerre aux Étrusques **pendant de nombreuses années**.

- Les compléments de temps sont également exprimés par des **groupes prépositionnels** :

  ex eo die — **depuis** ce jour

  ante hunc annum — **après** cette année

  per longum tempus — **pendant** un long moment

- **Les propositions circonstancielles de temps** sont introduites par :

  cum, ubi — quand

  antequam (ante… quam) — avant que

  postquam (post… quam) — après que

Exercices

1 **Formez les participes présents qui correspondent aux infinitifs suivants. Donnez le nominatif et le génitif singuliers de ces participes.**

dicere – narrare – relinquere – mittere – adjuvare – scribere – irrumpere – facere – natare – cupere – accipere – audire.

2 **Analysez (genre, nombre, cas) les formes de participes suivantes, en donnant toutes les possibilités.**

capientem – gerens – dicentis – debenti – irrumpentia – carentibus – incolentis – invidentibus – dantem – legente – fugientibus – dicentem – audientibus – parenti – pugnantes – facientes.

3 **Traduisez.**

1. Dux milites fugientes videt. – **2.** Domino veniente, servi magna diligentia laborant. – **3.** Pater filio interroganti semper respondere debet. – **4.** Amicis adjuvantibus, hanc villam emere potui. – **5.** Romulus viros patria carentes in urbem accepit. – **6.** Senatus legati Cincinnatum in agro laborantem invenerunt. – **7.** In Plauti fabula, Larem familiarem ante Euclionis domum verba facientem videmus. – **8.** Apud Trimalcionem ostiarius hospites convenientes nomine salutat.

4 **À la 3e personne, on emploie *se* et *suus* pour représenter le sujet du verbe, et le pronom *is, ea, id* dans les autres cas. Traduisez les phrases suivantes en justifiant le choix du réfléchi ou de *is, ea, id*.**

1. Consul suis militibus praeest. – **2.** Hospitem cum ejus uxore invito. – **3.** Servi non sibi sed domino suo laborant. – **4.** Senecae et amicis suis Lucilius respondet. – **5.** Nous répondons au maître et à son fils. – **6.** Ancillae dominis et eorum filiis parent. – **7.** Romani milites, cum Etruscis bellum gerentes, uxores suas in Urbe reliquerunt. – **8.** Puer se in aqua spectat.

5 **Traduisez les phrases suivantes.**

1. Omnibus Romanis spectantibus, Horatius in ponte Sublicio pugnabat. – **2.** Omnibus amicis audientibus, Ovidius duo carmina legit. – **3.** Tandis que le poète lisait un poème, nous regardions les belles statues qui décoraient la maison de notre hôte. – **4.** Legatis senatus mandata legentibus, Cincinnatus partem agri arabat. – **5.** Nobis audientibus, consul ducis ad senatum epistulam legit. – **6.** Pendant que les hommes se battaient contre les Étrusques, les femmes, les enfants et les vieillards abandonnèrent la Ville.

STOCK DE MOTS

À la guerre comme à la guerre

Rome est un peuple guerrier : son vocabulaire militaire est particulièrement riche !

– LA HIÉRARCHIE : **miles, itis,** *m.* : (simple) soldat – **centurio, onis,** *m.* : centurion (chef d'une compagnie de cent hommes) – **legatus, i,** *m.* : lieutenant, aide de camp – **dux, ducis,** *m.* : général – **imperator, oris,** *m.* : général en chef.

– LE MATÉRIEL : **arma, armorum,** *n.* (*toujours pl.*) : les armes – **telum, i,** *n.* : arme de jet, javelot – **gladius, ii,** *m.* : glaive, épée.

– LES TROUPES : **exercitus, us,** *m.* : armée – **acies, ei,** *f.* : armée (rangée pour la bataille) – **agmen, inis,** *n.* : armée (en train d'avancer) – **copiae, arum,** *f.* (au pluriel) : les troupes – **castra, orum,** *n.* (*toujours pl.*) : le camp.

– L'ENJEU : **pugna, ae,** *f.* et **proelium, ii,** *n.* : bataille, combat – **pax, pacis,** *f.* : paix – **gloria, ae,** *f.* : gloire – **praeda, ae,** *f.* : butin – **mors, mortis,** *f.* : mort – **praemium, ii,** *n.* : récompense.

Passez les troupes en revue en traduisant ces phrases.

1. Le général en chef a quitté le camp avec ses lieutenants. – **2.** Les soldats combattent avec leurs glaives et leurs javelots. – **3.** Les lieutenants ont disposé (*instruo, is, ere, struxi*) l'armée (pour la bataille). – **4.** Ce général a pris le camp des ennemis avec de petites troupes. – **5.** Les ennemis faisaient avancer (*ducere*) leur armée vers la Ville. – **6.** « Beaucoup de soldats ont laissé leurs armes dans le camp », dit le centurion. – **7.** Pour les soldats, la mort est un très grand danger, mais la gloire est la plus grande récompense. – **8.** Une fois la paix signée (faite), le général donna tout le butin à la République.

DU LATIN AU FRANÇAIS

Expliquez le sens des mots français en gras.

- Un **pronom** se met à la place d'un nom.
- « À vaincre sans **péril**, on triomphe sans gloire. » (Corneille, *Le Cid*).
- Le trapéziste fit un triple saut **périlleux**.
- Dans le schéma narratif, on distingue les **adjuvants** et les opposants.
- Les **belligérants** se sont rencontrés pour signer la paix.
- C'est un homme **pugnace** et **belliqueux**.

Doc. 1 Sarcophage des époux, provenant de Cerveteri. Art étrusque, VIe siècle avant J.-C. Paris, musée du Louvre.

Doc. 2 Comment Lucumon devint Tarquin.

L'historien Tite-Live raconte comment le premier des trois rois étrusques, Tarquin l'Ancien (= Lucumon), partit à la conquête du trône de Rome.

Sous le règne d'Ancus, Lucumon, un homme entreprenant et extrêmement riche, s'installa à Rome, poussé surtout par le désir et l'espoir d'une situation brillante qu'il n'aurait pu atteindre à Tarquinies, car, là aussi, il n'était qu'un étranger. Son père, Démarate, était venu de Corinthe; chassé de sa patrie par une révolution, il s'était installé par hasard à Tarquinies, s'y maria et eut deux enfants, Lucumon et Arruns. Lucumon, à la mort de son père, hérita de toute sa fortune (…) L'orgueil que lui inspirait sa fortune s'accrut encore quand il épousa Tanaquil, une femme de très grande famille qui aurait mal toléré de se retrouver après son mariage dans un rang inférieur à celui que lui avait donné sa naissance. Le mépris des Étrusques à l'égard de Lucumon, fils d'un immigrant en exil, était pour elle un affront insupportable; oubliant l'amour que chacun dès sa naissance éprouve pour sa patrie, pourvu qu'elle puisse voir son mari au faîte des honneurs, elle décida de quitter Tarquinies. Pour cela, Rome lui parut le meilleur choix: dans un peuple tout neuf, où l'on pouvait acquérir une noblesse vite et sur son seul mérite, il y aurait, selon elle, place pour un homme courageux et dynamique. (…) Elle n'eut pas de mal à convaincre Lucumon, qui était ambitieux et pour qui Tarquinies n'était que la patrie de sa mère. Ils prirent tous leurs biens et partirent à Rome.

Tite-Live, *Histoire romaine*, I, 34.

Découverte

Doc. 1

1. Décrivez ce sarcophage.
2. Dans quelle attitude et avec quelle expression sont représentés les époux ?

Doc. 2

3. Où se trouve la ville de Corinthe ?
4. Arrivé à Rome, Lucumon prit le nom latin de Tarquinius. Que signifie-t-il ?
5. Quels traits de caractère l'historien prête-t-il à Lucumon et à Tanaquil ? Approuve-t-il leur comportement vis-à-vis de leur patrie ?

Rome et les Étrusques

Appelés par les Romains Tusci *ou* Etrusci *(leur territoire gardera le nom de Toscane ou Étrurie), les Étrusques ont développé une civilisation exceptionnellement riche et brillante et donné trois rois à la Ville…*

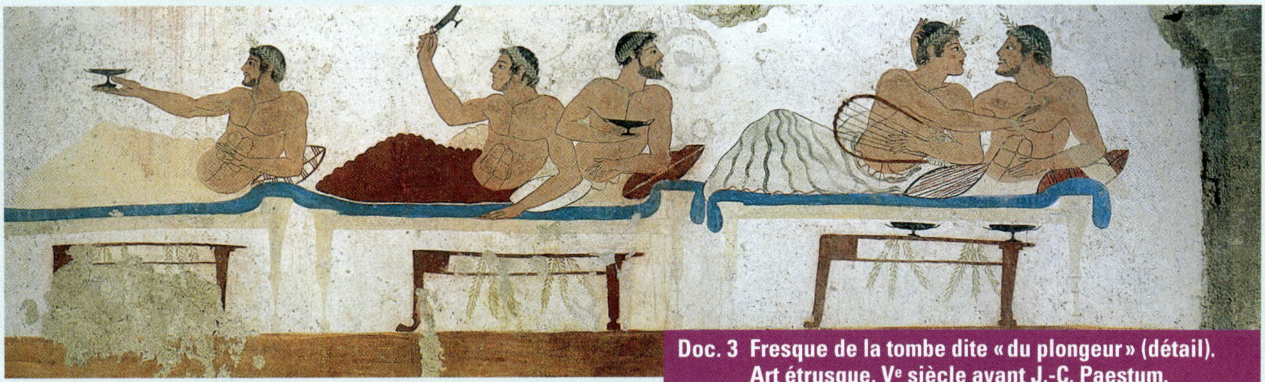

Doc. 3 Fresque de la tombe dite « du plongeur » (détail). Art étrusque, Ve siècle avant J.-C. Paestum.

De puissants voisins

● Au nord du Tibre, le **territoire des Étrusques** s'étend jusqu'à la plaine du Pô et à l'Adriatique. Sont-ils des autochtones ? des envahisseurs indo-européens ? des émigrants venus d'Asie Mineure comme les légendaires Troyens ? Leur origine comme leur langue restent en partie inexplicables.

● Les Étrusques ont fondé des **villes fortifiées**, gouvernées par un roi qui exerce aussi l'autorité d'un grand prêtre. Une douzaine de **grandes cités** assurent leur **prospérité** grâce à la richesse en cuivre et en fer du sous-sol.

● Les Étrusques travaillent le bronze et leur production est en partie exportée, car dès le VIIIe siècle avant J.-C., ils entretiennent des liens étroits avec plusieurs cités maritimes de Grèce ; de là leur viennent leur **alphabet** et certaines techniques très avancées pour l'époque.

Un peuple artiste

● Très religieux, les Étrusques bâtissent pour leurs défunts de **superbes tombes**, à l'image de leur habitation, contenant beaucoup d'objets de la vie quotidienne, des bijoux, des œuvres d'art… Aux murs, de **magnifiques fresques**, aux couleurs vives , représentent des scènes de chasse, de pêche, de danse ou de jeux ; les sarcophages, sculptés comme des statues, montrent des époux allongés côte à côte, empreints d'une grande sérénité souriante.

● Contrairement aux Grecques ou aux Romaines, les femmes étrusques bénéficient d'une grande indépendance, elles assistent aux banquets, aux spectacles des jeux, et semblent avoir joué un rôle politique. Leurs parures et leurs miroirs de bronze montrent la richesse de leurs époux et l'habileté des artisans étrusques : **statuettes et bijoux** sont d'une qualité et d'un style qui éblouit encore aujourd'hui.

Les rois maudits

● Après Romulus, **trois rois sabins**, Numa Pompilius, Tullus Hostilius, Ancus Martius, règnent à Rome. Trois rois venus d'Étrurie leur succèdent. Le premier, **Tarquin l'Ancien**, s'empare du trône et fait de grands travaux : il délimite l'emplacement du Grand Cirque, aménage le forum, crée des égouts (la *Cloaca Maxima*).

● Après son assassinat, son gendre **Servius Tullius** lui succède ; il passe pour avoir institué la répartition des citoyens en diverses catégories selon leur fortune (le « cens ») et fait bâtir un rempart autour de la ville. **Tarquin le Superbe**, fils de Tarquin l'Ancien, assassine Servius Tullius, lui succède et fait construire le temple de Jupiter Capitolin. Son comportement tyrannique lui vaut le surnom de ***Superbus*** et les Romains le chassent en 509 avant J.-C. pour instituer la République.

À VOUS DE JOUER !

1. Comment a-t-on pu assez bien reconstituer la vie quotidienne des Étrusques ?
2. Les illustrations de ce chapitre témoignent de la qualité de l'art étrusque : commentez-les.

Doc. 1 La *virtus* au féminin.

En 509 avant J.-C., le roi étrusque Porsenna a assiégé Rome. Il finit par proposer la conclusion d'un traité de paix ; il exige des otages en gage de bonne foi : parmi eux, de chastes jeunes filles, dont la noble Clélie…

Comme le camp étrusque se trouvait situé sur la rive du Tibre, elle réussit à échapper à ses gardes ; devenue le chef de la troupe des jeunes filles, elle traversa le Tibre à la nage au milieu des flèches et des javelots que lui jetaient les ennemis et les ramena toutes saines et sauves à leurs parents à Rome. À cette nouvelle, le roi, furieux, réclama la restitution de l'otage Clélie dont il admirait l'exploit bien au-dessus des Coclès et des Mucius, à ce qu'il disait. Des deux côtés, on tint parole (*fides*) : les Romains rendirent le gage de paix exigé par le traité et chez le roi étrusque, le courage fut particulièrement honoré ; Porsenna félicita Clélie et lui offrit de libérer une partie des otages à son choix. Elle choisit donc les enfants, dit-on, pour leur éviter le danger d'être maltraités par les ennemis. Une fois la paix rétablie, les Romains honorèrent de façon exceptionnelle ce courage sans précédent chez une femme (*nova in femina virtus*) : on lui dressa une statue équestre en haut de la Voie sacrée.

Tite-Live, *Histoire romaine*, livre II, XIII, 6-11.

Doc. 2 Fresque de la tombe dite « des taureaux ». Art étrusque, VIe siècle avant J.-C. Tarquinia.

Découverte

Doc. 1

1. Les Romains appelaient la rive nord du Tibre *ripa Etrusca* ; pourquoi ?
2. Montrez que Clélie se comporte non seulement comme un *vir*, mais comme un soldat et un responsable politique.
3. Montrez que Romains et Étrusques sont ici présentés comme des peuples très civilisés.

Doc. 2

4. Par rapport à un cavalier moderne, quels équipements font défaut à ce cavalier étrusque ?

Le temps des héros

Les guerres entre Rome et ses voisins sont l'occasion d'affirmer, par plusieurs épisodes héroïques, la virtus *des Romains… et parfois des Romaines.*

Le divin Romulus et la Mère Louve

- **Romulus disparaît mystérieusement** quelque trente ans après la fondation de sa cité : alors qu'il passe en revue son armée, un orage éclate et un nuage le dérobe à la vue de ses sujets ; au retour de la lumière, il a disparu ! Alors, « tous acclamèrent Romulus comme un dieu né d'un dieu, le roi et le père de la ville de Rome » (Tite-Live).
- La **louve** qui, selon la légende, l'a nourri, devient le **symbole du *Populus Romanus*** : dès le milieu du VIe siècle avant J.-C., une statue de bronze, d'origine étrusque, la représente à l'intérieur de l'enceinte sacrée qui protège la grotte du Lupercal, là même où elle se serait cachée pour allaiter ses « enfants ». Elle est partout : en **peinture** comme en **mosaïque**, sculptée aux frontons des temples et sur les arcs de triomphe, son effigie accompagne ses « fils » d'un bout à l'autre de l'Empire jusque sur les pièces de monnaie et sur les étendards des légions.

Conduites héroïques

- Les « **guerres de survie** » de la jeune Rome contre ses puissants voisins ont marqué l'imaginaire des Romains : les récits de leurs historiens, en particulier Tite-Live, célèbrent en maints épisodes l'**héroïsme exemplaire** des combattants.
- C'est ainsi qu'en 509 avant J.-C. les Romains affrontent le roi étrusque Porsenna, qui assiège Rome, devenue une République, pour tenter d'y restaurer Tarquin le Superbe. **Horatius « le Borgne »**, en défendant seul le pont Sublicius, les arrête. Après lui s'illustre de même **Mucius** « le Gaucher » (*Scaevola*) : il réussit à s'introduire dans le camp étrusque pour assassiner Porsenna, mais se trompe de cible (il poignarde le secrétaire du roi) ; fait prisonnier, il met alors sa main droite dans les flammes d'un foyer et la laisse brûler afin de prouver sa détermination. Enfin, la généreuse conduite de **Clélie** semble mettre un terme au conflit.

Le Romain idéal

- Ainsi se construit l'image d'un « Romain idéal », **héros exemplaire** qui n'hésite jamais à tout sacrifier à la patrie, y compris, au besoin, sa famille naturelle. Dérivé de *pater*, le mot même de ***patria*** signifie que tout Romain est un « enfant » de sa « patrie », au même titre que de ses parents et ancêtres. Le **courage physique** et la **rigueur morale** sont les deux qualités auxquelles on reconnaît la ***virtus*** (le mot dérive de *vir* et signifie : énergie, courage, détermination) de ces « hommes forts » (*viri*). Mais parfois, face au danger, les femmes romaines se révèlent, comme Clélie, aussi valeureuses… par leur conduite « virile ».

Doc. 3 La louve du Capitole, à Rome. Art étrusque.

À VOUS DE JOUER !

1. Quels animaux sont, encore aujourd'hui, le « totem » d'un pays ou d'une nation ?
2. Connaissez-vous des héros et des héroïnes de l'Histoire de France auxquels nous avons attribué une *virtus* comparable à celle des « grands hommes » pour les Romains ?
3. Ce chef-d'œuvre (doc. 3) de l'art étrusque (les deux bébés ont été rajoutés à la Renaissance) est devenu le symbole éternel de la Rome antique. Pourquoi ?

CHAPITRE

13

Des dieux et des signes

Fresque de la tombe des augures.
Art étrusque, VIe siècle avant J.-C., *Tarquinia.*

Lecture

REPÈRES

Tages, etis, *m.* : Tagès
ut : comme
species, ei, *f.* : aspect
prudentia, ae, *f.* : sagesse
adspectus, us, *m.* : vision, vue
obstupesco, es, ere, stupui : rester stupéfait
bubulcus, i, *m.* : bouvier
clamor, oris, *m.* : cri
edo, is, ere, didi : donner, laisser échapper
brevis, e : court
plura : plus de choses
disciplina, ae, *f.* : art, science
excipio, is, ere, cepi : recueillir
conservo, as, are, avi : conserver

Le mystérieux bonhomme Tagès

*Au nord du Latium, les voisins de Rome étaient les Étrusques. La divination, art de prédire l'avenir, était leur spécialité. Cicéron nous rapporte (en souriant, car il n'y croit guère !) l'origine légendaire de ce savoir (*haruspicina, ae, *f., l'haruspicine) : dans un champ, près de Tarquinies, en Étrurie, un laboureur voit soudain surgir au creux du sillon un étrange petit bonhomme qui parle…*

Is autem Tages, ut in libris est Etruscorum, puerilem speciem, sed senilem prudentiam habebat. Ejus adspectu obstupuit bubulcus magnumque clamorem edidit. Etrusci narrant totam Etruriam brevi tempore in eum locum convenisse, et Tagetem plura de haruspicinae disciplina dixisse multis audientibus, qui omnia verba ejus exceperunt. Haec accepimus ab ipsis Etruscis, haec scripta conservant.

D'après Cicéron, *Sur la divination*, II, 50.

TRADUCTION

Or ce Tagès, d'après les livres des Étrusques, avait l'air d'un gamin, mais la sagesse d'un vieillard. À sa vue, le bouvier resta stupéfait et poussa un grand cri. On dit que toute l'Étrurie, en peu de temps, vint à cet endroit, et que Tagès parla (plus) longuement de l'art de l'haruspicine à ces nombreux auditeurs, qui recueillirent toutes ses paroles. (*Traduisez vous-mêmes la dernière phrase.*)

Observation

1 Comment appelle-t-on, en français, la proposition subordonnée introduite par *que* qui suit un verbe comme : « il dit », « il raconte », « il croit » ?

2 Les verbes traduits par « (toute l'Étrurie) vint », « (Tagès) parla » présentent-ils une désinence de 3e personne ? Sur quel radical la forme **dixisse** est-elle construite ?

3 Délimitez les propositions dans lesquelles on rencontre ces verbes. En comparant texte latin et traduction, précisez quel est leur sujet. À quel cas est-il en latin ?

Étude

1. **Etrusci antiquam fabulam narrant, et credunt eam fabulam veram esse.**
Les Étrusques racontent une antique légende et ils croient que cette légende est vraie.

2. **Agricola Tagetis verba audivit.**
Un paysan écouta les paroles de Tagès.

3. **Etrusci narrant agricolam Tagetis verba audivisse.**
Les Étrusques racontent qu'un paysan écouta les paroles de Tagès.

4. **Romani haruspicinae artem ab Etruscis didicerunt.**
Les Romains apprirent des Étrusques l'art de l'haruspicine.

5. **Romani sciunt se haruspicinae artem ab Etruscis didicisse.**
Les Romains savent qu'ils ont appris des Étrusques l'art de l'haruspicine.

6. **Rhea Silvia dixit Romulum Martis dei filium esse.**

7. **Num putatis eam fabulam veram esse Romulumque dei filium fuisse?**

8. **Romani narrant Romulum Romam condidisse.**

Questions

1 Dans la phrase 1, quelle est la fonction de **antiquam fabulam**? Quelle est la fonction de la proposition **eam fabulam veram esse**? Comment appelle-t-on, en français, une telle proposition? Dans les phrases 1 à 5, relevez les propositions de ce type.

2 Qu'est-ce que **esse**? Quel est son sujet dans la proposition **eam fabulam veram esse**? À quel cas est celui-ci? Sur quel radical se forment les infinitifs **audivisse** et **didicisse**? Donnez les infinitifs présents de ces verbes.

3 Que représente le pronom **se** dans la phrase 5?

4 Traduisez les phrases 6 à 8. Qu'indique la différence entre infinitif présent et infinitif parfait?

Voyage vers les Enfers en chariot.
Art étrusque, Ve-VIe siècles avant J.-C.
Volterra, musée étrusque.

Vocabulaire à retenir

Noms
agricola, ae, *m.*: paysan
ars, artis, *f.*: art, technique
Etrusci, orum, *m. pl.*: les Étrusques
haruspicina, ae, *f.*: haruspicine

Verbes
condo, is, ere, didi, ditum: fonder
credo, is, ere, didi, ditum: croire
disco, is, ere, didici: apprendre
puto, as, are, avi, atum: penser
scio, is, ire, scivi, scitum: savoir

Adjectifs
antiquus, a, um: antique
verus, a, um: vrai, véridique

Grammaire

1 L'infinitif parfait

- L'infinitif parfait se forme sur le **radical du parfait**, à l'aide du suffixe **-isse** :

amav- + **-isse**	avoir aimé
delev- + **-isse**	avoir détruit
leg- + **-isse**	avoir lu
audiv- + **-isse**	avoir entendu
cep- + **-isse**	avoir pris

2 La proposition infinitive

- On reconnaît une proposition infinitive à ce que :

– son **verbe** est à l'**infinitif** ;
– le **sujet** de ce verbe est à l'**accusatif**.

- On rencontre la proposition infinitive après les **verbes de déclaration et d'opinion** : *dire, penser, croire*, et des verbes de même sens (*raconter, prétendre, savoir*...), qu'elle complète (c'est une **proposition complétive**).

On dit que ces verbes « se construisent » avec la proposition infinitive.

- La proposition infinitive est employée pour rapporter des paroles (discours indirect) :

« **Romulus Romam condidit** », inquit.
« **Romulus a fondé Rome** », dit-il.

Dicit **Romulum Romam condidisse.**
Il dit que **Romulus a fondé Rome**.

- Dans la proposition infinitive, on emploie l'**infinitif parfait** pour exprimer une **action antérieure** (= qui s'est passée avant, plus ancienne) par rapport au verbe de la principale :

Omnes **scimus** Romam in Italia **esse.**
Nous **savons** tous que Rome **est** en Italie.

Omnes **scimus** Romulum Romam **condidisse.**
Nous savons tous que Romulus a fondé Rome.

Retenez aussi

Dans la proposition infinitive, **le sujet est toujours exprimé**. Si c'est le même que celui du verbe principal, on emploie un pronom personnel (à la 3e personne, le pronom réfléchi ***se***) :

Credo **me** peritum esse.	Dux putat **se** peritum esse.
Je crois que **je** suis compétent.	Le général pense qu'**il** est compétent.
Je crois être compétent.	Le général pense être compétent.

Exercices

1 a. Formez les infinitifs parfaits des verbes de la première série, puis traduisez-les.

b. Donnez l'infinitif présent des verbes de la seconde série.

1. discere – adjuvare – irrumpere – dare – metuere – narrare – posse – jacere – habere – credere – respondere – facere.

2. abjecisse – reliquisse – dixisse – fecisse – condidisse – gessisse – legisse – potuisse – credidisse – scripsisse – putavisse – scivisse – fuisse.

2 Transformez les phrases suivantes selon le modèle ci-dessous, puis traduisez-les.

Fabula vera est. ➜ Dicit fabulam veram esse.

1. Multi pueri hanc fabulam legunt. – **2.** Romulus et Remus Rheae Silviae filii sunt. – **3.** Remus nullam urbem condidit. – **4.** Lupa pueros audivit eosque statim amavit. – **5.** Romanis viris tria nomina sunt. – **6.** Omnes vicini nobis invident.

3 Traduisez du latin au français ou du français au latin.

1. Scio amicum amicos adjuvare. – **2.** Nous savons que l'amitié est une grande chose. – **3.** Legimus Romanis tria nomina fuisse. – **4.** Vous savez que les Romains avaient des esclaves. – **5.** Putamus peritos duces peritis militibus praeesse debere.

4 Version.

L'historien Tite-Live avait raconté lui aussi la légende de Romulus et Remus (texte, p. 110) : « Le Tibre, dit-il, était en crue lorsque les soldats d'Amulius y déposèrent un berceau contenant les nouveau-nés et, quand l'eau baissa… »

Traduisez ce texte. Vous connaissez déjà l'histoire, et cela vous aidera !

La louve et les jumeaux

Titus Livius narrat alveum in sicco fluminis aquam destituisse, lupam sitientem ex montibus qui circa sunt ad puerorum vagitum cursum flexisse et eis mammas mite praebuisse. Narrat etiam Faustulum, magistrum regii pecoris, pueros invenisse et Larentiae uxori dedisse.

D'après Tite-Live, *Histoire romaine*, I, 6-7.

VOCABULAIRE

alveus, i, *m.* : berceau ; **in sicco** : à sec ; **destituo, is, ere, tui** : laisser là, déposer ; **sitiens, entis** : assoiffé ; **mons, montis,** *m.* : montagne ; **circa** (*adv.*) : tout autour ; **vagitus, us,** *m.* : cris d'enfant, vagissement ; **cursus, us,** *m.* : course ; **flecto, is, ere, flexi** : fléchir, détourner ; **mamma, ae,** *f.* : mamelle ; **mite** (*adv.*) : doucement ; **praebeo, es, ere, bui** : présenter, offrir ; **etiam** (*adv.*) : encore, aussi ; **magister, tri,** *m.* : maître, berger en chef ; **regius, a, um** : royal ; **pecus, oris,** *n.* : troupeau, bétail ; **invenio, is, ere, veni** : trouver.

STOCK DE MOTS

Qui l'a dit ?

Voici des verbes qui se construisent avec la proposition infinitive :

ignoro, as, are, avi, atum : ignorer, ne pas savoir
nuntio, as, are, avi, atum : annoncer
jubeo, es, ere, jussi, jussum : ordonner
existimo, as, are, avi, atum : estimer, juger
juro, as, are, avi : jurer
nego, as, are, avi, atum : nier, dire que… ne… pas
contendo, is, ere, di, tentum : prétendre.

Voici maintenant des personnages (ou des auteurs) que vous avez rencontrés dans les textes de lecture :
Rhea Silvia ; Seneca ; Pythius ; Larcii servi ; Encolpus ; legati ; Plinius.

Choisissez pour chaque phrase le sujet du verbe de la principale qui vous paraît convenir et traduisez.

1. … jubent Cincinnatum senatus mandata audire. – **2.** … non negant dominum superbum fuisse. – **3.** … jurat Martem Romuli patrem esse. – **4.** … Efulano nuntiat Miniciam aegram esse. – **5.** … existimat Lucilium certa ingenia non legere. – **6.** … ignorabat canem in muro pictum esse. – **7.** … contendit piscatores ad villam quotidie venire.

DU LATIN AU FRANÇAIS

Expliquez le sens des mots en gras d'après les mots latins que vous connaissez.

- Les légendes racontent des faits qui ne sont **crédibles** que pour les personnes **crédules**.
- Faire **crédit** à quelqu'un, c'est **croire** à ce qu'il dit.
- Il faut **vérifier** ses paroles : ce qu'elle dit n'est pas toujours **véridique**.
- Certains récits contiennent des faits non **avérés** ou dont la **véracité** est contestable.

CIVILISATION

Doc. 1 Poulets sacrés.

L'obstination impie de P. Claudius, consul en 249 avant J.-C., causa la perte de 90 navires de la flotte romaine…

Au cours de la première guerre punique, P. Claudius se disposait à livrer un combat naval et avait demandé, selon l'ancien usage, qu'on prît les auspices. Informé par le gardien des poulets sacrés (*pullarius*) que ceux-ci refusaient de sortir de leur cage, il les fit jeter à la mer en disant : « Puisqu'ils ne veulent pas manger, qu'ils boivent ! » Son collègue L. Junius, qui négligea lui aussi de prendre les auspices, perdit sa flotte dans une tempête et se suicida pour prévenir la honte d'une condamnation.

Valère-Maxime, *Actions et paroles mémorables*, I, 4, 3.

Doc. 2 Mauvais rêves.

Selon Suétone, bien des signes ont annoncé l'assassinat de Jules César dans la Curie, le jour des Ides de Mars (le 15 mars 44).

Alors qu'il faisait un sacrifice, l'haruspice Spurinna l'avertit de prendre garde à un danger qui ne s'étendrait pas au-delà des Ides de mars. La veille de ces mêmes Ides, un roitelet portant une petite branche de laurier volait vers la Curie, mais des oiseaux de différentes espèces venus d'un bosquet voisin le poursuivirent et le déchirèrent dans cette même Curie. La nuit à la suite de laquelle se leva le jour du meurtre, César lui-même se vit, pendant son sommeil, à certains moments voler au-dessus des nuages, tantôt joindre sa main à celle de Jupiter ; Calpurnia, sa femme, rêva que le toit de leur demeure s'écroulait et que son époux était percé de coups dans ses bras ; et soudain la porte de leur chambre s'ouvrit d'elle-même.

Suétone, *Vie de César*, LXXXI (4-8).

Doc. 3 Foie étrusque en bronze. Plaisance, musée civique.

Doc. 4 Statuette représentant un haruspice. Art étrusque, IVe siècle avant J.-C. Rome, musée de la villa Giulia.

Découverte

Doc. 1 **1.** Lequel des deux généraux a commis la faute la plus grave ?

Doc. 2 **2.** Sachant que l'on prêtait à César l'intention de se faire couronner roi (*rex, regis*), comment interprétez-vous l'épisode du roitelet (*avis regaliolis*) ?
3. Dans les rêves de Calpurnia et de son époux, qu'est-ce qui « annonce » la mort de César ?

Doc. 3 **4.** À quoi sert, à votre avis, l'objet représenté ? Que signifient les lignes tracées sur ce foie ?

Des signes à décoder

Pour les Romains, les dieux manifestent concrètement leur volonté (numen, inis, *n.*) *par des signes divers : la divination* (divinatio) *consiste à les interpréter.*

Devins ou charlatans ?

● Les Étrusques ont appris aux Romains leur **art de la divination**, l'***haruspicine***, et ses règles codifiées dans des livres. Leur méthode (*disciplina*) se fonde sur l'examen du **foie des animaux** offerts en sacrifice : palpé, mesuré, soupesé avec soin, cet organe fournit des informations qui sont interprétées à partir de modèles de bronze. À cette technique ancestrale, les haruspices ajoutent l'interprétation de la **foudre**, considérée comme la manifestation du ***numen*** de Jupiter.

● Bien qu'ils ne soient pas officiellement reconnus par l'État, les **haruspices** sont consultés comme des devins professionnels. Cependant, ils sont considérés comme des charlatans par les intellectuels : selon Cicéron, « un haruspice ne peut pas regarder un autre haruspice sans rire ».

Augures et auspices

● Sous le contrôle de l'État, les Romains pratiquent aussi une autre méthode de divination : la prise d'auspices (***auspicia***), nécessaire avant tout acte officiel, pour s'assurer de l'approbation des Dieux.

● La tête recouverte d'un pan de leur toge, des spécialistes, les augures (***augures***) observent le comportement des oiseaux (***aves***) dans une partie du ciel (*templum*) qu'ils ont déterminée à l'aide d'un bâton recourbé (*lituus*). L'espèce, les cris des oiseaux, le sens de leur vol (favorable venant de la droite, néfaste venant de la gauche), autant de signes divins que les augures interprètent. De même, on observe l'appétit des **poulets sacrés** (***pulli***), élevés dans des cages par un pullaire (*pullarius*).

L'attention aux présages

● À chaque instant, apparemment par hasard, peut survenir un signe des dieux. Il convient donc d'observer chaque signe comme un « clignotant » destiné à attirer l'attention. Ce peut être un événement extraordinaire tel qu'un veau à deux têtes ou une pluie de sang (***prodigium, ii,*** n), mais aussi une parole banale prononcée par hasard qui se révèle receler un double sens (***omen, inis,*** n), un coup de tonnerre imprévu ou encore le comportement étrange d'un animal. Enfin, les dieux passaient pour emprunter volontiers la voie des rêves dit « prémonitoires » pour s'exprimer : leur interprétation s'appelle l'**oniromancie**.

Doc. 5 Augure avec son bâton sacré.
Art étrusque, VIe siècle avant J.-C. Tarquinia.

À VOUS DE JOUER !

1. Quel objet brandit cet augure étrusque (doc. 5) ?
2. Comment comprenez-vous les phrases : « C'est un oiseau de mauvais augure » et « L'affaire s'engage sous les meilleurs auspices » ?

CIVILISATION

Doc. 1 Un sacrifice à Mars.

Caton l'Ancien explique au paterfamilias *comment il doit procéder pour obtenir la protection de Mars, divinité qui veille sur la croissance des végétaux.*

Invoque d'abord Janus et Jupiter, par une libation de vin, et dis ensuite : « Ô Mars vénérable, je te prie et je te demande d'être bienveillant et propice pour moi, pour notre maison et tous ceux qui l'habitent et, si j'ai donné ordre que l'on promène un porc, un mouton et un taureau tout autour de mon domaine, de ma terre, de ma propriété, c'est pour que tu écartes, repousses, détournes les maladies visibles ou invisibles, la stérilité des champs et leur dévastation, les fléaux qui ruinent la moisson et les intempéries ; pour que tu permettes aux produits de la terre, aux blés, aux vignes et aux jeunes arbres de pousser et d'arriver à bon terme, pour que tu assures la conservation des bergers et des bêtes du troupeau, et que tu me donnes bonne santé, à moi, à ma maison et à tous ceux qui l'habitent : pour tout cela, pour purifier ma propriété, ma terre, mon domaine et pour faire cette purification, comme je l'ai dit, accepte favorablement le sacrifice de ces *suovetaurilia* non encore sevrés. Ô Mars vénérable, pour tout cela, accepte favorablement l'offrande du porc (*sus, suis*), du mouton (*ovis, is*) et du taureau (*taurus, i*) non encore sevrés. »

Caton l'Ancien, *De Agricultura*, 141.

Doc. 2 Suovetaurilies : triple sacrifice d'un porc, d'un mouton et d'un taureau. Marbre, vers 48 avant J.-C. Rome, Champ de Mars.

Découverte

Doc. 1

1. Comment expliquez-vous le nom *suovetaurilia* donné à ce sacrifice ?
2. Dans une prière romaine, il faut : 1) ne rien oublier ; 2) dire les mots justes. Retrouvez ce double souci dans la formule rituelle que prononce le *paterfamilias*.

Doc. 2

3. Localisez l'autel, le prêtre sacrificateur, et l'instrument qui va servir à tuer les victimes.

Des dieux à honorer

L'ensemble des cérémonies et des objets nécessaires au culte (sacra) *fait partie du domaine sacré* (sacer) *; ce sont les prêtres* (sacerdotes) *qui ont la charge d'accomplir les rites.*

Sacrifices

● À l'égard des dieux, les Romains manifestent à la fois du respect et de la crainte : une attitude nommée ***religio***, qui a donné notre mot **religion**. Elle se traduit par deux préoccupations fondamentales : observer avec le plus grand soin les signes envoyés par les forces divines (***numina***) et accomplir toutes les actions rituelles, gestes et paroles, destinées à leur rendre hommage.

● Et d'abord, il faut **sacrifier** aux dieux : « faire » (*facere*) les choses « sacrées » (*sacra*). Le sacrifice constitue une sorte de **contrat** entre les hommes et les dieux sur le principe du « donnant-donnant » : en échange de la **protection** qu'ils espèrent obtenir de la divinité, les hommes lui font une **offrande**, un cadeau choisi selon des règles très précises.

Doc. 3 Préparatifs d'un sacrifice. Ier siècle après J.-C. Paris, musée du Louvre.

Offrandes et victimes

● Dans les **sacrifices non sanglants**, on offre des pâtisseries, du fromage, des produits de la terre (légumes, fruits, céréales) ou des **libations**, qui consistent à répandre un cadeau en « liquide » (vin, lait, huile). Dans de grandes occasions, on étend (*sternere*) les statues des grands dieux sur des lits (*lecti*) pour un **banquet symbolique** dont ils sont les convives (*lectisterne*).

● Dans les **sacrifices sanglants**, on immole des **victimes animales**. Ce sont des animaux domestiques : moutons, bœufs, porcs et chèvres. L'aspect de la bête, la couleur de son pelage, son âge et son sexe font l'objet d'une sélection soigneuse. Le sacrifice peut comporter une ou plusieurs victimes.

Un rituel immuable

● La tête parée de rubans, la bête est conduite jusqu'à l'**autel** ; là, le prêtre, pur de toute souillure (il s'est lavé les mains dans un bassin) et la **tête couverte** par un pan de sa toge, procède au sacrifice **en public** : il saupoudre la tête de la victime de *mola salsa* (une mixture de farine et de sel), puis l'arrose d'une libation (vin, encens) ; ensuite un assistant assomme l'animal et l'égorge ; le sang est répandu sur l'autel. L'animal est alors dépecé, ses entrailles sont examinées.

● Si l'observation ne révèle aucun présage défavorable, **cœur, foie, rate et poumons** sont cuits dans une marmite ou à la broche. Découpés et brûlés sur l'autel, ils constituent la **part réservée aux dieux**, qui doivent se régaler de leur fumet odorant ! La chair est partagée entre le(s) prêtre(s) et le public. Tout ce rituel, **gestes et prières**, obéit à un code sacré dont il est interdit de changer le moindre élément. Un simple éternuement intempestif obligerait à tout recommencer !

À VOUS DE JOUER !

1. D'où vient le mot français « sacrifice » ?
2. Pourquoi les Romains faisaient-ils des sacrifices aux dieux ?
3. Comment la victime représentée sur le bas-relief (doc. 3) a-t-elle été préparée ? Étudiez le décor en arrière-plan : où se situe la scène ?

CHAPITRE

14

Au sud, des Grecs

« Mater et pullus. »
Éléphant de guerre.
Art étrusque, IIIe siècle av. J.-C.
Rome, villa Giulia.

Lecture

REPÈRES

produco, is, ere, duxi, ductum : amener
pullus, i, *m.* : jeune bête
ictus, us, *m.* : coup
averto, ti : détourner
per (+ *Acc.*) : à travers
recurro, curri : courir en arrière
stridor, oris, *m.* : cri
agnosco, novi : reconnaître
exsilio, silui : bondir
circa (*adv.*) : autour
omnia, *n. pl.* : toutes choses, tout
permisceo, miscui : bouleverser
sic : ainsi
idem, eadem, idem : le même, la même
fera, ae, *f.* : bête fauve
aufero, abstuli : enlever
par, paris : égal
trado, didi : livrer, donner

Fils de la Louve contre éléphants

Dans leur conquête de l'Italie du Sud, les Romains durent se frotter à des adversaires qui ne se battaient pas comme eux : le premier, le roi d'Épire, Pyrrhus, leur opposa des éléphants de combat, qui leur firent perdre deux batailles (vers 280 av. J.-C.). Heureusement, un incident fit se retourner contre Pyrrhus cette arme redoutable.

Productis in primam aciem elephantis, unum ex his pullum teli ictus avertit ; per suos recurrit cum stridore ; eum agnovit mater et exsiluit ; tum omnia circa permiscuit. Ac sic eaedem ferae quae primam victoriam abstulerunt et secundam parem fecerunt, tertiam tradiderunt.

D'après Florus, *Histoire abrégée*, I, 13.

TRADUCTION

Comme les éléphants avaient été amenés en première ligne, un coup de javelot fit se retourner un des leurs, une jeune bête ; il courut en arrière à travers les siens en barrissant ; sa mère le reconnut et bondit ; alors elle bouleversa tout autour d'elle. Et ainsi les mêmes bêtes fauves qui nous ont dérobé la première victoire et rendu la seconde indécise, nous offrirent la troisième.

Observation

1 Lisez les temps primitifs donnés dans les « Repères » pour le verbe **produco**. À quelle forme (nouvelle) pouvez-vous rattacher **produc-tis** ? Dans le groupe : **productis elephantis** (« les éléphants ayant été amenés »), quelle tournure récemment étudiée reconnaissez-vous ?

2 Remplacez **elephantis productis** par **militibus elephantos producentibus**, et traduisez. Comparez les deux traductions. Quelles différences notez-vous ?

3 Le pronom adjectif **isdem** se décline comme **is, ea, id,** en ajoutant le suffixe invariable **-dem**. À quel cas est-il ici ? Remplacez, dans le texte, **eaedem ferae quae...** par la traduction de « les mêmes éléphants qui... ».

4 Expliquez la traduction de **parem (victoriam)** par « (victoire) indécise ».

Étude

1. Romani cum Pyrrho rege bellum gesserunt.
Les Romains firent la guerre contre le roi Pyrrhus.

2. Florus narrat bellum cum Pyrrho gestum.
Florus raconte la guerre faite contre Pyrrhus.

3. Pyrrhi milites elephantos in primam aciem produxerunt.
Les soldats de Pyrrhus firent avancer les éléphants en première ligne.

4. Elephantis productis, proelium hostes commiserunt.
Une fois les éléphants amenés, les ennemis engagèrent la bataille.

5. Proelio commisso, tela in elephantos Romani jecerunt.
Une fois la bataille engagée, les Romains lancèrent des javelots contre les éléphants.

6. Primo proelio, Romani elephantos metuerunt fugamque ceperunt ; secundo proelio, eodem timore pugnaverunt.

7. Tertio proelio, nullo jam timore ab elephantis facto, Romani Pyrrhum vicerunt.

8. Tum, Pyrrho victo, hostes pacem petiverunt. Romani magnam praedam ceperunt.

Questions

1 **Gestum** (phrase 2) est un participe passé passif. À quoi reconnaît-on qu'il est : a. un participe ; b. passé ; c. passif ?
Remplacez **gestum** par une proposition relative reprenant la phrase 1.

2 Comparez la formation des participes **gestum, productis, commisso** (phrases 2, 4, 5). Dans les temps primitifs des verbes (vocabulaire ci-dessous), quelle forme vous permet de reconnaître le participe passé passif ?

3 Comme le participe présent (actif), le participe passé passif s'emploie dans des ablatifs absolus. Relevez ceux que contiennent les phrases. Proposez, pour ces groupes, d'autres traductions.

4 Traduisez les phrases 6 à 8. À quel cas est **eodem** (phrase 6) ?

Vocabulaire à retenir

Noms

elephantus, i, *m.* : éléphant
fuga, ae, *f.* : fuite
praeda, ae, *f.* : butin
proelium, ii, *n.* : bataille, combat
timor, oris, *m.* : peur

Adjectifs

secundus, a, um : deuxième, second
tertius, a, um : troisième

Verbes

committo, is, ere, misi, missum : commettre, entreprendre
→ committere proelium : engager le combat, la bataille
gero, is, ere, gessi, gestum : porter, faire, gérer
jacio, is, ere, jeci, jactum : jeter, lancer
metuo, is, ere, metui : craindre
peto, is, ere, petivi, petitum : chercher à atteindre, demander
produco, is, ere, duxi, ductum : amener devant, faire avancer
vinco, is, ere, vici, victum : vaincre

Grammaire

1 Le participe passé passif

- Le participe passé passif se caractérise par le suffixe **-tus, -ta, -tum**. Il se décline comme ***bonus, a, um***.

amare → **amatus, a, um** aimé

ducere → **ductus, a, um** conduit, guidé

- Ce suffixe, en s'ajoutant au radical, peut entraîner des modifications phonétiques.

leg-ere → **lectus, a, um** (< **leg-tus**) lu

scrib-ere → **scriptus, a, um** (< **scrib-tus**) écrit

mitt-ere → **missus, a, um** (< **mit-tus**) envoyé

- La cinquième forme des « temps primitifs », appelée **supin**, vous permet de reconnaître le participe passé passif :

vinco, is, ere, vici, **victum** → **victus, a, um** vaincu

- En vocabulaire, vous avez appris des verbes latins avant d'avoir étudié le parfait et le participe passé passif : pour retrouver leurs temps primitifs, reportez-vous désormais au lexique, en fin de manuel.

- Le participe passé passif s'emploie :

– comme un **adjectif qualificatif** :

tela in hostes **missa**

les javelots lancés contre les ennemis

– comme un verbe dans un **ablatif absolu** :

Pyrrho **victo**

Pyrrhus ayant été vaincu/Après la victoire sur Pyrrhus/

Une fois Pyrrhus vaincu/Comme Pyrrhus avait été vaincu…

2 Le pronom-adjectif *idem, eadem, idem* : « le/la même »

	Singulier			Pluriel		
	M	F	N	M	F	N
N	idem	eadem	idem	eidem (iidem)	eadem	eadem
Acc.	eumdem	eamdem	idem	eosdem	easdem	eadem
G	ejusdem	ejusdem	ejusdem	eorumdem	earumdem	eorumdem
D	eidem	eidem	eidem	eisdem (iisdem)	eisdem (iisdem)	eisdem (iisdem)
Abl.	eodem	eadem	eodem	eisdem (iisdem)	eisdem (iisdem)	eisdem (iisdem)

Exercices

1 **Cherchez dans le lexique les temps primitifs des verbes suivants et formez leur participe passé passif.**

abjicio – do – adjuvo – mitto – narro– video – vinco – cupio – debeo – duco – facio – diligo – habeo.

2 **a. Analysez les participes suivants (genre, nombre, cas) en signalant les diverses possibilités.**

b. En vous aidant du lexique, donnez les temps primitifs des verbes correspondants.

interrogatam – responsa – scriptorum – spectati – dicta – missis – narrato – relictarum – captas – vocati.

3 **Traduisez du latin au français ou du français au latin.**

1. Pyrrho bellum in Italia gerente, elephanti magnum timorem Romanis militibus fecerunt. – **2.** Pace cum Romanis facta, Pyrrhus elephantos in Italia reliquit. – **3.** Une fois le pont coupé, Horatius se jeta dans le fleuve. – **4.** Una civitate facta, Romani et Sabini eamdem urbem incoluerunt. – **5.** His verbis dictis, legati pacem petiverunt. – **6.** Après avoir écouté les légats, Cincinnatus appela son épouse. – **7.** Romulo invitante, Sabini in Urbem convenerunt. – **8.** Livius (Tite-live) bella cum Etruscis gesta narrat.

4 **Complétez les phrases suivantes avec les formes de *idem*.**

1. Omnes auctores… fabulam narrant. – **2.** Num… urbem incolitis ? – **3.** … amicos semper invitat Cicéro. – **4.** Multos libros… auctoris legere oportet. – **5.** Omnes rosas… puellae dedimus. – **6.** … die duas epistulas ad te scripsi. – **7.** In exercitu nostro… duci omnes legati parent. – **8.** Omnes milites… periculum adire debent. – **9.** Patri et filio… praenomen est.

Vase en terre cuite en forme d'éléphant.
Naples, musée archéologique national.

STOCK DE MOTS

À la guerre (bis) : grandes manœuvres

bellum indicere (< indico, is, ere, dixi, dictum) : déclarer la guerre
bellum gerere (< gero) : faire la guerre à (cum + *Abl.* ; adversus + *Acc.*)
pacem habere : être en paix – **pacem petere** (ab + *Abl.*) : demander la paix (à)
pacem facere (cum + *Abl.*) : faire la paix (avec)
castra ponere (< pono) : établir un camp
castra movere (< moveo) : lever le camp, faire mouvement.

Cherchez dans le lexique (en fin de livre) les verbes qui entrent dans la composition de ces expressions « techniques » et relevez leurs temps primitifs. Puis traduisez les phrases suivantes.

1. Romani non diu cum vicinis pacem habebant. – **2.** Pyrrhus bellum Romanis indixit. – **3.** Pyrrhi elephanti, telis perterriti (*terrorisés*), pacem a Romanis petere cupiverunt. – **4.** Castris ad flumen positis, consul cum legatis jucundam cenam habuit. – **5.** Pace cum Etruscis facta, Romani pontem Sublicium refecerunt (< reficio, *refaire*). **6.** Castra movere oportet cum milites vino carent.

DU LATIN AU FRANÇAIS

Retrouvez les mots latins dans le radical des mots en gras.

- Cet enfant est **timide**, voire **timoré**.
- Je n'aime pas cette **seconde** version, je préférais votre texte **primitif**.
- C'est une mauvaise **gestion** qui a mené cette entreprise à la faillite.
- Toutes sortes de **projectiles** furent utilisés dans cet affrontement.
- Cet acteur s'est récemment **produit** dans une **superproduction**.
- J'ai la **conviction** que nous obtiendrons la **victoire**.

Quand emploie-t-on le mot latin *idem*, tel quel, en français ?

Doc. 1 Une cité de rêve.

Cicéron, qui a exercé des fonctions officielles en Sicile, connaît bien cette « île grecque », et célèbre les beautés de sa capitale, où régnèrent, jadis, sous le nom de « tyrans », des monarques prestigieux.

Vous avez souvent entendu dire que Syracuse était, de toutes les villes grecques, la plus grande et la plus belle. Ce que l'on dit est vrai. En effet, son site est non seulement bien défendu, mais, qu'on y arrive par terre ou par mer, il est remarquable à voir ; on y trouve des ports presque au milieu des maisons et au cœur de son enceinte, et ces ports, dont les accès s'opposent, se rejoignent là où ils aboutissent, en formant une seule passe. À leur jonction, le quartier qu'on appelle « l'Île » (*Insula*), séparé du reste de la ville par un bras de mer, lui est relié par un pont étroit, et la prolonge. C'est là qu'est un palais qui fut celui du roi Hiéron, et où résident nos préteurs[1]. On y trouve aussi de nombreux sanctuaires, dont deux sont de loin les plus célèbres : le temple de Diane et celui de Minerve… À la pointe de l'Île coule une fontaine d'eau douce, qu'on appelle « la fontaine Aréthuse », d'une incroyable grandeur, pleine d'une multitude de poissons, et qui serait engloutie par les flots si on ne l'avait séparée de la mer par la protection d'une digue de pierres.

Cicéron, *Sur les œuvres d'art*, 52-118.

1. Magistrats romains en poste dans les provinces.

Doc. 2 Theâtre grec de Syracuse.

Découverte

Doc. 1

1. Quels avantages présente le site de Syracuse ?
2. Quel détail du texte montre que la cité grecque, à l'époque de Cicéron, est « romanisée » ?

Doc. 2

3. Quel rôle jouait le théâtre dans la culture grecque ?

Des Grecs en Italie

Les voisins de Rome ne sont pas seulement des « Italiotes » (peuplades indigènes appelées ainsi d'après Italus, roi mythique dont l'Italie tire son nom).
En progressant vers le sud, la puissance romaine va rencontrer… des Grecs.

Doc. 3 Temple de Selinonte en Sicile.

Au secours, Pyrrhus !

● Le sud de l'Italie, depuis plusieurs siècles, était une zone de population, de langue et de culture grecques. Et quand les Romains attaquèrent la puissante cité de Tarente, celle-ci appela **Pyrrhus**, roi d'Épire (région du nord de la Grèce), à l'aide (vers 280 av. J.-C.).

● Pyrrhus s'était procuré une **vingtaine d'éléphants** en Afrique et il s'en servait, comme le feront plus tard les Carthaginois, à la manière de « forteresses ambulantes » : blindés par une cuirasse, certains portaient une tour d'où des archers lançaient des traits. Des tanks avant l'heure… qui causèrent bien des soucis à l'**infanterie romaine**. Ils valurent d'abord à Pyrrhus quelques succès, mais au prix d'énormes pertes, et finalement, **battu à Bénévent** (275), le roi d'Épire se retira dans son royaume.

La Sicile, grecque puis romaine

● Dès le VIIe siècle avant J.-C., des Grecs étaient venus s'installer dans l'extrême sud de la « botte » italienne (régions de la Calabre et des Pouilles) et en Sicile. Ils avaient développé des cités très florissantes sur ces territoires appelés « **la Grande Grèce** », et généralisé leur langue et leur culture raffinée.

● La Sicile était particulièrement **riche** : cette île occupe une **position-clé** sur les routes maritimes de **Méditerranée** ; fertile, elle produisait beaucoup de blé et d'huile d'olive, que Rome importait en grande quantité. Sa capitale **Syracuse** était célèbre pour ses temples magnifiques, mais aussi pour sa « qualité de vie » qui émerveillera les Romains jusqu'à l'époque de Cicéron. Tant d'avantages exposèrent la Sicile à la convoitise des **Romains** et des **Carthaginois**, qui en occupaient une partie lorsqu'éclata la première **guerre punique** : l'île se trouva au cœur du **conflit entre Rome et Carthage**, et tomba finalement sous la domination des Romains, qui en firent leur première province.

Un voisinage civilisateur

● L'influence de la **culture grecque** s'étendit jusqu'au golfe de Naples (au nom grec de **Néapolis**, « Nouvelle ville »), en Campanie, où l'on continua pendant des siècles à parler grec.

● Plus au nord, en installant des **comptoirs** sur les côtes, les Grecs avaient établi des liens non seulement commerciaux, mais culturels avec les Étrusques, qui utilisèrent un **alphabet** inspiré du grec pour écrire leur langue. Encore plus au nord, les Grecs s'établirent en maintes cités illustres : Nice (*Nikaïa*), Marseille (*Massilia*), Agde (*Agatha*). Tant et si bien que, lorsque les Romains conquirent ces régions, ils rencontrèrent, là aussi, des Grecs.

À VOUS DE JOUER !

1. Qu'appelle-t-on une « victoire à la Pyrrhus » ?
2. Situez, sur la carte placée à la fin de ce livre, la Sicile, la Campanie, les villes de Syracuse, Naples et Tarente.
3. Expliquez, en commentant la carte placée au début de ce livre, pourquoi la Sicile attira tant les Grecs, les Romains et les Carthaginois.

CIVILISATION

Doc. 1 L'alphabet grec.

Α	α	alpha	a
Β	β	bêta	b
Γ	γ	gamma	g
Δ	δ	delta	d
Ε	ϵ	epsilonn	é
Ζ	ζ	dzêta	dz
Η	η	êta	ê
Θ	θ	thêta	t
Ι	ι	iota	i
Κ	κ	kappa	k
Λ	λ	lambda	l
Μ	μ	mu	m
Ν	ν	nu	n
Ξ	ξ	xi	x
Ο	ο	omicronn	o
Π	π	pi	p
Ρ	ρ	rhô	r
Σ	σ	sigma	s
Τ	τ	tau	t
Υ	υ	upsilonn	u
Φ	φ	phi	f
Χ	χ	khi	k
Ψ	ψ	psi	ps
Ω	ω	ômêga	ô

Doc. 2 Vivre « à la grecque ».

Au Ier siècle avant J.-C., Varron épingle les Romains qui se piquent de vivre « à la grecque »…

Ils pensent ne point avoir une *villa*, s'ils n'usent pas d'une foule de mots grecs pour se l'approprier, en appelant ses différentes pièces : *prokoïtôna* (antichambre), *palaïstran* (palestre, salle de gymnastique), *apodutèrion* (vestiaire), *péristulon* (péristyle), *ornithôna* (volière), *péristéréôna* (pigeonnier), *opôrothèkèn* (resserre à fruits).

Varron, *Rerum rusticarum libri*, II, 1

Doc. 3 Cratère à figures rouges. Au centre, Athena et Poséidon. Paris, musée du Louvre.

Découverte

Doc. 1

1. D'où vient notre mot « alphabet » ?

2. Quelle consonne grecque est en rapport avec l'embouchure du Nil et un sport aérien ? Quelle lettre est utile pour calculer la surface d'un cercle ? De quelle lettre grecque vient le « th- » de « théâtre » ? le « ph- » de « éléphant » ?

Doc. 2

3. Quels mots français sont très proches des mots grecs (transcrits, en italique) ?

Doc. 3

4. Ce vase grec, trouvé en Étrurie, est sans doute l'œuvre d'un artiste local. Que peut-on en conclure ?

5. Identifiez Athéna et Poséidon. Quel objet permet de reconnaître Poséidon, dieu des mers ? Quels sont les « équivalents » latins de ces divinités grecques ?

À l'école des Grecs

Le poète Horace résume l'influence de la culture grecque sur Rome dans deux vers célèbres : « La Grèce conquise conquit son farouche vainqueur et importa les arts dans le sauvage Latium ».

Doc. 4 Artémis ou Diane chasseresse. Copie romaine d'une statue grecque. Paris, musée du Louvre.

Grec ou latin ?

● La confrontation avec les **Grecs d'Italie** rendit leur civilisation familière aux **Romains** ; et lorsqu'ils firent, au IIe siècle avant J.-C., la conquête de la Grèce proprement dite, très admiratifs de cette **culture** plus ancienne et plus brillante que la leur (même s'ils se jugeaient plus sérieux et plus vertueux !), les Romains eurent à cœur de l'assimiler. Toute la moitié orientale de l'Empire ne cessa de parler grec, le latin étant plutôt la « langue administrative ».

● Pendant des siècles, tout Romain lettré était **bilingue** : on lisait et on écrivait aussi bien en grec qu'en latin. Les jeunes gens de bonne famille allaient apprendre en grec la **rhétorique** et la **philosophie** à Athènes ou en Asie Mineure, ou encore dans cette « Grande Grèce » toute proche qu'était la Sicile.

La mère des arts

● La culture romaine d'origine, tournée vers les activités rustiques et militaires, accordait peu de valeur à la **création artistique** et aux travaux de l'esprit. D'abord méfiants envers ce peuple qui honorait athlètes, artistes et beaux parleurs, les Romains accueillent, dès le IIe siècle avant. J.-C., des hommes de talent venus de Grèce.

● L'influence grecque se fait sentir non seulement dans le domaine de la **religion** (où la mythologie et le panthéon grecs viennent se superposer aux traditions latines), mais encore dans le domaine des **idées** et de la **littérature**. La **philosophie** de Pythagore, qui a vécu en Grande Grèce, ou celle d'Evhémère, pour qui les dieux sont de grands hommes divinisés, font leur chemin dans les esprits romains. On imite, en latin, les **tragédies** et les **comédies** des auteurs grecs. Le premier écrivain latin semble même avoir été un grec, Livius Andronicus, prisonnier de guerre affranchi par un général vainqueur, après la prise de Tarente (272 av. J.-C.).

L'école de la beauté

● Les soins du **corps** et l'**exercice physique**, que les Grecs pratiquaient dans des gymnases et des palestres, entrent dans les mœurs romaines. C'est sous l'influence grecque que la *domus* primitive accueille un péristyle et que se construisent des basiliques (vastes halls garnis de colonnades) sur le forum. Le premier **temple** en marbre de la Ville, celui de Jupiter Stator, est construit par un **architecte** grec.

● À Rome, les artistes grecs exerceront un véritable monopole dans des domaines comme la **peinture** et la **sculpture**. Le marché des œuvres d'art est prospère : on les collectionne avec passion, et faute de pouvoir acquérir des originaux des grands sculpteurs grecs Phidias, Praxitèle ou Polyclète, les riches Romains en font exécuter des copies, souvent dans une autre matière et à d'autres dimensions, pour décorer leurs *domus* ou leur *villa*.

À VOUS DE JOUER !

1. Le philosophe Pythagore était aussi mathématicien : à quel fameux théorème a-t-il laissé son nom ?
2. Que signifie, dans nos mots composés, l'élément *phil-* (« philanthropie », « philatélie », « philosophie »…) ?
3. Les Grecs, que les Romains appellent *Graeci, orum*, s'appelaient eux-mêmes, en leur langue, Hellènes. Qu'est-ce que l'hellénisme ? et le philhellénisme ?
4. Citez des mots « adoptés » qui montrent, dans notre français moderne, l'influence de la culture italienne, anglaise ou américaine sur nos appartements, nos goûts artistiques ou nos loisirs.

CHAPITRE

15

Au nord, des Gaulois

Laie en bronze.
Art gallo-romain, Ier siècle ap. J.-C.
Saint-Germain-en-Laye, musée des Antiquités.

Lecture

REPÈRES

divido, is, ere, visi, visum: diviser (en: *in* + *Acc.*)
alius, a, um: autre
Belgae, arum *m. pl.*: les Belges
Aquitani, orum, *m. pl.*: les Aquitains
Celtae, arum, *m. pl.*: les Celtes
institutum, i, *n.*: institution, coutume
fortissimus, a, um: le plus courageux
propterea quod: pour la raison que, parce que
cultus, us, *m.*: culture
humanitas, atis, *f.*: civilisation
longissime absum, es, esse: être très/le plus éloigné (de: **a/ab** + *Abl.*)
minime: très peu
mercator, oris, *m.*: marchand
commeo, as, are: circuler
importo, as, are: importer
proximus, a, um: le plus proche (de, + *D*)
trans (+ *Acc.*) : de l'autre côté de
continenter: continuellement

La Grande Gaule

*Au milieu du Ier siècle avant J.-C., Jules César a conquis la Gaule (*Gallia, ae, *f.), ou plutôt «les Gaules», vaste territoire qui s'étend au nord de la partie déjà romanisée de la Gaule, la* Provincia Romana*, notre actuelle Provence.*

Gallia est omnis divisa in partes tres, quarum unam incolunt Belgae, aliam Aquitani, tertiam qui ipsorum lingua Celtae, nostra Galli appellantur. Hi omnes lingua, institutis, legibus inter se differunt. (…) Horum omnium fortissimi sunt Belgae, propterea quod a cultu atque humanitate Provinciae longissime absunt minimeque ad eos mercatores saepe commeant atque ea, quae ad effeminandos animos pertinent, important; proximique sunt Germanis, qui trans Rhenum incolunt, quibuscum continenter bellum gerunt.

César, *Commentaires de la guerre des Gaules*, I, 1.

TRADUCTION

Vous devez pouvoir traduire ce texte, avec l'aide de votre professeur et des indications suivantes:
– **ipsorum lingua** et **nostra (lingua)** sont à l'ablatif dans la première phrase: «dans leur propre langue…, dans la nôtre…»).
– **qui**: ceux qui.
– **appellantur**: (ils) sont appelés, (ils) s'appellent.
– **ea quae ad effeminandos animos pertinent**: «les choses qui contribuent à efféminer le courage».
– **quibuscum**: **cum quibus**.

Observation

1 Relevez les prépositions et classez-les selon le cas qui les accompagne.

2 Relevez et analysez les pronoms relatifs.

Étude

1. Caesar in Gallia bellum gessit ; ipse ea bella narravit.
César fit la guerre en Gaule ; il raconta lui-même ces guerres.

2. De Gallorum moribus ipsius Caesaris libros nunc legimus.
Sur les mœurs des Gaulois, nous lisons aujourd'hui les livres de César lui-même.

3. Difficile fuit e Gallis victoriam ferre.
Il fut difficile de remporter la victoire sur les Gaulois.

4. Caesar Gallos cum Germanis saepe confert.
César compare souvent les Gaulois et les Germains.

5. Galli ipsi lingua, moribus, virtute inter se differunt.
Les Gaulois eux-mêmes diffèrent entre eux par la langue, les mœurs et le courage.

6. Romani milites procul ab Italia bella per multos annos gerere debebant.

7. Ante bellum adversus Romanos, Galli inter se saepe pugnabant.

8. Post bellum, multi Galli linguam Latinam didicerunt.

Questions

1 Quelle remarque la phrase 2 permet-elle de faire sur la déclinaison du pronom-adjectif **ipse** ?

2 Phrases 3 et 4 : comparez **leg-i-t/leg-e-re** et **(con) fer-t/fer-re**. Quelle est la particularité de ces formes du verbe **fero** ?

3 Traduisez les phrases 6 à 8. Relevez toutes les prépositions utilisées dans ces phrases en précisant le cas du nom qui les suit.

4 Classez les prépositions selon le complément qu'elles introduisent : complément de lieu, complément de temps, ou un autre complément.

Vocabulaire à retenir

Noms

annus, i, *m.* : an, année
Gallus, i, *m.* : Gaulois
Germanus, i, *m.* : Germain
lingua, ae, *f.* : langue
mos, moris, *m.* : coutume, mœurs
victoria, ae, *f.* : victoire
victoriam ferre (ex + *Abl.*) : remporter la victoire sur
virtus, utis, *f.* : vertu, courage

Verbes

confero, fers, ferre, contuli, collatum : rassembler, comparer
differo, fers, ferre, distuli, dilatum : différer, être, différent
disco, is, ere, didici : apprendre
fero, fers, ferre, tuli, latum : porter, supporter

Adjectif

latinus, a, um : latin

Pronom-adjectif

ipse, ipsa, ipsum : lui-même, elle-même

Mots invariables

adversus (+ *Acc.*) : contre
de (+ *Abl.*) : de haut en bas, sur, au sujet de
per (+ *Acc.*) : à travers, pendant
procul : loin
procul ab (+ *Abl.*) : loin de

Grammaire

1 Les prépositions : tableau récapitulatif

	Lieu	Temps	Autre sens
Suivies de l'accusatif			
ad	vers, à côté de	jusqu'à	jusqu'à, pour
adversus	en face de		contre
ante	devant	avant	
apud	chez		
in	(en allant) dans, sur		à l'égard de, contre
per	à travers	pendant	
post	derrière	après	
prope	près de		
Suivies de l'ablatif			
ab (a)	(à partir) de, loin de	(à partir) de, depuis	(venant) de, par
cum			avec
de	(du haut) de		au sujet de, sur
ex (e)	(sorti) de	(à partir) de, depuis	d'après, parmi
in	dans, sur	dans	s'agissant de
pro	en avant de		pour, à la place de
sine			sans

Remarque : on écrit généralement **ab** et **ex** devant une voyelle, **a** et **e** devant une consonne : **ab** amico / **a** consule **ex** agro / **e** domo

2 Le verbe *fero* et ses composés

Fero, fers, ferre, tuli, latum (et ses composés : ***confero, differo***, etc.) présente la particularité de ne pas avoir de voyelle de liaison à certaines formes du présent et à l'infinitif :

Présent
fero, **fers, fert**, ferimus, **fertis**, ferunt

Infinitif
ferre

Retenez aussi

Le pronom-adjectif **ipse, ipsa, ipsum** (lui-même, elle-même)

Ipse venit. Il est venu **lui-même, en personne. In ipso Caesaris libro**. Dans le livre **même** de César.

	Singulier			Pluriel		
Cas	M	F	N	M	F	N
Nominatif	ipse	ipsa	ipsum	ipsi	ipsae	ipsa
Accusatif	ipsum	ipsam	ipsum	ipsos	ipsas	ipsa
Génitif	ips**ius**	ips**ius**	ips**ius**	ipsorum	ipsarum	ipsorum
Datif	ips**i**	ips**i**	ips**i**	ipsis	ipsis	ipsis
Ablatif	ipso	ipsa	ipso	ipsis	ipsis	ipsis

Exercices

1 Analysez et traduisez les formes suivantes.

differs – conferebam – tulisti – differentem – feram – differebant – dilatis – ferentibus – contulerunt – confertis – conferimus – differunt – conferre – ferentes – distulerunt.

2 Traduisez du latin au français ou du français au latin.

1. In villam meam venit, deinde apud Senecam fabulam spectavimus. – **2.** En face des Romains, les Gaulois étaient nombreux. – **3.** Romanorum timor maximus fuit cum adversus Pyrrhi elephantos fuerunt. – **4.** Avant le jour du combat, tous les soldats sont courageux. – **5.** Nous avons habité cette ville pendant de nombreuses années. – **6.** Num tu e patria tua fugisti ? – **7.** À partir de ce jour, j'apprends la langue latine.

3 Faites correspondre au point et aux déplacements numérotés les prépositions suivantes.

in (+ *Acc.*) – in (+ *Abl.*) – ad – per – ex.

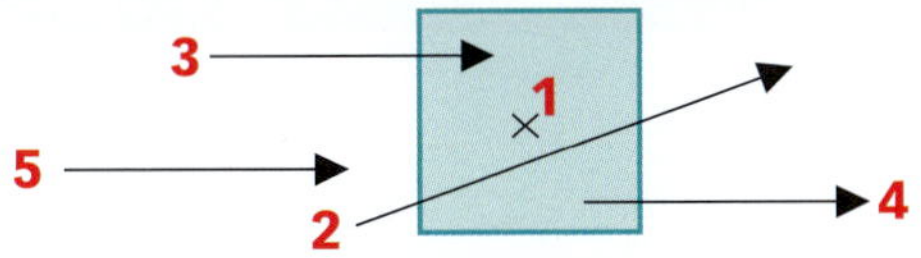

4 a. Complétez en traduisant le groupe prépositionnel.

1. Caesaris milites (*à travers la Gaule*) iter fecerunt. – **2.** Dux (*entre les deux fleuves*) castra posuit. – **3.** Cicero (*de sa patrie*) fugit. – **4.** Deorum statuas (*dans les temples de Rome*) videmus. – **5.** Multi amici (*dans la villa de Sénèque*) conveniunt. – **6.** Rustici servi (*dans les champs*) laborant.

b. Proposez, pour ces phrases, d'autres compléments constitués par un groupe prépositionnel.

5 Traduisez les phrases suivantes.

1. Dux ipse ad exercitum venit ; hunc ducem milites salutaverunt ; omnes milites eidem duci parebant. – **2.** Hujus auctoris carmina legimus ; Ovidium ipsum in foro vidi ; is me ad cenam vocavit. – **3.** In hostium acie, ante equos erant elephanti ; ante elephantos ipsos erant duces. – **4.** Florus hanc fabulam de Romulo Remoque narrat ; ipsius Martis filii erant, eosque ad flumen lupa invenit. – **5.** Prope templum dei aram videtis ; in hac ara hostiae a sacerdote immolantur. – **6.** Ad flumen castra posuit consul ; paucas copias in hostem misit ; tamen ex eis victoriam tulit.

STOCK DE MOTS

Qu'on est bien chez soi !

Les Anciens accordaient une très grande importance à tout ce qui « limite » un espace, et donc le protège. C'est ce qui explique le sens pris par les mots suivants.

finis, is, *m.* signifie « la fin, la limite » ; au pluriel **fines, ium,** le mot désigne l'espace qui est à l'intérieur des « limites », donc le « territoire » d'une nation, d'un peuple.

ager, gri, *m.* désigne proprement un champ, une parcelle possédée par un paysan. Mais il désigne aussi l'espace possédé par un peuple, donc, ici encore, son « territoire ».

limes, itis, *m.* désigne originellement le passage entre deux champs ; à date tardive, il désignera la « frontière » de l'Empire romain.

Expliquez le sens :

a. de l'adjectif ***peregrinus, a, um*** (= étranger : le préteur « pérégrin » s'occupait, à Rome, des procès mettant en cause des étrangers de passage) ;

b. des mots français : les confins (d'une région), (un conflit) limitrophe.

DU LATIN AU FRANÇAIS

Dans les séries suivantes, cherchez l'intrus.

- victoire – victuailles – victorieux – vaincre.
- virus – virtuel – vertueux.
- discobole – disciple – discipline.
- conférence – confronter – conférer.
- différence – différer – difficile.
- mœurs – morille – morale.

CIVILISATION

Doc. 1 Des Gaulois sur le Capitole !

En 390 avant J. C, les Gaulois attaquent de nuit le Capitole: les oies sacrées de Junon donnent l'alarme…

L'oie au plumage couleur d'argent, en volant sous les portiques ornés d'or, prévenait par son chant que les Gaulois étaient là, sur le seuil de la citadelle; oui, les Gaulois étaient là, et tenaient la citadelle, protégés par les ténèbres et l'aubaine d'une nuit sans lune. Leur chevelure était d'or et d'or leur vêtement; leurs manteaux rayés de bandes brillantes; leur cou blanc comme le lait est cerclé d'or; chacun d'eux fait étinceler à sa main deux javelots des Alpes, et de longs boucliers couvrent leur corps.

Virgile, *Énéide*, VIII, v. 657-663.

Doc. 2 Les oies sacrées du Capitole. IIe siècle ap. J.-C. Ostie, musée archéologique.

Doc. 3 Malheur aux vaincus !

Les Romains, retranchés dans la forteresse du Capitole, se laissent aller au découragement: épuisés par la fatigue et par la faim, ils sont prêts à capituler.

Ils décidèrent de se rendre ou de payer leur délivrance à n'importe quelles conditions, d'autant plus que les Gaulois se vantaient ouvertement d'être disposés à lever le siège pour une somme pas trop élevée. Alors le sénat se réunit et chargea les tribuns militaires de conclure un arrangement. Le tribun Quintus Sulpicius et Brennus, le roi de la tribu gauloise, se rencontrèrent pour discuter et fixer le montant de la transaction: mille livres d'or[1] fut le prix que valait le peuple appelé à gouverner bientôt le monde entier ! À cette décision, très humiliante en soi, s'ajouta un traitement indigne: les poids apportés par les Gaulois pour peser l'or de la rançon étaient faux et, comme le tribun les refusait, le chef gaulois jeta son épée avec insolence pour augmenter le poids dans la balance; on entendit alors sa voix, insupportable pour des Romains: « *Vae victis !* » (Malheur aux vaincus !).

Tite-Live, *Histoire romaine*, livre V, XLVIII, 7-9.

1. Soit près de 328 kg d'or.

Découverte

Doc. 1

1. Ces vers décrivent sur un bouclier l'attaque du Capitole : quel métal distingue les Gaulois dans cette évocation poétique de l'attaque du Capitole ? Quels détails les caractérisent physiquement ?

Doc. 3

2. Quel jugement l'historien romain porte-t-il sur l'« arrangement » qui a mis un terme au siège de Rome ?
3. Quels traits de caractère révèle le geste de Brennus ?

Doc. 4 Petit coq en bronze trouvé à Lyon. Époque romaine, Paris, musée du Louvre.

Des voisins menaçants

Valeureux guerriers, les Gaulois furent, pour les Romains, des adversaires redoutables : ils ont même failli s'emparer de Rome, lors de leur invasion de l'Italie, en 390 av. J.-C. !

Doc. 5 Gaulois mourant. Art celte, 170 avant J.-C. Naples, musée archéologique.

Celtes ou Gaulois ?

● On désigne sous le terme de **Celtes** un vaste ensemble de tribus venues du **nord de l'Europe** qui parlent des langues de même famille et développent des formes de civilisation très proches.
Du VIIIe au IIIe siècles avant J.-C., les Celtes occupent peu à peu l'**Europe de l'Ouest** (Grande-Bretagne, Irlande, France, Espagne, Portugal, Italie du Nord) et se mêlent aux populations indigènes.

● Selon les légendes gréco-latines, les Celtes tirent leur origine d'un des **travaux d'Hercule** : le héros, traversant la vallée d'un fleuve tumultueux (le Rhône), tombe amoureux d'une jeune fille à la peau blanche comme le lait (*gala, galactos* en grec), **Galatée**, fille d'un roi du pays. Après le départ d'Hercule, la princesse met au monde un fils aussi fort que son père : nommé **Celtos** ou **Galatès**, il donne son nom aux peuples dont il devient le roi.

● Les Romains désignent sous le terme de ***Galli*** (Gaulois) ces tribus qui se donnent elles-mêmes le nom de **Celtes**. Peut-être est-ce le souvenir des **Galates** et de leur légendaire princesse, ou celui de la frayeur que les habitants de Rome éprouvèrent à la vue de ces hordes barbares montées sur leurs chariots avec armes, bagages et… coqs de basse-cour (***galli*** en latin) !

Sauvés par des oies !

● Après avoir traversé les Alpes et s'être installés dans la plaine du Pô, les Gaulois tentèrent de descendre dans la botte italienne. Vers 390 avant J.-C., **ils assiègent Rome**. Les Romains se réfugient avec leurs familles dans la citadelle fortifiée du **Capitole**, cœur religieux et politique de l'*Urbs*. Une nuit, les Gaulois tentent de s'emparer du Capitole par surprise ; ce sont des **oies** consacrées à la déesse Junon qui sauvent la situation : leurs cris apeurés donnent l'alerte aux défenseurs romains qui parviennent à repousser les assaillants. Mais la ville elle-même est prise et incendiée. Pire : le chef des ennemis, Brennus – le mot gaulois *brenn* désigne la fonction de chef –, impose aux vaincus l'humiliation d'une rançon exemplaire.

Des barbares ?

● Face aux **Gaulois**, les **Romains** manifestent à la fois de la **peur** et du **mépris** ; par exemple, l'écrivain Tite-Live les décrit comme des êtres violents, colériques, incapables de s'organiser avec ordre : « Gorgés de nourriture et de vin engloutis à la hâte, dès la tombée de la nuit, au bord des ruisseaux, sans retranchements, sans corps de garde ni sentinelles, ils s'allongent pêle-mêle comme des bêtes. » (V, 44, 5-6). Néanmoins, avant même la conquête, ils entretiennent de bonnes relations avec certaines tribus, notamment les Allobroges (installés en Savoie actuelle).

À VOUS DE JOUER !

1. Les documents 2 et 4 représentent des animaux : quel animal symbolise les Gaulois et pourquoi ? Où le retrouve-t-on aujourd'hui ?
2. Dans quel sport populaire les champions de France sont-ils récompensés par un (fantaisiste) « bouclier de Brennus » ?
3. Situez sur la carte de la dernière page de garde du livre les territoires que distingue César dans le texte de la page 142.

Doc. 1 Les druides

Voici ce que César a observé à propos des druides lors de son « voyage » en Gaule :

Les druides n'ont pas l'habitude d'aller à la guerre ni de payer des impôts comme le reste des Gaulois ; ils sont exemptés de service militaire et de toute espèce de charges. Attirés par de si grands privilèges, beaucoup de jeunes gens viennent spontanément suivre leur enseignement ou sont envoyés auprès d'eux par leur famille (...). Ils jugent sacrilège de confier à l'écriture le contenu de leur enseignement (...) et me semblent avoir institué cette règle pour deux raisons : ils ne veulent ni divulguer au peuple leur doctrine ni permettre à leurs élèves de négliger leur mémoire par excès de confiance dans l'écriture (...). Ils veulent surtout enseigner que les âmes ne meurent pas, mais passent après la mort d'un corps à un autre, et ils pensent que cette croyance est la meilleure pour susciter le courage en supprimant la crainte de la mort. Ils discutent aussi beaucoup sur les astres et leur mouvement, sur la grandeur de l'univers et de la terre, sur la nature des choses, sur la puissance des dieux immortels, et ils transmettent leurs réflexions à la jeunesse.

César, *La Guerre des Gaules*, VI, 14.

Doc. 2 Le dieu Esus cueillant le gui, Ier siècle après J.-C. Paris, musée de Cluny.

Doc. 3 Scène de halage. Bas-relief gallo-romain. Avignon, musée lapidaire.

Découverte

Doc. 1 Doc. 2

1. D'après les documents 1 et 2, quelles sont les différentes fonctions des druides ?
2. L'enseignement des druides s'appuie-t-il sur des livres ? Pour quelles raisons ?

Doc. 3

3. En quoi consiste le « halage » ? Quand a-t-on recours à cette technique ?
4. Que voyez-vous dans le bateau et sur la frise qui orne le haut du bas-relief ? Que font les différents personnages ?

La civilisation gauloise

La tradition nous a transmis une image caricaturale des Gaulois : hirsutes et braillards, habitant de petites huttes dans la forêt et craignant que le ciel ne leur tombe sur la tête ! En réalité, bien avant la conquête romaine, la civilisation Gauloise, très différente de celle de Rome, était assez avancée…

D'ingénieux artisans

- À l'époque où Jules César la conquiert, la *Gallia* est très **prospère** : les **échanges commerciaux** ont développé tout un réseau de pistes qui faciliteront les déplacements des légions romaines ; le **blé** est cultivé en abondance ; les paysans savent utiliser la **charrue** et connaissent les engrais ; on doit aux artisans l'invention de **chariots** de toutes sortes, du tonneau (pour conserver la bière), de la cloche, du métal argenté, de la chaussure à tige, du manteau à capuchon, des braies (ancêtres de nos pantalons), du savon, du roquefort et de la brioche !
- L'**habitat**, dispersé en **villages**, n'a guère laissé de trace car l'architecture gauloise préfère le **bois** à la pierre. En cas de conflit, on se réfugie dans de vastes **places fortes** (***oppida***) entourées de murs dont la solidité est assurée par une ossature de poutres en bois, « noyées » dans des blocs de pierre.

La vie tribale

- Les Romains, organisés en ***populus*** (= un peuple unifié, avec un pouvoir politique centralisé), sont déconcertés par l'éparpillement des **tribus** gauloises (***nationes, gentes***), qui se font sans cesse la guerre entre elles, se déplacent, font et défont des alliances…
- La société gauloise se divise en **trois classes** : esclaves (prisonniers), agriculteurs et artisans, nobles et propriétaires fonciers. Ces derniers détiennent le pouvoir (ils constituent un **conseil** qui élit des magistrats). Les Gaulois connaissent l'**alphabet grec**, appris grâce aux Phocéens de Massilia, mais leur **culture** est essentiellement **orale**.

Doc. 4 Paysan gaulois. Statuette en bronze, époque gallo-romaine. Saint-Germain-en-Laye, musée des Antiquités nationales.

Les dieux gaulois

- Beaucoup de **divinités gauloises** difficiles à identifier restent seulement connues pour avoir fait l'objet d'un culte en un endroit révélé par des fouilles. Mais certains « grands dieux », liés à la nature ou aux animaux, sont mieux connus : **Toutatis**, dieu de la guerre ; **Lug**, dieu du soleil ; **Belenos**, dieu guérisseur ; **Taranis**, dieu du tonnerre, assimilé à Jupiter ; **Esus**, dieu bûcheron, qui assure la continuité de la vie ; **Epone**, déesse des chevaux, que les Romains adoptèrent.
- Malgré la multiplicité des dieux, les cultes religieux gardent une certaine cohérence sous l'autorité des **druides**, qui dispensent un enseignement oral très prisé et tiennent chaque année une grande assemblée au pays des Carnutes (Chartres).

À VOUS DE JOUER !

1. Quelles sont les vertus prêtées au gui par les Gaulois ? De nos jours, le gui est-il encore une plante « sacrée » ?
2. Pourquoi seuls des textes latins nous donnent-ils des informations sur les Gaulois ?
3. Quel intérêt les Romains pouvaient-ils avoir à conquérir la Gaule ?

CIVILISATION

Doc. 1 Un appel à la résistance.

Dans Alésia assiégée, un chef gaulois pousse ses hommes à résister à tout prix aux envahisseurs romains. César rapporte son discours.

« Après avoir pillé la Gaule et lui avoir causé d'immenses dégâts, les Cimbres[1] ont fini par quitter notre territoire et s'en sont allés vers d'autres terres ; ils nous ont laissé notre droit, nos champs, notre liberté. Mais les Romains, que cherchent-ils, que veulent-ils d'autre, que de s'installer, poussés par l'envie, dans les campagnes et les cités des hommes dont la renommée leur a fait connaître la noblesse et la puissance guerrière, pour les réduire en esclavage ? Car jamais ils n'ont mené de guerre dans un autre but. Si vous ignorez ce qui se passe dans les nations lointaines, regardez la partie de la Gaule qui est la plus proche d'eux : réduite en province, changeant de droit et de lois, soumise aux haches des licteurs[2], elle est écrasée sous le poids d'une servitude sans fin. »

César, *De Bello Gallico* VII. 77 (12 à la fin).

1. Les Cimbres, peuplade germanique, ont harcelé à plusieurs reprises les Gaulois.
2. Les licteurs, armés de haches, accompagnent les magistrats romains.

Doc. 2 Le pont du Gard.

Découverte

Doc. 1

1. Selon le chef gaulois, pour quelles raisons les Romains veulent-ils s'emparer de la Gaule ?
2. Que redoute-t-il surtout ?

Doc. 2

3. Construit en 60 après J.- C., le pont du Gard n'est qu'un morceau de l'aqueduc qui reliait Nîmes et Uzès sur près de 50 km.
Que pouvez-vous répondre au chef gaulois qui s'exprime dans le document 1 ?

Nos ancêtres les Gallo-romains

Après s'être étendu vers l'Est, avec la conquête de la Grèce, l'espace romain va s'élargir jusqu'à l'Atlantique, grâce à César, conquérant des Gaules.

Une conquête difficile

● Après l'attaque de 390 avant J.-C., les Romains parviennent à repousser l'ennemi vers le nord. Après avoir soumis la ***Gallia cisalpina*** (« en deçà des Alpes », par rapport à Rome), ils annexent la vallée du Rhône et la région aujourd'hui nommée Languedoc. Ils fondent la première colonie en ***Gallia transalpina*** (« au-delà des Alpes »), la ***Gallia Narbonensis***, devenue ***Provincia Romana*** (notre Provence) en 120 avant J.-C.

● Les autres tribus sont définitivement soumises par Jules César en **51 avant J.-C.** après huit années de guerre : face à ses légions disciplinées, la courageuse résistance des Gaulois, comme celle de **Vercingétorix**, ne suffit pas pour empêcher la victoire romaine.

Après la conquête

● Une fois conquise, la Gaule se romanise sans difficultés, grâce à la **politique d'« intégration »** menée par les vainqueurs : recensement, impôt et service militaire dans les troupes auxiliaires. Rome recrute parmi l'élite des tribus gauloises les cadres de son administration provinciale et comble d'honneurs les notables locaux, qui conservent leurs pouvoirs d'origine.

● Certains, devenus **citoyens romains**, sont en quelque sorte **« adoptés » par César** dont ils portent le prénom et le nom (*Caius Julius*), en transformant leur nom gaulois en surnom. Les **divinités** celtes « intègrent » aussi le panthéon romain : ainsi honore-t-on un **Mercure Dunias** ou un **Apollon Vindonnus** : le dieu gaulois s'identifie au dieu romain.

● Enfin, le **latin**, langue officielle, fait peu à peu disparaître le gaulois. Au Ier siècle après J.-C., la *Gallia comata* (Gaule chevelue), devenue « gallo-romaine », n'est plus qu'une partie de l'Empire romain.

La civilisation gallo-romaine

● Même si les Romains se réservent une place importante sur le territoire gaulois, en installant de grandes fermes ou des colonies pour les vétérans de leurs armées, la Gaule **se modernise** et une florissante civilisation gallo-romaine se développe : de nombreuses routes dallées et bien entretenues activent le commerce.

● Les **capitales régionales** se flattent même de devenir de véritables villes « à la romaine », avec plan géométrique, vastes *domus*, monuments civils et religieux sur le modèle de ceux de l'*Urbs*. Les ingénieurs romains construisent, pour les alimenter en eau, des **aqueducs** qui sont de véritables prouesses techniques, comme à Nîmes et à Lyon. Souvent visitées par les empereurs, ces villes deviennent des **foyers culturels** importants qui résisteront aux invasions des barbares.

Doc. 3 Bataille entre Romains et Gaulois, sarcophage romain. Rome, musée national.

À VOUS DE JOUER !

1. Une famille de la ville de Saintes, ville gallo-romaine, est composée de la façon suivante : l'arrière-grand-père s'appelle Epotsorovidos, le grand-père s'appelle Caïus Julius Gedomo, le père Caius Julius Otuaneunos, le fils Caius Julius Rufus.

a. Lequel de ces personnages est un pur Gaulois ?

b. Lequel est devenu citoyen romain ? À quoi le voyez-vous ?

c. Lequel abandonne le surnom gaulois ?

2. Quels avantages les Gaulois ont-ils retirés de leur romanisation ?

LE LATIN ET NOUS

Transparences

Le latin est au cœur de notre culture : on en conserve bien des mots, des expressions et des citations et l'on peut même en faire des parodies !

Un autobus... des autobi... ?

● En 1947, l'écrivain Raymond Queneau propose, sous le titre *Exercices de style*, quatre-vingt-dix-neuf « versions » d'une historiette qui commence ainsi : à Paris, vers midi, à l'heure d'affluence, dans l'autobus « S », un homme plutôt jeune au long cou, avec un chapeau entouré d'un galon en forme de tresse, réprimande un autre voyageur, qui, apparemment exprès, lui marche sur les pieds. Puis, voyant un siège libre, il s'y assied.

Voici la « version latine » de ce petit jeu littéraire :

Sol erat in regionem zenithi et calor atmospheri magnissima. Senatus populusque parisiensis sudebant. Autobi passebant completi. In uno ex supradictis autobibus, qui S denominationem portebat, hominem quasi junum, cum collo multi elongato et cum chapito a galone tressato cerclato vidi. Iste junior insultavit alterum hominem qui proximus erat : « Pietinas, inquit, pedes meos post deliberationem animae tuae ! ». Tunc sedem libram vidente, cucurrit là.(...)

Queneau, *Exercices de style*,
« Macaronique » © Gallimard, 1947.

Exercices

1. Essayez de « traduire » ce latin de fantaisie.

2. Relevez les mots qui sont « authentiquement » des mots latins que vous connaissez. Avec l'aide de votre professeur, vérifiez dans un dictionnaire latin-français la latinité des autres mots qui vous semblent exister en latin. Quel mot du texte est, sans équivoque, du français ?

3. Dans la belle phrase : *Autobi passabant completi*, par quelles « marques » (terminaisons reconnaissables, suffixe...) l'auteur « fabrique-t-il » une langue qui ressemble à du latin ? Élargissez vos observations à l'ensemble du texte.

4. Étudiez l'emploi des « cas » après les prépositions : est-il absolument correct ? Corrigez-le, s'il y a lieu.

5. Cherchez, dans le *Dictionnaire historique de la Langue Française* (Éditions Le Robert) l'étrange histoire du nom : *autobus*.

Bouclier en marbre d'Auguste. Ier siècle avant J.-C. Arles, musée lapidaire.

Exercices

1. Recopiez le texte inscrit sur le document et, avec l'aide de votre profeseur, traduisez-le.

2. Pourquoi cette inscription sur les bâtiments publics ? Qu'inscrivons-nous sur nos monuments ?

Tel quel

● Un certain nombre de mots et d'expressions latines subsistent dans l'usage courant de notre langue. En voici quelques-uns : *abdomen – latex – lumbago – nimbus – cumulus – déficit – détritus – duplex – examen – ex aequo – ex-libris – fac-similé – humérus – factotum – sérum – virus – delirium tremens – terminus – média – tibia – memento – tumulus – ultimatum – post-scriptum – penates – magnum – major – caméra – foetus – rébus – cancer – sponsor.*

Exercices

1. À l'aide du dictionnaire, précisez, en examinant leur origine, leur sens en latin et en français.

2. Quels mots latins se cachent sous les abréviations : *etc. – id. – cf.* ?

3. Que signifient exactement les expressions : *mutatis mutandis – vice versa* – (un docteur) *honoris causa – modus vivendi* ?

Devises fortes

● Beaucoup d'expressions et de citations latines (on les trouve dans les pages roses du petit *Larousse*) ont pris la valeur de proverbes : que signifient celles-ci ?

Errare humanum est.
Si vis pacem, para bellum.
O tempora ! O mores !
Cui Prodest scelus, is fecit.
In medio stat virtus.

Exercices

1. Que signifie exactement la devise de la Ville de Paris :
Fluctuat nec mergitur ?

2. Cherchez, dans votre environnement, des inscriptions latines, recopiez-les et traduisez-les. Où avez-vous les plus grandes chances d'en trouver ?

Les armoiries de Paris et la devise de la ville.

Des chiffres et des lettres

● La notation des dates en chiffres romains se fait en utilisant des lettres de l'alphabet :
I = 1 V = 5 X = 10 L = 50 C = 100 D = 500 M = 1 000
Pour 4 et 9, on place avant la lettre correspondant à 5 ou 10 celle qui indique l'unité (ou la centaine, le millier…) à soustraire pour parvenir à 4 ou 9 :
IV = 4 ; IX = 9 ; CD = CCCC = 400.

Exercice

À l'aide de votre professeur, écrivez en chiffres romains les dates suivantes : 1515, 1789, 2000 ainsi que l'année de votre naissance.

MEMENTO GRAMMATICAL

Les noms

• 1re déclinaison → Génitif singulier : *-ae*

Cas	Singulier	Pluriel
Nominatif	ros-a	ros-ae
Vocatif	ros-a	ros-ae
Accusatif	ros-am	ros-as
Génitif	ros-ae	ros-arum
Datif	ros-ae	ros-is
Ablatif	ros-a	ros-is

• 2e déclinaison → Génitif singulier : *-i*

Cas	Masculin		Neutre	
	Singulier	Pluriel	Singulier	Pluriel
Nominatif	domin-us	domin-i	templ-um	templ-a
Vocatif	domin-e	domin-i	templ-um	templ-a
Accusatif	domin-um	domin-os	templ-um	templ-a
Génitif	domin-i	domin-orum	templ-i	templ-orum
Datif	domin-o	domin-is	templ-o	templ-is
Ablatif	domin-o	domin-is	templ-o	templ-is

• 3e déclinaison → Génitif singulier : *-is*

Cas	Masculin		Neutre			
	Singulier	Pluriel	Singulier	Pluriel	Singulier	Pluriel
Nominatif	consul	consul-es	corpus	corpor-a	civ-is	civ-es
Vocatif	consul	consul-es	corpus	corpor-a	civ-is	civ-es
Accusatif	consul-em	consul-es	corpus	corpor-a	civ-em	civ-es
Génitif	consul-is	consul-um	corpor-is	corpor-um	civ-is	civ-ium
Datif	consul-i	consul-ibus	corpor-i	corpor-ibus	civ-i	civ-ibus
Ablatif	consul-e	consul-ibus	corpor-e	corpor-ibus	civ-e	civ-ibus

• 4e déclinaison → Génitif singulier : *-us*

Cas	Singulier	Pluriel
Nominatif	man-us	man-us
Vocatif	man-us	man-us
Accusatif	man-um	man-us
Génitif	man-us	man-uum
Datif	man-ui	man-ibus
Ablatif	man-u	man-ibus

• 5e déclinaison → Génitif singulier : *-ei*

Cas	Singulier	Pluriel
Nominatif	r-es	r-es
Vocatif	r-es	r-es
Acc.	r-em	r-es
G	r-ei	r-erum
D	r-ei	r-ebus
Abl.	r-e	r-ebus

Les adjectifs

• Type *bonus, a, um*

Cas	Singulier			Puriel		
	M	F	N	M	F	N
Nominatif	bon-us	bon-a	bon-um	bon-i	bon-ae	bon-a
Vocatif	bon-e	bon-a	bon-um	bon-i	bon-ae	bon-a
Accusatif	bon-um	bon-am	bon-um	bon-os	bon-as	bon-a
Génitif	bon-i	bon-ae	bon-i	bon-orum	bon-arum	bon-orum
Datif	bon-o	bon-ae	bon-o	bon-is	bon-is	bon-is
Ablatif	bon-o	bon-a	bon-o	bon-is	bon-is	bon-is

• Type *omnis, e*

Cas	Singulier		Pluriel	
	M/F	N	M/F	N
Nominatif	omn-is	omn-e	omn-es	omn-ia
Vocatif	omn-is	omn-e	omn-es	omn-ia
Accusatif	omn-em	omn-e	omn-es	omn-ia
Génitif	omn-is		omn-ium	
Datif	omn-i		omn-ibus	
Ablatif	omn-i		omn-ibus	

Les pronoms

• Les pronoms personnels

Cas	1re pers. Sing.	2e pers. Sing.	1re pers. Pl.	2e pers. Pl.	Réfléchi
N	ego	tu	nos	vos	
Acc.	me	te	nos	vos	se
G	mei	tui	nostrum	vestrum	sui
D	mihi	tibi	nobis	vobis	sibi
Abl.	me	te	nobis	vobis	se

• Le pronom relatif

Cas	Singulier			Pluriel		
	M	F	N	M	F	N
N	qui	quae	quod	qui	quae	quae
Acc.	quem	quam	quod	quos	quas	quae
G	cujus	cujus	cujus	quorum	quarum	quorum
D	cui	cui	cui	quibus	quibus	quibus
Abl.	quo	qua	quo	quibus	quibus	quibus

• Le pronom-adjectif *is, ea, id*

Cas	Singulier			Pluriel		
	M	F	N	M	F	N
N	is	ea	id	ei (ii)	eae	ea
Acc.	eum	eam	id	eos	eas	ea
G	ejus	ejus	ejus	eorum	earum	eorum
D	ei	ei	ei	eis (iis)	eis (iis)	eis (iis)
Abl.	eo	ea	eo	eis (iis)	eis (iis)	eis (iis)

• Le pronom-adjectif *hic, haec, hoc*

Cas	Singulier			Pluriel		
	M	F	N	M	F	N
N	hic	haec	hoc	hi	hae	haec
Acc.	hunc	hanc	hoc	hos	has	haec
G	hujus	hujus	hujus	horum	harum	horum
D	huic	huic	huic	his	his	his
Abl.	hoc	hac	hoc	his	his	his

Les conjugaisons

Indicatif	1re conj.	2e conj.	3e conj.	3e mixte	4e conj.
Présent	amo ama-s ama-t ama-mus ama-tis ama-nt	dele-o dele-s dele-t dele-mus dele-tis dele-nt	leg-o leg-i-s leg-i-t leg-i-mus leg-i-tis leg-u-nt	capi-o capi-s capi-t capi-mus capi-tis capi-unt	audi-o audi-s audi-t audi-mus audi-tis audi-unt
Imparfait	ama-ba-m ama-ba-s ama-ba-t ama-ba-mus ama-ba-tis ama-ba-nt	dele-ba-m dele-ba-s dele-ba-t dele-ba-mus dele-ba-tis dele-ba-nt	leg-e-ba-m leg-e-ba-s leg-e-ba-t leg-e-ba-mus leg-e-ba-tis leg-e-ba-nt	capi-e-ba-m capi-e-ba-s capi-e-ba-t capi-e-ba-mus capi-e-ba-tis capi-e-ba-nt	audi-e-ba-m audi-e-ba-s audi-e-ba-t audi-e-ba-mus audi-e-ba-tis audi-e-ba-nt
Participe					
Présent	ama-ns ama-ntis	dele-ns dele-ntis	leg-ens leg-entis	capi-ens capi-entis	audi-ens audi-entis
Infinitif					
Présent	ama-re	dele-re	leg-ere	cape-re	audi-re

• Parfait de la 1re conjugaison

Indicatif	Infinitif
amav-i amav-isti amav-it amav-imus amav-istis amav-erunt	amav-isse

• Conjugaison de *sum, esse*

Présent	Imparfait	Infinitif	Parfait	Infinitif parfait
su-m e-s es-t su-mus es-tis su-nt	er-a-m er-a-s er-a-t er-a-mus er-a-tis er-a-nt	esse	fu-i fu-isti fu-it fu-imus fu-istis fu-erunt	fu-isse

LEXIQUE

A

a, ab (+ *Abl.*) : à partir de, depuis, venant de
abjicio, is, ere, jeci, jectum : jeter
ac / atque : et
accedo, is, ere, cessi, cessum : s'approcher
accipio, is, ere, cepi, ceptum : recevoir
acies, ei, *f.* : armée (rangée pour la bataille)
ad (+ *Acc.*) : vers, près de, jusqu'à, pour
adjuvo, as, are, juvi, jutum : aider
adsum, es, esse, adfui : être auprès de
adversus (+ *Acc.*) : en face de, contre
aeger, gra, grum : malade
ager, gri, *m.* : champ, territoire
agmen, inis, *n.* : armée (en ordre de marche)
agricola, ae, *m.* : paysan
aliquando : un jour (à venir)
ambulo, as, are, avi, atum : marcher, se promener
amicitia, ae, *f.* : amitié
amicus, i, *m.* : ami
amo, as, are, avi, atum : aimer
ancilla, ae, *f.* : servante
animus, i, *m.* : esprit
annus, i, *m.* : an, année
ante (+ *Acc.*) : devant, avant
antequam : avant que
apud (+ *Acc.*) : chez
aqua, ae, *f.* : eau
ara, ae, *f.* : autel
aratrum, i, *n.* : charrue
arbor, oris, *f.* : arbre
arma, armorum, *n. pl.* : armes
aro, as, are, avi, atum : labourer
ars, artis, *f.* : art, technique
at : mais
atrium, ii, *n.* : atrium
auctor, oris, *m.* : auteur
audio, is, ire, ivi, itum : écouter, entendre
aut : ou
autem (*tjs. 2e mot*) : or, mais, d'autre part
ave : bonjour ! salut !
avis, is, *f.* : oiseau
avus, i, *m.* : grand-père

B

bellum, i, *n.* : guerre
→ **bellum gerere** : faire la guerre
bibliotheca, ae, *f.* : bibliothèque
bonus, a, um : bon

C

canis, is, *m.* : chien
capio, is, ere, cepi, captum : prendre
caput, itis, *n.* : tête
careo, es, ere, carui (+ *Abl.*) : manquer de
carmen, inis, *n.* : poème
castra, orum, *n. pl.* : camp
catena, ae, *f.* : chaîne
causa, ae, *f.* : cause, raison
cella, ae, *f.* : réserve ; loge (du portier)
cena, ae, *f.* : dîner, souper
cenaculum, i, *n.* : salle à manger
ceno, as, are, avi, atum : dîner
centurio, onis, *m.* : centurion
civitas, atis, *f.* : cité, État
coepi (*pft*) : j'ai commencé à
collis, is, *m.* : colline
colo, is, ere, colui, cultum : honorer (par un culte)
comes, itis, *m.* : compagnon
committo, is, ere, misi, missum : commettre, entreprendre
condo, is, ere, didi, ditum : fonder
confero, fers, ferre, contuli, collatum : comparer
consul, ulis, *m.* : consul
contendo, is, ere, di, tentum : prétendre
convenio, is, ere, veni, ventum : venir ensemble
copiae, arum, *f. pl.* : les troupes
corpus, oris, *n.* : corps
credo, is, ere, didi, ditum : croire
cubiculum, i, *n.* : chambre à coucher
culina, ae, *f.* : cuisine
cultus, us, *m.* : culte, culture
cum (+ *Abl.*) : avec
cum : quand, lorsque
cupio, is, ere, ivi, itum : souhaiter, désirer
cur ? : pourquoi ?
cura, ae, *f.* : soin, souci
curo, as, are, avi, atum : s'occuper de

D

de (+ *Abl.*) : du haut de, au sujet de
dea, deae, *f.* : déesse
debeo, es, ere, debui, debitum : devoir
decem : dix
deinde : ensuite, puis
deleo, es, ere, delevi, deletum : détruire
desum, es, esse, defui (+ *D*) : faire défaut, manquer
deus, i, m. : dieu
dico, is, ere, dixi, dictum : dire
dies, diei, *m./f.* : jour, journée
differo, fers, ferre, distuli, dilatum : différer
difficilis, e : difficile
diligentia, ae, *f.* : soin, attention
disciplina, ae, *f.* : art, science
diligo, is, ere, dilexi, dilectum : aimer
disco, is, ere, didici : apprendre
diu : longtemps
do, as, are, dedi, datum : donner
domina, ae, *f.* : maîtresse
dominus, i, *m.* : maître
domus, us, *f.* : maison
donum, i, *n.* : cadeau, don, offrande
duco, is, ere, duxi, ductum : guider, conduire
duo, duae, duo : deux
dux, ducis, *m.* : général, chef

E

ego, me, mei, mihi, me : je, me, moi
elephantus, i, *m.* : éléphant
eligo, is, ere, elegi, electum : choisir
emo, is, ere, emi, emptum : acheter
enim : en effet
epistula, ae, *f.* : lettre
equus, i, *m.* : cheval
et : et
etiamnunc : encore maintenant
ex / e (+ *Abl.*) : hors de, à partir de, depuis, d'après, parmi
exerceo, es, ere, cui, citum : exercer
exercitus, us, *m.* : armée
existimo, as, are, avi : estimer, juger

F

fabula, ae, *f.* : fable, pièce de théâtre, légende
facilis, e : facile
facio, is, ere, feci, factum : faire
fanum, i, *n.* : sanctuaire, temple
fero, fers, ferre, tuli, latum : porter, supporter
filia, ae, *f.* : fille
filius, ii, *m.* : fils
finis, is, *m.* : fin, limite
→ **fines, ium**, *m. pl.* : frontières, territoire
flos, floris, *m.* : fleur
flumen, inis, *n.* : fleuve

fons, fontis, *m.*: fontaine, source
fortis, e: courageux
forum, i, *n.*: forum, place
frater, tris, *m.*: frère
fuga, ae, *f.*: fuite
fugio, is, ere, fugi: fuir
genus, generis, *n.*: genre, espèce
gero, is, ere, gessi, gestum: porter, faire
gladius, ii, *m.*: glaive, épée
gloria, ae, *f.*: gloire
gratia, ae, *f.*: grâce, remerciement
→ **gratias agere** (+ *D*): remercier
gravis, e: lourd, grave, sérieux

H

habeo, es, ere, habui, itum: avoir
habito, as, are, avi, atum: habiter
heri: hier
hic, haec, hoc: ce, cette; celui/celle-ci
hodie: aujourd'hui
homo, minis, *m.*: homme
hortus, i, *m.*: jardin
hospes, itis, *m.*: hôte
hostia, ae, *f.*: victime
hostis, is, *m.*: ennemi

I

idem, eadem, idem: le/la même
ignoro, as, are, avi, atum: ignorer
ille, illa, illud: ce, cette; celui/celle-là
immolo, as, are, avi, atum: immoler
imperator, oris, *m.*: général en chef
imperium, i, *n*: ordre, empire
imperitus, a, um: incompétent
in: dans, sur
(+ *Abl.*: sans mouvement;
+ *Acc.*: avec mouvement);
contre
incipio, is, ere, cepi, ceptum: commencer
incolo, is, ere, colui, cultum: habiter
infans, antis, *m.*: bébé, nouveau-né
ingenium, ii, *n.*: intelligence, talent
injuria, ae, *f.*: injustice
inquit: dit-il/elle
intellego, is, ere, lexi, lectum: comprendre
inter (+ *Acc.*): entre
interficio, is, ere, feci, fectum: tuer
interrogo, as, are, avi, atum: interroger
interrumpo, is, ere, rupi, ruptum: interrompre
inutilis, e: inutile
invenio, is, ire, veni, ventum: trouver
invideo, es, ere, vidi, visum (+ *D*): envier, jalouser
invito, as, are, avi, atum: inviter
ipse, ipsa, ipsum: lui/elle-même
ira, ae, *f.*: colère
irrumpo, is, ere, rupi, ruptum: faire irruption
is, ea, id: ce, cette; celui/celle-ci
iter, itineris, *n.*: route

J

jacio, is, ere, jeci, jactum: jeter, lancer
janua, ae, *f.*: porte
jubeo, es, ere, jussi, jussum: ordonner
jucundus, a, um: agréable
juro, as, are, avi, atum: jurer
juvenis, is, *m.*: jeune homme

L

laboro, as, are, avi, atum: travailler
laetus, a, um: joyeux
latinus, a, um: latin
lectus, i, *m.*: le lit
legatus, i, *m.*: envoyé, lieutenant
lego, is, ere, legi, lectum: lire
leo, onis, *m.*: le lion
levis, e: léger
lex, legis, *f.*: loi
liber, bri, *m.*: livre
liberi, orum, *m. pl.*: enfants
libero, as, are, avi, atum: libérer (de: *Abl.*)
limen, inis, *n.*: seuil
limes, itis, *m.*: frontière
lingua, ae, *f.*: langue
lupa, ae, *f.*: louve
lupus, i, *m.*: loup
lux, lucis, *f.*: lumière, jour

M

maestus, a, um: triste
magnus, a, um: grand, gros
major, oris: plus grand
→ **majores, um**, *m. pl.*: les ancêtres
malus, a, um: mauvais
mandatum, *i*, *n.*: mission, consigne
manus, us, *f.*: main
mater, tris, *f.*: mère
maximus, a, um: le plus/très grand
medicus, i, *m.*: médecin
mensis, is, *m.*: mois
metuo, is, ere, tui, tutum: craindre
meus, a, um: mon
miles, itis, *m.*: soldat
mitto, is, ere, misi, missum: envoyer, jeter
modus, i, *m.*: façon, manière
molestus, a, um: pénible
mors, tis, *f.*: (la) mort
mortuus, a, um: mort
mos, moris, *m.*: coutume, mœurs
mulier, eris, *f.*: femme
multi, ae, a: nombreux, beaucoup de
murus, i, *m.*: mur, paroi

N

nam: en effet, car
narro, as, are, avi, atum: raconter
-ne?: est-ce que?
neglego, is, ere, neglexi, neglectum: négliger
nego, as, are, avi, atum: nier, dire que… ne… pas
neque ou nec: et… ne… pas
nisi: si ce n'est, sauf
nomen, inis, *n.*: nom
non: ne… pas
nondum: ne… pas encore
nonne: est-ce que… ne… pas?
nos, nos, nostri, nobis: nous
noster, tra, trum: notre
nox, noctis, *f.*: nuit
nullus, a, um: ne… aucun
num…?: est-ce que…?
numquam: ne… jamais
nunc: maintenant
nuntio, as, are, avi, atum: annoncer

O

obsum, obes, obesse, obfui (+ *D*): je suis un obstacle à, je nuis
oculus, i, *m.*: œil
odi (*parfait à sens de présent*): haïr
olim: jadis
omnis, e: tout
oportet (+ *infinitif*): il faut
orno, as, are, avi, atum: orner
oro, as, are, avi, atum: prier
ostiarius, ii, *m.*: portier
ovis, is, *f.*: mouton, brebis

P

pareo, es, ere, parui (+ *D*): obéir (à)
paro, as, are, avi, atum: préparer
pars, partis, *f.*: partie
parvus, a, um: petit
pater, tris, *m.*: père
paterfamilias, patrisfamilias, *m.*: père de famille
patria, ae, *f.*: patrie
pauci, ae, a: peu nombreux, peu de
pax, pacis, *f.*: paix
pacem petere: demander la paix (à: ab + *Abl.*)
pecus, oris, *n.*: bête, bétail
pectus, oris, *n.*: poitrine
pecunia, ae, *f.*: argent

per *(+ Acc.)*: à travers, pendant
pereo, is, ire, ii, itum: périr
periculum, i, *n.*: danger
peristylum, i, *n.*: péristyle
peritus, a, um: compétent, expérimenté
pes, pedis, *m.*: pied
peto, is, ire, i(v)i, petitum: chercher à atteindre, demander
pictus, a, um: peint
piscator, oris, *m.*: pêcheur
piscina, ae, *f.*: vivier
piscis, is, *m.*: poisson
placo, as, are, avi, atum: apaiser
poculum, i, *n.*: coupe, verre
poeta, ae, *m.*: poète
pons, ntis, *m.*: pont
populus, i, *m.*: peuple
possideo, es, ere, sedi, sessum: occuper, posséder
possum, potes, posse, potui: pouvoir
post *(+ Acc.)*: derrière, après
postquam: après que
postremo: enfin, finalement
praeceptum, i, *n.*: ordre, prescription
praeclarus, a, um: remarquable
praeda, ae, *f.*: butin
praemium, ii, *n.*: récompense
praesum, es, esse, praefui *(+ D)*: être à la tête de, commander
preces, ium, *f. pl.*: prières
primus, a, um: premier
principium, ii, *n.*: commencement
pro *(+ Abl.)*: pour, à la place de
procul: loin
procul ab *(+ Abl.)*: loin de
produco, is, ere, duxi, ductum: amener, faire avancer
proelium, ii, *n.*: bataille, combat
prope *(+ Acc.)*: près de
prudentia, ae, *f.*: sagesse
psittacus, i, *m.*: perroquet
publicus, a, um: public
puella, ae, *f.*: jeune fille
puer, eri, *m.*: enfant, garçon
pugna, ae, *f.*: combat, bataille
pugno, as, are, avi, atum *(cum + Abl.)*: combattre
pulcher, chra, chrum: beau
punio, is, ire, ivi, itum: punir
puto, as, are, avi, atum: penser

Q

quando?: quand?
-que: et
quattuor *(invar.)*: quatre
qui, quae, quod: qui, que (relatif)
quia: parce que
quid...?: que...?
quondam: un jour (dans le passé)
quoque: aussi
quotidie: chaque jour

R

rapio, is, ere, rapui, raptum: enlever
regno, as, are, avi, atum: régner
relinquo, is, ere, liqui, lictum: laisser, abandonner
remedium, ii, *n.*: remède
res, rei, *f.*: chose
→ **res, rei publica, ae,** *f.*: république, État
respondeo, es, ere, respondi, responsum: répondre
rex, regis, *m.*: roi
rideo, es, ere, risi, risum: rire
rosa, ae, *f.*: rose
rusticus, a, um: de la campagne

S

sacerdos, otis, *m./f.*: prêtre, prêtresse
sacrificium, ii, *n.*: sacrifice
saepe: souvent
saluto, as, are, avi, atum: saluer
scio, is, ire, scivi, scitum: savoir
scribo, is, ere, scripsi, scriptum: écrire
se, sui, sibi, se: se, soi
secundus, a, um: second; favorable
sed: mais
semper: toujours
senatus, us, *m.*: le sénat
senex, senis, *m.*: vieillard
sententia, ae, *f.*: phrase
servo, as, are, avi, atum: respecter
servus, i, *m.*: esclave
simul: en même temps
sine *(+ Abl.)*: sans
solus, a, um: seul
soror, oris, *f.*: sœur
spectaculum, i, *n.*: spectacle
specto, as, are, avi, atum: regarder
spes, ei, *f.*: espoir
statim: aussitôt
statua, ae, *f.*: statue
stilus, i, *m.*: poinçon, stylet
sto, as, are, steti, statum: être debout, se dresser
suavis, e: doux, agréable
sum, es, esse, fui: être
superbus, a, um: tyrannique
supersum, es, esse, fui: survivre
surgo, is, ere, rexi, rectum: se lever
suus, a, um: son, sa
suus, suis, *m. /f.*: porc, truie

T

tablinum, i, *n.*: bureau (pièce)
tanquam: comme
taurus, i, *m.*: taureau
telum, i, *n.*: arme de jet, javelot
templum, i, *n.*: temple
tempus, oris, *n.*: temps
tergum, i, *n.*: dos
tertius, a, um: troisième
timor, oris, *m.*: peur
tolero, as, are, avi, atum: supporter
tollo, is, ere: soulever, prendre
totus, a, um: tout, tout entier
tres, tria: trois
tribuo, is, ere, bui, butum: attribuer, vouer
triclinium, ii, *n.*: salle à manger
tu, te, tui, tibi, te: tu, te, toi
tum: alors
tuus, tua, tuum: ton, ta

U

ubi...?: où...?
unus, a, um: un, un seul
urbs, urbis, *f.*: ville
utilis, e: utile
uxor, oris, *f.*: épouse

V

vel: ou
venio, is, ire, veni, ventum: venir
vendo, is, ere, didi, ditum: vendre
verbum, i, *n.*: mot, parole
verba facere: parler
verus, a, um: vrai, véridique
vestibulum, i, *n.*: vestibule
vester, tra, trum: votre
via, ae, *f.*: route
vicinus, i, *m.*: voisin
victoria, ae, *f.*: victoire
victoriam ferre (*ex + Abl.*): remporter la victoire sur
video, es, ere, vidi, visum: voir
villa, ae, *f.*: ferme, maison de campagne, villa
vinco, is, ere, vici, victum: vaincre
vinctus, a, um: attaché
vinum, i, *n.*: vin
vir, viri, *m.*: homme, époux
virtus, utis, *f.*: vertu, courage
videtur (parfait: visus, a, um est): il semble, il paraît (à + D)
vita, ae, *f.*: vie
voco, as, are, avi, atum: appeler, inviter
vos, vos, vestri, vobis: vous

Crédits photographiques

6 : Dagli Orti – **10** : Corbis – **13** : Dagli Orti – **14-15** : Dagli Orti – **16** : Dagli Orti – **20** : Scala – **21** : Magnum/E. Lessing – **22** : Dagli Orti – **24** : Magnum/E Lessing – **26** : Dagli Orti – **28** : Scala – **29** : Archives Larbor – **30** : Bibl. nationale/archives Nathan – **31** : Dagli Orti – **32** : Magnum/ E Lessing – **35** : Dagli Orti – **36** : Dagli Orti – **37** h. : M. Lacanaud/Musée de l'Arles antique – **37** b. : E. Lessing/AKG Paris – **38** : Dagli Orti – **39** : Dagli Orti – **40** : Dagli Orti – **44** : Lauros-Giraudon – **45** : Dagli Orti – **46** : AKG Paris/Gilles Mermet – **47** : Magnum/Lessing – **48** : Magnum/E Lessing – **52** : Roger Viollet – **53** : Musée du Vatican – **55** : Scala – **56** : Astérix – **57** : Corbis – **59** : Dagli Orti – **60-61** : Dagli Orti – **62** : Dagli Orti – **66** : Dagli Orti – **67** Dagli Orti – **68** : Dagli Orti – **70** : Magnum/E Lessing – **74** : Dagli Orti – **75** : Dagli Orti – **76** : Dagli Orti – **77** h. : AKG – **77** b. : RMN/J. Schormans – **82** Corbis/Araldo de Luca – **84** : Dagli Orti – **85** : Hoaqui – **86** h. : Dagli Orti – **86** b. : Gamma – **87** : Magnum/e Lessing – **88** : AKG – **91** : Magnum/E Lessing – **92** : Dagli Orti – **93** : Dagli Orti – **94** : Dagli Orti – **95** : Dagli Orti – **100** : RMN/J.- G. Berizzi – **101** : AKG – **102** : Dagli Orti – **103** : Scala – **104** : Dagli Orti – **105** : Dagli Orti – **106** : Magnum/E Lessing – **107** : Dagli Orti – **108-109** : Dagli Orti – **110** : Scala – **114** : Scala – **116** : Giraudon – **117** : Dagli Orti – **118** : Dagli Orti – **122** : RMN/H. Lewandowski – **123** : Dagli Orti – **124** : Dagli Orti – **125** : RMN/Chuzeville – **126** : Artephot – **127** : Dagli Orti – **130** g. : Artephot – **130** d. : Dagli Orti – **131** : Giraudon – **132** : RMN/Chuzeville – **133** : Dagli Orti – **134** : Dagli Orti – **137** : Scala – **138** : ANA – **139** : Magnum/E. Lessing – **140** : RMN/H. Lewandowski – **141**: RMN/H. Lewandowski – **146** h. : Dagli Orti – **146** b. : RMN/H. Lewandowski – **147** : RMN/M. Assemat – **148** h. : Lauros-Giraudon – **148** b. : Dagli Orti – **149** : RMN/M. Assemat – **150** : Corbis – **151** : Dagli Orti – **152** : Dagli Orti – **153** : Roger-Viollet.

Couverture : Nature morte aux poissons. *Fresque de Pompéi, Ier siècle après J.-C. Naples, musée archéoogique national.* © E. Lessing/AKG

Avec la collaboration d'Odile Gandon

Édition : Catherine Gaschignard
Conception graphique : Marc&Yvette
Maquette et schémas : Christine Chenot
Iconographie : Claire Balladur, Laurence Vacher
Illustrations : Catherine Gran
Cartographie : CART

N° d'éditeur : 10099397 – Avril 2003
Imprimé en Espagne par Graficos Estella